Sprache(n) verstehen

D1726398

Elvira Glaser, Agnes Kolmer,
Martin Meyer, Elisabeth Stark (Hrsg.)

Sprache(n) verstehen

 vdf Hochschulverlag AG an der ETH Zürich

Interdisziplinäre Vortragsreihe der Eidgenössischen Technischen
Hochschule Zürich und der Universität Zürich

Herbstsemester 2012

Bibliografische Information der Deutschen Nationalbibliothek
Die Deutsche Nationalbibliothek verzeichnet diese Publikation
in der Deutschen Nationalbibliografie; detaillierte bibliografische
Daten sind im Internet über http://dnb.d-nb.de abrufbar.

Reihe Zürcher Hochschulforum, Bd. 52
© 2014
vdf Hochschulverlag AG an der ETH Zürich

ISBN 978-3-7281-3502-5
www.vdf.ethz.ch
verlag@vdf.ethz.ch

Inhalt

Elvira Glaser, Agnes Kolmer, Martin Meyer, Elisabeth Stark

Zum vorliegenden Band

Kaum eine andere Fertigkeit unterscheidet die Menschen von den Tieren so sehr wie die Sprache. Nur mit ihr und durch sie ist es der Menschheit gelungen, Zivilisation, Technik und Kultur auf dem heutigen Niveau zu erschaffen. Sprache dient sowohl der Kommunikation und Interaktion zwischen Individuen und sozialen Gruppen als auch als Grundlage komplexer Denkprozesse. Die menschliche Sprache tritt uns dabei in drei Modalitäten entgegen, deren Verhältnis untereinander sehr komplex ist: In vielen Sprachgemeinschaften ist Sprache ausser in gesprochener Form auch in schriftlicher Form ein wichtiger Bestandteil des täglichen Lebens. In der Kommunikation unter und mit Gehörlosen begegnet uns die Gebärdensprache in visuell-gestischer Modalität. Sprache hat dabei viele Funktionen, neben der reflexiv-kognitiven auf der einen und der reinen Verständigungsfunktion auf der anderen Seite wird sie in poetischer Funktion in der schönen Literatur manifest.

Gerade wegen ihrer zentralen Rolle in der menschlichen Verständigung hat die Vielfalt der existierenden Sprachen schon in frühester Zeit die Menschen zum Nachdenken über die Funktionen der Sprache und ihre Ursprünge sowie die Verwandtschaft der existierenden Sprachen angeregt. Sprache ist neben einem Mittel zur Verständigung auch identitätsstiftend und erlaubt durch ihre Vielfalt die Abgrenzung von denen, die jeweils anders sprechen, und zwar mindestens in zweierlei Hinsicht: von denjenigen, die andere, nicht auf Anhieb verständliche Sprachen sprechen,

7

und dann von anderen sozialen Gruppen und anderen Generationen der gleichen Sprachgemeinschaft, die in ihrem Sprechen vielleicht nur leicht, aber durchaus auffallend, salient, abweichen. Viele Fragen stellen sich hier, was die Bandbreite und die Genese sprachlicher Unterschiede und deren Verteilung in den Sprachen der Welt betrifft. Das Verständnis von Sprache als einer grundlegenden Ausdrucksform menschlicher Kreativität bedeutet ein riesiges Arbeitsprogramm für die Sprachwissenschaft, wenn sie die Vielfalt beschreiben und dem gemeinsamen Wesen der Sprache auf die Spur kommen möchte. Die Beobachtung, dass selbst in kleinsten Sprachgemeinschaften immer sprachliche Unterschiede zu finden sind und Sprachen permanent im Wandel befindlich sind, wirft Fragen auf, die eine umfassende Theorie von der menschlichen Sprache beantworten können sollte. Und die Tatsache, dass von den etwa 7000 Sprachen der Welt viele vom Aussterben bedroht sind, bedeutet, dass hier in naher Zukunft viel Wissen verloren gehen könnte, das, wenn verschiedene Sprachen mit einer unterschiedlichen Sicht auf die Welt verbunden sind, mehr als nur rein sprachliches Wissen wäre.

Sprache gibt auch, was ihren Erwerb angeht, immer noch viele Rätsel auf. Kinder lernen Sprachen in kurzer Zeit und ohne grosse Mühe und verfügen dann über eine sprachliche Kompetenz, die Erwachsene beim Erlernen von Fremdsprachen nie mehr erreichen können. Die Untersuchung des Spracherwerbs ist daher auch eine wichtige Voraussetzung für das Verstehen der menschlichen Sprache an sich. Auch aus dem Vergleich mit dem Gebrauch des Begriffs *Sprache* in anderen Zusammenhängen, etwa bei der Rede von «Programmiersprachen» oder der «Sprache» von Computern, kann man Wesentliches über das Funktionieren natürlicher Sprachen lernen, die sich von solchen «Sprachen» substanziell unterscheiden.

Die enge Verbindung von Kommunikation und Sprache(n) mit den Menschen führt dazu, dass damit verbundene Themen wie etwa Rechtschreibreformen, Sprachwahl in der Schule, Mehrsprachigkeit o.Ä. auf reges Interesse stossen und breit diskutiert werden. Gerade deshalb, weil Sprache alle angeht, ist es wichtig, die Erkenntnisse der wissenschaftlichen Forschung in diesem Bereich allgemein zugänglich zu machen. Forschung zur Sprache wird tatsächlich nicht nur von Sprachwissenschaftlern im engeren Sinn betrieben, bei denen jedoch die Sprache als solche oder spezifische Einzelsprachen, wie das Deutsche, das Englische, Französische oder auch die Dialekte verschiedener Sprachen, im Zentrum ihres

Interesses stehen. Neben der Sprachwissenschaft, oder Linguistik, wie sie auch genannt wird, sind auch die Philosophie, die Psychologie, die Neurowissenschaften, die Theologie sowie die Publizistik, um nur einige zu nennen, mit bestimmten Aspekten der Sprache befasst.

Um beispielsweise Fragen wie die folgenden beantworten zu können, müssen verschiedene Disziplinen in die Forschung miteinbezogen werden: «Haben Tiere eine Sprache oder ist die Sprache eine Fähigkeit, die alleine dem Menschen vorbehalten ist?» «Ist Sprache schon im Kopf, wenn menschliche Babys geboren werden, oder gelangt sie erst in den ersten Lebensjahren dort hinein?» «Warum ist es so schwer, Computern das Sprechen beizubringen?» «Gibt es eine Ursprache, die allen modernen Sprachen zugrunde liegt?» «Wie kommt Kommunikation erfolgreich zustande, obwohl Sprecher und Sprecherinnen sich zum Teil beträchtlich in Aussprache und Wortwahl, z.B. bei verschiedenen angestammten Dialekten, unterscheiden?» «Ist geschriebene Sprache identisch oder zumindest vergleichbar mit der gesprochenen Sprache?» «Gibt es ein Sprachzentrum im Gehirn, und was passiert, wenn dieses Zentrum durch eine Hirnverletzung geschädigt wird?» «Ist Denken eigentlich mentales Sprechen?» «Warum haben so viele Anglizismen Einzug in die deutsche Sprache gehalten?» «Welche Rolle spielt die Schrift für unser Sprachverständnis?» «Kann man mit Gebärdensprachen alles sagen?»

Nur einige dieser Fragen können im vorliegenden Band behandelt werden. Er basiert auf einer Ringvorlesung aus dem Herbstsemester 2012 mit dem Titel «Sprache(n) verstehen», die dem grossen Interesse breiterer Kreise an Sprache und Sprachen Rechnung tragen wollte. Die Ringvorlesung wurde vom Zürcher Kompetenzzentrum Linguistik (ZüKL) organisiert und von der Kommission für interdisziplinäre Veranstaltungen der Universität Zürich und der ETH Zürich (KIV) in ihr Programm aufgenommen. Mit dieser Veranstaltung beabsichtigten die Mitglieder des ZüKL, das 2011 auf Initiative von Forscherinnen und Forschern der Universität Zürich gegründet wurde, einer interessierten Öffentlichkeit verschiedene Perspektiven auf die Sprache aufzuzeigen und theoretische und empirische Aspekte sprachbezogener Forschungsrichtungen aus verschiedenen Disziplinen näherzubringen. Im Rahmen der Ringvorlesung kamen einerseits Wissenschaftler und Wissenschaftlerinnen aus Zürich zu Wort, einige Themen wurden aber auch von externen Experten vorgestellt. Zehn der insgesamt 14 Vorträge, die durchweg sehr lebhafte Diskussionen ausgelöst hatten und einen grossen Bogen von der Linguistik im engeren Sinne über die Philosophie bis zu den Computerwissenschaften spannten, sind in dieses Buch eingegangen und geben einen Eindruck von der Vielfalt und Aktualität der behandelten Fragestellungen.

Zwei der zehn Beiträge sind, wie die Vorträge, in Englisch verfasst. Bei vielen Beiträgen ist auch der ursprüngliche Vortragsduktus beibehalten worden. Interessierte Leser und Leserinnen finden ausserdem jeweils einige weiterführende Literaturhinweise am Ende der Beiträge zusammengestellt. Die Beiträge sind in der Reihenfolge der Vorträge angeordnet und geben jeder für sich und in der Zusammenstellung mit den anderen Beiträgen einen aktuellen Überblick über den jüngsten Forschungsstand in den einzelnen Disziplinen und interdisziplinären Feldern rund um die Problematik «Sprache(n) verstehen».

In seinem Eröffnungsvortrag «Making sense of sense», der auch diesen Band einleitet, behandelt der aus seinen zahlreichen Publikationen einer breiteren Öffentlichkeit bekannte Sprachwissenschaftler David Crystal (Holyhead, North Wales) eine Vielzahl alltagssprachlicher Phänomene, bei denen das Verstehen von Sprache über die Grenzen der Kulturen hinweg erschwert ist. In äusserst anschaulicher Weise zeigt uns Crystal, welche immens wichtige Rolle Sprache in unserem täglichen Leben spielt und wie viele stillschweigende kulturelle Übereinkünfte und Kontextreferenzen die Kommunikation zwischen Menschen flankieren und erleichtern. In das Zentrum seines Beitrags stellt Crystal die Auseinandersetzung mit dem Begriff 'sense', der je nach Kontext sehr unterschiedliche Bedeutungen haben kann. Zu den multiplen Aspekten, die mit 'sense' verknüpft sind, gehören die Grammatik, lexikalische Mehrdeutigkeiten, pragmatische und stilistische Eigenheiten und vor allen Dingen kulturelle Diversität und Heterogenität. Insbesondere Letztere stellt Crystal immer wieder in den Vordergrund und betont die Herausforderungen für die Sprecher und Sprecherinnen einer «Weltsprache» wie Englisch, die sich in einer vermeintlich übersichtlichen Welt bewegen, aber dennoch oft mit der Situation konfrontiert werden, dass sprachliche Äusserungen einen lokalen Bezug haben können, den auch ein englischer Muttersprachler ohne Kenntnis des speziellen kulturellen Hintergrundes eines Sprachraums nicht verstehen kann. Crystal zeigt somit in seiner Abhandlung auf eindrucksvolle Weise, warum Sprache mehr ist als ein effizientes Mittel zur Kommunikation zwischen Individuen, nämlich ein interkulturell komplexes, lebendiges, manchmal auch mehrdeutiges und gerade auch dadurch sehr flexibles Verständigungsmittel, ohne das unsere Kultur nicht möglich wäre.

Eine Einführung in die Herausforderungen der wissenschaftlichen Untersuchung gesprochener Sprache gibt der Beitrag «Variability and change in spoken language communication» des Phonetikers Jonathan Harrington (LMU München). Er gibt einen umfassenden Überblick über den Stand der Forschung zu den Mechanismen, die Lautwandel bewirken, und diskutiert dazu Beispiele aus der Geschichte und Gegenwart verschiedener Sprachen. Er zeigt dabei auf, wie Sprache dynamisch ist und sich stetig verändert. Zuerst werden die Leser und Leserinnen mit einigen phonetischen Grundlagen vertraut gemacht, z.B. wie Laute im menschlichen Vokaltrakt geformt werden und wie sich das auf die Unterschiedlichkeit der Tonlagen weiblicher und männlicher Sprecher auswirkt. Harrington unterscheidet grundsätzlich zwischen interner Variation, die sich beispielsweise durch die unterschiedliche Umgebung der Laute und wechselnde Sorgfalt bei einem Sprecher ergibt, und externer Variation, die durch individuelle Verschiedenheiten der Sprecher zustande kommt. Zum eigentlichen Lautwandel führen dann mehrere Faktoren, wie Unterschiede in der Perzeption der kontextbedingten lautlichen Schwankungen, unterschiedliche sprachliche Erfahrungen sowie die Tendenz zur Imitation anderer Sprecher, die nicht nur bei Kindern im Spracherwerb zu beobachten ist, sondern auch im Erwachsenenalter noch besteht. Letzteres konnte Harrington sogar anhand der Weihnachtsansprachen von Queen Elizabeth II. nachweisen, die sich über 60 Jahre hinweg allmählich stärker einer *mainstream*-Aussprache angenähert hat. Schliesslich wird auch noch die alte Frage diskutiert, inwiefern Lautwandel «blind» den gesamten Wortschatz erfasse und ob die vorhandene Phonemstruktur einer Sprache sich auf die Durchsetzung eines Lautwandels auswirke. Harrington wägt die Argumente verschiedener Hypothesen ab und deckt bestehende Forschungslücken auf. Als zentral für die Erklärung von Lautwandel sieht er den Widerspruch zwischen dem lautlichen Kontinuum des Sprechens und den diskreten Einheiten der Sprachstruktur, die die Komplexität menschlicher Sprache erst ermöglichen. Zum Schluss verweist Harrington auf die Möglichkeiten künftiger empirischer Lautwandelforschung ebenso wie der Simulation von Lautwandel mit Computermodellen, die sich durch die mittlerweile verfügbaren und immer weiter zunehmenden Tonaufnahmen ergeben.

In ihrem Beitrag «Lautlos über alles sprechen und alles verstehen: Gebärdensprache» gibt die Sprachwissenschaftlerin Penny Boyes Braem (Forschungszentrum für Gebärdensprache, Basel) eine grundlegende Einführung in die Gebärdensprachlinguistik. Sie geht beispielsweise der Frage nach, ob man in der Gebärdensprache im Prinzip die gleichen Inhalte wie in der Lautsprache zum Ausdruck bringen kann, und sie bejaht diese Frage entschieden. Boyes Braem macht in ihrem Beitrag deutlich, dass sich Laut- und Gebärdensprachen hinsichtlich ihrer sprachlichen Komplexität nicht unterscheiden. Sie weist auf der anderen Seite aber auf deutlich zutage tretende Unterschiede hin, die primär aus den verschiedenen Modalitäten erwachsen. So sind manche Besonderheiten in der Struktur von Gebärdensprachen klar darauf zurückzuführen, dass es sich um Sprachen handelt, die manuell produziert und visuell erfasst werden. Boyes Braem thematisiert dann auch die besonderen modalitätsspezifischen Herausforderungen beim Ausdruck von Gebärden in zeitlicher und räumlicher Hinsicht. Darüber hinaus macht sie deutlich, dass insofern ein besonderer Fall von Spracherwerb vorliegt, als nur in den seltensten Fällen ein gehörloses Kind die Gebärdensprache von Geburt an von seinen gehörlosen, gebärdenden Eltern erwirbt, sondern meist erst später durch Lehrpersonen, seine Gebärdensprache lernenden Eltern oder in der Gehörlosenkultur mit der Gebärdensprache in Berührung kommt. Penny Boyes Braem thematisiert auch die regionale Vielfalt der Gebärdensprachen und Gebärdensprachdialekte, auch und insbesondere in der Schweiz, in der alleine drei verschiedene Gebärdensprachen mit jeweils mehreren Dialekten existieren. Sie schliesst mit der Betrachtung einer Textpassage aus einem Werk William Shakespeares, die in die amerikanische Gebärdensprache übersetzt wurde, und verdeutlicht dabei die Besonderheit der Gebärdensprache nochmals auf anschauliche Weise.

In seinem Beitrag «Sprache und Geist» führt uns der Zürcher Philosoph Hans-Johann Glock in das Thema der Philosophie der Sprache ein. Ausgangspunkt und Ziel seiner Überlegungen ist das spannungsreiche Verhältnis von Sprache und Denken. Glock stellt die unterschiedlichen philosophischen Positionen in dieser Debatte vor und setzt sich kritisch mit ihnen auseinander. Glock vertritt in seinem Beitrag die Ansicht, dass Denken weder in Bildern noch Wörtern oder inneren Monologen geschieht, und führt dabei verschiedene philosophische Argumentationen zur Entscheidungsfindung vor. Er diskutiert anhand nachvollziehbarer und alltagsnaher Beispiele auch, inwiefern Denkprozesse zwar mit dem

Ablaufen bestimmter Gehirnprozesse einhergehen, aber dennoch nicht mit ihnen gleichgesetzt werden können. Glock verteidigt dabei seine Position der Unabhängigkeit philosophischer Argumente gegen Argumente aus den Neurowissenschaften und der kognitiven Psychologie und weist auch klassische Argumente aus der Philosophie des Geistes zurück. Am Ende seines Beitrags schlussfolgert Glock, dass Denken kein Medium braucht, denn «wir denken in überhaupt nichts». Allerdings räumt er ein, dass höhere kognitive Fähigkeiten, wie sie den Menschen vom Tier unterscheiden, nicht ohne sprachliche Fähigkeiten denkbar sind. Glocks Beitrag gibt uns einen lehrreichen Einblick in die Welt philosophischer Diskurse um zentrale Begriffe des menschlichen Geistes.

Der Zürcher Linguist Balthasar Bickel stellt in seinem Beitrag «Sprachliche Vielfalt im Wechselspiel von Natur und Kultur» die Typologie und damit einen weiteren Zweig der Sprachwissenschaft vor. Typologen untersuchen die Vielfalt und Einheit menschlicher Sprachen auf der ganzen Welt. Bickel gibt den Leserinnen und Lesern einen umfassenden Einblick in die typologische Forschung, indem er Beispiele für sprachliche Vielfalt gibt, Prinzipien diskutiert, die diese einschränken, und Mechanismen der Ausbreitung und des Wandels sprachlicher Merkmale erläutert.

Er demonstriert zunächst die enorme Variabilität von Sprache anhand von Unterschieden in Laut- und Bedeutungsinventaren. Manche Sprachen haben Dutzende Laute, die in anderen gar nicht vorkommen. In anderen ist der Ausdruck bestimmter Bedeutungsfelder (z.B. räumlicher Beziehungen) so tief in die Grammatik eingebettet, dass die Sprecher sich ständig auf diese beziehen und dabei Unterscheidungen machen müssen, die Sprechern anderer Sprachen völlig fremd sind. Die Variabilität beschränkt sich jedoch nicht auf Unterschiede in Inventaren, sondern erfasst auch Grundprinzipien der Grammatik, von denen traditionell oftmals angenommen wurde, dass sie unveränderlich seien. So ist z.B. nicht für alle Sprachen klar, was ein «Wort» ist. Manche Sprachen machen keine Unterscheidung zwischen Nomen und Verben, und wieder andere haben keine umfassende syntaktische Rekursion, also keine Einbettung von Phrasen gleichen Typs ineinander, womit komplexe Sätze gebildet werden könnten. Eine solche Rekursion wurde lange als charakteristisch für die menschliche Sprache überhaupt angesehen.

Im letzten Abschnitt des Beitrags erläutert Bickel, wie sich Sprachen über die Zeit verändern und so Vielfalt und Einheit erzeugen. Dabei unterscheidet er zwei grosse Einflussbereiche, Natur und Kultur. Kulturelle

Faktoren begünstigen Sprachkontakt. Im Grossraum Eurasien etwa stehen seit Jahrtausenden Sprechergemeinschaften miteinander in Kontakt, was zur Ausbreitung zahlreicher gemeinsamer Merkmale geführt hat. Sprachwandel wird aber auch durch natürliche Faktoren beeinflusst, etwa dadurch, wie das menschliche Gehirn Sprache verarbeitet. Auf diese Weise lassen sich etwa universelle Tendenzen in der Wortstellung erklären.

Die Variation innerhalb einer Sprache, gewissermassen die Mikroperspektive der Sprachdiversität, ist das Thema des Germanisten Walter Haas (Universität Freiburg i. Ue.), der einer der besten Kenner der historischen und heutigen Sprachverhältnisse der Deutschschweiz ist. In seinem Beitrag «Sprache in Variation – und warum sich die Deutschschweizer trotzdem verstehen» behandelt er anhand von Beispielen aus der deutschsprachigen Schweiz mit ihren zahlreichen Dialektgebieten grundlegende Probleme der Linguistik, zu denen zumindest seit der Begründung der modernen Sprachwissenschaft durch den Schweizer Ferdinand de Saussure die Annahme der Homogenität von Sprachsystemen gehört. Haas stellt fest, dass sich die Sprecherinnen und Sprecher der diversen Dialekte des Schweizerdeutschen in der Regel recht gut verstehen, obwohl sie dies bei einer strikten Auslegung des Systemgedankens aufgrund der unterschiedlichen sprachlichen Kompetenz gar nicht können dürften. Akribisch und systematisch geht er der Frage nach, warum sie es dennoch tun. Er verweist dabei auf die systematischen Zusammenhänge zwischen den lautlichen Unterschieden in nah verwandten Sprachen und Dialekten, die den Dialektsprechern meist unbewusst sind, aber beim Hörverstehen schnell erlernt und angewendet werden. Anhand schweizerdeutscher Beispiele erläutert Haas die Prinzipien der Ausbreitung sprachlicher Merkmale über Sprechergruppen hinweg, die den systematischen lautlichen Unterschieden benachbarter Dialekte zugrunde liegt. Die Leser und Leserinnen erfahren hier nicht nur etwas über linguistische Theorien des Sprachwandels, sondern auch über die Herausbildung grundsätzlicher Unterschiede zwischen den östlichen und den westlichen schweizerdeutschen Dialekten. In einem weiteren Abschnitt geht Haas der Frage nach, welche Rolle den Unterschieden in Syntax und Wortschatz beim Verstehen zukommt. Schliesslich thematisiert er den vermeintlichen Widerspruch zwischen der Kompetenz im Verstehen anderer schweizerdeutscher Dialekte und der zurückhaltenden Übernahme «fremder» Merkmale. Die besondere Situation des Schweizer «Spracharrangements» mit seinen vielen dialektalen Formen erscheint Haas nicht grundsätzlich erklärungsbedürftig. Das im

Zuge der Herausbildung der Standardsprachen entstandene «Trugbild der einheitlichen Sprache» hat lange Zeit den Blick auf die natürliche Variabilität von Sprache und deren Nutzen verstellt.

Einen Exkurs an die Schnittstelle von Philologie, Religionswissenschaften und Wissensgeschichte unternimmt der Zürcher Religionswissenschaftler Christoph Uehlinger in seinem Beitrag «Babel, Pfingsten – und Rassentheorien: religiöse Bewertungen von Sprachenvielfalt und ihre Nachwirkungen». Ausgehend von der «kulturellen Chiffre» des Turmbaus und der babylonischen Sprachverwirrung thematisiert Uehlinger anhand von vier Beispielen die Bedeutung von Spracheneinheit und -vielfalt aus religionswissenschaftlicher Perspektive. Die Beispiele sind in unterschiedlichen kulturellen Kontexten und in unterschiedlichen Zeiten verankert: im Mesopotamien des frühen zweiten Jahrtausends, in der biblischen Urgeschichte, in der neutestamentlichen Apostelgeschichte sowie in einem neuzeitlich-europäischen Rahmen. Dabei zeigt Uehlinger eloquent, dass sowohl die mesopotamische als auch die jüdischen Traditionen zu einer anderen Sichtweise bezüglich einer ursprünglichen Spracheneinheit kommen, als dies für das modernere Christentum der Fall ist, das ein weniger starkes Gewicht auf die Existenz einer Ursprache als Bindeglied zwischen Gott und den Menschen in einem unmittelbaren Sinne legt. Nicht nur durch die Erzählung vom Pfingstwunder hält es eine Verheissung auf eine die Einzelsprachen überwindende, letztlich universale Kommunikation innerhalb der Christengemeinschaft parat. In seinem Beitrag führt Uehlinger die Leser und Leserinnen kenntnisreich in ein Grenzgebiet der Sprachforschung, das eindrücklich zeigt, welche faktische Kraft nicht nur im Zeitalter von Nationalstaaten, sondern auch heute noch von den nicht vollends entzauberten frühzeitlichen, in der Moderne mitunter rassistisch gewendeten Mythen ausgeht und wie diese bis heute auf die moderne Wissenschaft einwirkt.

Der Neurologe Cornelius Weiller (Freiburg im Breisgau) beschreibt in seinem Beitrag «Das Zweischleifenmodell zum Verständnis der Sprachorganisation im Gehirn und Aphasie» das Verhältnis von Gehirn und Sprache. Ausgehend von den Vorstellungen der Pioniere des 19. Jahrhunderts in diesem Gebiet stellt Weiller dar, wie man sich zu Beginn dieser Forschung die kausale Beziehung von Sprach- und Hirnfunktionen vorstellte. Im weiteren Verlauf zeichnet Weiller den Paradigmenwandel von einer Zentren- zu einer Netzwerklehre nach. Im Zusammenhang mit Letzterer wird die wichtige Bedeutung der mächtigen Verbindungen aus

Nervenfasern zwischen den bekannten sprachrelevanten Arealen in peri-
sylvischen Rindengebieten der linken Gehirnhälfte betont. Nicht nur die
einzelnen Module innerhalb der Hirnrinde, sondern vielmehr die beiden
intrahemisphärischen Fasertrakte, welche diese Module verbinden, sind
für das reibungslose Funktionieren von Sprechen und Sprachverstehen
verantwortlich. Weiller diskutiert in seinem Beitrag detailreich die Implikationen dieser neuen Perspektive und stellt sie älteren Ansätzen in der
Aphasiologie, also dem Forschungsfeld, das Sprach- und Sprechstörungen
nach Hirnverletzungen untersucht, gegenüber. Im weiteren Verlauf des
Kapitels wagt Weiller noch einen Vergleich mit der beschränkten Kom-
munikationsfähigkeit von Tieren und zieht Parallelen zwischen den neu-
ropsychologischen Grundlagen von Musik und Sprache. Abschliessend
betont Weiller noch einmal, dass das Zweischleifenmodell die Entstehung
lautsprachlicher Kommunikation besser erklären kann, als es die traditionelle Zentrenlehre vermag. Darüber hinaus veranschaulicht er, inwiefern
der Zweischleifenansatz besser mit der allgemeinen Funktionsweise des
Gehirns kompatibel ist. Weillers Beitrag ist ein hochaktueller Text, der
präzise und anschaulich den Stand des Wissens zur Beziehung von Sprache
und Gehirn vermittelt.

Der Beitrag «Mit Computern sprechen. Unterschiede und Gemein-
samkeiten zwischen menschlicher und maschineller Sprache» des Zürcher
Informatikers Abraham Bernstein thematisiert ein äusserst relevantes
Forschungsfeld im Grenzbereich zwischen Sprachwissenschaft und Infor-
matik. Bernstein zeigt in seinem Beitrag, welche Sprache Computer und
Smartphones «sprechen», worin sich Programmiersprachen und formale
Abfragesprachen von der menschlichen Sprache unterscheiden und welche
besonderen Anpassungen die Mensch-Maschine-Interaktion erzwingt.
Ausführlich arbeitet Bernstein die allgemeinen Unterschiede in der Art,
wie Menschen und Rechner Informationen aufgrund unterschiedlicher
Motivationen und völlig unterschiedlicher Wissensstrukturen verarbeiten, heraus. Anhand eines einfachen Beispiels exemplifiziert er die Art
und Weise, wie ein Computerprogramm eine Anfrage beantwortet und
wie das notwendige Wissen in diesem Programm repräsentiert ist. Dabei
werden die Unterschiede in der kognitiven Architektur von Rechnern
und Menschen deutlich. Bernstein erläutert Schritt für Schritt die jeweiligen Unterschiede, die Mensch und Rechner bei der Verarbeitung einer
gesprochenen Anweisung aufweisen. Im letzten Drittel seines Beitrags
betrachtet Bernstein die richtungsweisenden Möglichkeiten, die sich zu-

künftig aus der Kombination von menschlichen und computertechnischen Fähigkeiten ergeben. Bilderkennung und Sprachübersetzung werden in diesem Kontext prioritär genannt. Dem Beitrag von Bernstein gelingt es, anhand zahlreicher Beispiele zu veranschaulichen, dass der Mensch über Fähigkeiten verfügt, die einem Computer fehlen. Wie Bernstein betont, ist dies umgekehrt aber ebenso der Fall. Das Kapitel schliesst mit der Feststellung, dass die genaue Kenntnis der Gemeinsamkeiten und Differenzen in der Informations- und Sprachverarbeitung zwischen Mensch und Rechner einen wichtigen Schritt in Richtung auf die Überbrückung der Kommunikationsschwierigkeiten zwischen Mensch und Maschine darstellt.

Den Abschluss der Ringvorlesung bildet der Beitrag «Alles Englisch, oder was? – Eine kleine Kosten- und Nutzenrechnung zur neuen wissenschaftlichen Einsprachigkeit» des Berliner Linguisten Konrad Ehlich (Freie Universität Berlin), der eine hochaktuelle sprachpolitische Diskussion aufgreift. Der Autor zeichnet zunächst kritisch die historische Entwicklung der englischen Sprache zur gegenwärtig dominanten Wissenschaftssprache nach. Dabei beleuchtet Ehlich eine Fülle interessanter Aspekte, die die Zwangsläufigkeit dieser Entwicklung infrage stellen. Ausgangspunkt seiner Betrachtungen ist die Frage, ob Englisch denn wirklich die universelle Wissenschaftssprache ist, als die sie heutzutage leichthin dargestellt wird, und er verneint diese Frage mit Hinweis auf wissenschaftliche Traditionen und Publikationen, in denen weiterhin der Gebrauch verschiedener Sprachen dokumentiert ist, entschieden. In einem nächsten Schritt wagt Ehlich einen Rückblick auf frühere Epochen der Neuzeit, in der beispielsweise Latein oder Deutsch und Französisch die dominanten Sprachen in den Wissenschaften waren. Ehlich diskutiert vor diesem Hintergrund den Begriff der «lingua franca» und hält fest, dass es sich zu keiner Zeit so verhalten hat, dass die aktuelle «Wissenschaftssprache» auch gleichzeitig eine universelle «lingua franca» gewesen ist. Ehlich verweist jedoch auf jüngste Tendenzen, das Englische (bzw. eine sehr technisierte Version dieser Sprache) sehr wohl zur allein gültigen Sprache für den wissenschaftlichen Austausch festzulegen. Dies betrifft nicht nur die Naturwissenschaften, sondern zunehmend auch die Geisteswissenschaften, selbst wenn deren Gegenstand eine spezifische Einzelsprache ist. Diese Entwicklung kritisiert Ehlich, indem er auf das Ungleichgewicht hinweist, das entsteht, sobald eine standardisierte Wissenschaftssprache gleichzeitig die Muttersprache nur eines Teils der aktiven Forscher und

Forscherinnen ist, woraus für diese ein unschätzbarer Vorteil erwächst. Zum Schluss des Textes gipfelt die leidenschaftliche Kritik des Autors in einem Plädoyer, nicht grosse Teile einer Bevölkerung, die vielleicht nicht des Englischen mächtig und daher nicht in der Lage sind, sich in den Besitz neuester Forschungsergebnisse zu bringen, von gesellschaftlich relevanten Diskussionen um Möglichkeiten und Grenzen technischen Fortschritts a priori auszuschliessen. Konrad Ehlich zeigt damit in seinem Text deutlich auf, welche weitreichenden politischen und historischen Prozesse direkt und indirekt von einem bestimmten Umgang mit Sprache abhängig sind, und beschreibt in anschaulicher Weise die damit verbundenen Implikationen sowohl für Forscher und Forscherinnen als auch für Laien.

Die im vorliegenden Band zusammengefassten Beiträge zeichnen ein komplexes Bild von verschiedenen Teildisziplinen der Sprachwissenschaft, wie der Soziolinguistik, der Phonetik und Phonologie, der Gebärdensprachlinguistik, der Typologie und der Dialektologie sowie der Psycholinguistik. Zusätzlich betonen einige Beiträge in Ergänzung dazu die vielfältigen Schnittstellen zwischen sprachwissenschaftlicher Forschung und anderen geistes- und auch naturwissenschaftlichen Disziplinen, wie der Philosophie, der Religionswissenschaft, der Neuropsychologie und der Informatik. Von den mannigfaltigen Bestrebungen und interdisziplinären Unternehmungen zur Erforschung der Sprache geben die hier versammelten Beiträge ein eindrucksvolles Zeugnis. Jeder einzelne Beitrag zeigt, jeweils aus unterschiedlicher Perspektive, wie komplex einerseits und elementar wichtig andererseits die menschliche Sprache ist. Abschliessend sei nochmals betont, dass sich die menschliche Sprache als wichtige Voraussetzung einer jeden Wissenschaft erweist, sei es als Gegenstand der Forschung oder als Medium, das die Forschungsresultate transportiert und es den Forscherinnen und Forschern sowie den interessierten Laien erlaubt, die Resultate zur Kenntnis zu nehmen, über diese Resultate zu diskutieren und die Vermehrung des Wissens voranzutreiben.

Jedes einzelne Kapitel kann eigenständig gelesen werden, und alle Kapitel haben ein gemeinsames Leitmotiv, das als die wichtigste Erkenntnis der von vielen Händen und Hirnen organisierten und realisierten Ringvorlesung gelten kann: Die Sprache ist des Menschen wichtigste evolutionäre Errungenschaft und mächtigstes Werkzeug, und es ist eine grosse wissenschaftliche Herausforderung, sie in ihrer bewundernswerten Komplexität zu verstehen und zu untersuchen.

In diesem Sinne wünschen wir allen Leserinnen und Lesern unseres Bandes viel Freude bei der Lektüre der Beiträge zur Ringvorlesung «Sprache(n) verstehen».

Danksagung

Der vorliegende Band und die dazugehörige Ringvorlesung wären nicht möglich gewesen ohne die Unterstützung und tatkräftige Hilfe von vielen Seiten. Zunächst möchten wir der Kommission für Interdisziplinäre Veranstaltungen der UZH und ETH Zürich danken für die Aufnahme unseres Vorschlags in die Reihe der Interdisziplinären Ringvorlesungen sowie dem vdf Hochschulverlag an der ETH Zürich für die Begleitung bis zur Drucklegung. Weiter möchten wir allen Kolleginnen und Kollegen aus dem Zürcher Kompetenzzentrum Linguistik (ZüKL) danken, die mitgeholfen haben, die Vortragenden einzuladen, die jeweiligen Vorträge zu moderieren und einzelne Beiträge zu lektorieren (Wolfgang Behr, Balthasar Bickel, Volker Dellwo, Christa Dürscheid, Tobias Haug, Marianne Hundt, Martin Volk). Schliesslich haben Dario Brander, Isabelle Egger, Andi Gredig, Anja Hasse und insbesondere Robert Schikowski unschätzbare Dienste bei der Durchführung der Ringvorlesung und der Einrichtung der Manuskripte geleistet. Ihnen allen gebührt unser herzlicher Dank.

Zürich, im Dezember 2013

Elvira Glaser
Agnes Kolmer
Martin Meyer
Elisabeth Stark

David Crystal

Making sense of sense

It's one of the expressions that we often say: 'That makes sense', or 'That doesn't make sense'. Or again, 'I understand', or 'I don't understand'. The sentences sound so simple. But when we begin to explore what is involved in the notions of 'sense' and 'understanding', whether as linguists or as language teachers, we find we need to take into account an unexpected diversity of factors. I shall talk about five of them in this paper – five perspectives which we need to be aware of if we hope to 'make sense of sense'.

The diversity is underestimated because of a widespread fallacy: that 'meaning' is to be found in vocabulary, in individual words. We hear it acknowledged, for example, when we say, 'I don't know the meaning of that word. I'll look it up in a dictionary.' We look it up, and, if we're lucky, we'll find an entry with just one meaning, and that is our answer. *Handkerchief*, for instance, has just one meaning in English – the small square of fabric used for personal purposes, such as wiping the nose. But if we work our way through an English dictionary, we find that such monosemic items are the exception rather than the rule. Most headwords have more than one meaning – they are polysemic. Some have dozens. A verb like *take* has 63 different meanings listed in the unabridged *OED*, and that excludes idiomatic phrases such as *take aim* and *take charge*. I went through a concise dictionary once and calculated the average: it was 2.4 meanings per headword. So there is almost always a choice to be made, when we look a word up.

We forget this polysemy whenever we think of a word as simply 'having a meaning'. It is easy to show that there is no simple correlation between 'word' and 'meaning'. If meaning is to be found in a word, then all I have to do to convey that meaning is to say the word, and you will know what I mean. *Table*. Now you know what I mean. But of course you don't know what I mean. In my head, I might be thinking of a piece of furniture, a figure in a book, a plateau or mountain top, or even the abbreviated name of an organization (such as the British charitable organization, *The Round Table*). How will you know what I have in mind? The answer is obvious: 'put it in a context', you will say, 'and then we will know what you mean'. But how do I do that? I could point to the relevant context, if one were nearby, but that is inconvenient and often impossible. Rather, I will put the word into a sentence. In the case of *table*, *The leg on the table is broken* selects the 'furniture' sense. *There are two mistakes in the first row of the table* selects the 'book' sense. *We spent all morning climbing up to the table* selects the plateau sense. *I gave some money to the Table* selects the charity sense. And so on. In short, we need *grammar* to make sense of words.

Grammar is the first perspective we need in order to understand the notion of *sense*. That is, essentially, what sentences are for: their primary function is to make sense of words. And not just sentences as wholes, but the constructions within sentences too, such as clauses and phrases. Every bit of grammar, from the largest construction to the tiniest word-ending, exists to express some sort of meaning, and it is the combination of grammatical features that allows us to convey sense. Without grammar, there is the permanent risk of ambiguity. Children have to learn this Truth. I recall daughter Suzie, at 18 months, at the one-word stage of language acquisition, coming into the room carrying a teddy-bear, and saying to me *Push*. I gave her a playful push, but she rejected it. *No, push*, she said again, more insistently. I thought for a moment, then showed her I was ready to be pushed. *No, push*, she said again, vigorously shaking her head. Eventually we worked it out. What she meant was: 'Come with me into the other room, where there is a toy swing, put teddy on the swing, and push teddy'. 'Why didn't you say that?' I might have asked her. And if she could have replied, she would have said, 'Because I am only at the holophrastic stage of child language acquisition, and have learned no syntax yet. Ask me again in six months' time and I'll do better!' And indeed, six months or so later, as she entered the three- and four-element stages of language acquisition, she was able to say such things as 'You push me' and 'Me push you' (Subject + Verb + Object), and 'You push teddy in there' (Subject + Verb + Object + Adverbial).

Without grammar, then, there can be no sense. But grammar alone is not enough. We can have a perfectly well-formed sentence, and yet it might still not make sense, and we have to say 'I don't understand you', because we have not taken account of the *pragmatics*. Pragmatics is the study of the choices we make when we use language – of the intentions behind our choices and the effects that these choices convey. Obvious examples of choice include the selection of informal vs formal options in grammar (e.g. *they're* vs *they are*, *tu* vs *vous*), the decision to use or avoid a swear-word (e.g. *that's a disgrace* vs *that's a bloody disgrace*), and the intimate vs distant use of names, where there may be several choices (someone called *John Jones* might be addressed as *John, Jones, Johnny, Jonesy, Mr Jones...*). Pragmatics, being one of the most recent branches of linguistics to develop, has yet to be systematically incorporated into language-teaching frameworks, but it is always present, very important in order to understand what is going on in politeness, rudeness, and embarrassment, and always a factor which could influence our comprehension of what someone has said or written.

Let's look at some examples of underlying intentions. In a classroom, if a teacher says to a pupil 'There's a piece of chalk on the floor', the correct response of the pupil is not to say 'Yes I can see it', but rather to pick it up. Similarly, when someone says 'It's very hot in here', this is usually a hint for someone to open a window. These are *indirect speech acts*. Questions can be indirect too. Someone comes into the room and leaves the door open, which elicits the caustic 'Do you live in a barn?', intending that the offender should close the door. These questions don't usually require any verbal response. Many kinds of rhetorical question fall into this category: – 'How should I know?', 'Am I going mad?' – as do the unanswerable questions of threat or aggression: 'Are you looking at me?, 'Do you think I'm an idiot?', 'Do I have to tell you everything?'.

This last one reminds us that it is here we need to locate the often-discussed differences between men and women. When a woman says something, what does she really mean? When a man says something, what does he really mean? Deborah Tannen calls her best-selling book on this subject *You Just Don't Understand*. It's full of stories like the following (p. 175), which she takes from Ann Tyler's 1985 novel *The Accidental Tourist*:

Macon and Muriel have been living together, but Macon is still legally married to someone else. Macon makes a casual remark about Alexander, Muriel's son: 'I don't think Alexander's getting a proper education,' he said to her one evening. 'Oh, he's okay.'
'I asked him to figure what change they'd give back when we bought the milk today, and he didn't have the faintest idea. He didn't even know he'd have to subtract.'
'Well, he's only in second grade,' Muriel said.
'I think he ought to switch to a private school.'
'Private schools cost money.'
'So? I'll pay.'
She stopped flipping the bacon and looked over at him. 'What are you saying?' she said.
'Pardon?'
'What are you saying, Macon? Are you saying you're committed?'
Muriel goes on to tell Macon that he must make up his mind whether he wants to divorce his wife and marry her: She can't put her son in a new school and then have to pull him out when and if Macon returns to his wife. The conversation ends with Macon saying, incredulously, 'But I just want him to learn to subtract!'

Tannen's blurb summarizes the situation:

Why do so many women feel that men don't tell them anything, but just lecture and criticise? Why do so many men feel that women nag them and never get to the point?

And she answers her own questions:

While women use language primarily to make connections and reinforce intimacy, men use it to preserve their independence and negotiate status. The result? Genuine confusion.

It's not my purpose today to resolve this confusion – I wish! – but simply to draw attention to this second, pragmatic perspective for the study of sense. When people say such things as 'My wife doesn't understand me' or 'I don't understand what you're telling me', this is a very different notion of 'understand' from the grammatical notion.

Pragmatics always involves an interactive dimension, as it focuses on speaker/writer intention and audience effect. The third perspective is a *stylistic* one – some prefer the term *genre-specific* – which may or may not be interactive. When scientists, reacting to an argument or a set of results, say 'Yes, that makes sense', they are not thinking of the literal meaning of the sentences they are hearing or reading. They are relating what they have observed to their mindset or world view, as scientists. In linguistic terms, the language they have just encountered is compatible with the language that defines their subject. Outsiders would not see the point, and might even find the language totally unintelligible, simply because they do not understand the words (i.e. it fails to make lexical or grammatical sense). But here we are talking about insiders. And, seen in this light, we are all insiders of something or other. Talking about how to get from one part of Zurich to another, one person might suggest a route which 'makes sense', while another might suggest a route that 'doesn't make sense'.

It is here, too, that we need to locate cases of provocative non-sense. When politicians listen to an argument from someone who belongs to a different political party, and say 'That proposal makes no sense at all,', we need to categorize this from a linguistic point of view as a genre-specific reaction. They don't mean: 'We don't understand your vocabulary and grammar.'. Nor do they mean: 'We don't understand your pragmatic intention.'. What they mean is: 'That proposal is in conflict with the policies that our party espouses.'. In linguistic terms, 'the language you've used doesn't conform to the language in our policy statements.' Politicians belonging to a particular party are keenly aware that their opposition is eagerly awaiting the moment when they can be accused of inconsistency. 'The honourable member said on June 26th that such-and-such is the case. Now he is saying something different. Will he please make up his mind?' This kind of linguistic point-scoring is typical of the language games politicians have to play.

But when it comes to analysing the notion of 'sense' in relation to English, it is the fourth perspective that is of particular relevance to those learning English as a foreign language. This is the *cultural* perspective, which arises from the growth of English as a global language. Over two billion people speak English now, spread over all the countries on earth, with some countries containing sufficiently large numbers of speakers that a local variety has emerged. The obvious examples are American English vs British English, and later cases such as Australian English, South African English, and Indian English. The 20th century saw the emergence of a wide range of 'new Englishes' in many of the newly independent nations, and today linguists recognize the existence of such international dialects as Ghanaian English, Nigerian English, and Singaporean English, characterized chiefly by the use of local vocabulary, but also by local forms of grammar, pronunciation, and spelling. This is a very natural process. When a country adopts a language as a local alternative means of communication, it immediately starts adapting it, to meet the communicative needs of the region. Words for local plants and animals, food and drink, customs and practices, politics and religion, sports and games, and many other facets of everyday life soon accumulate a local wordstock which is unknown outside the country and its environs.

I recall on my first visit to South Africa seeing the sentence *ROBOT AHEAD* on a roadside sign, and I was baffled because I did not then know that a *robot* was a traffic-light. I recall being similarly nonplussed on my first visit to the USA, in the 1960s, when I asked for eggs at a diner and was asked by the man behind the counter, 'How do you like your eggs?' At the time, this was not a routine question in British culinary interaction, and I didn't know how to reply. I answered 'cooked'! Today, I know that the expected response includes 'once over lightly', 'sunny-side up', and other eggy expressions. Getting to know South African or American culture requires getting to know the language, and avoiding the misunderstandings which a lack of awareness of the culture can bring. So this is another notion of 'sense' – a cultural notion. 'I don't understand' here means 'I understand what your words mean in my culture, but it seems that they mean something different in yours'.

Problems arise because participants from different countries bring their individual cultural expectations to the interaction, and don't make allowances for ignorance on the part of their interlocutors. For example, someone might drop into a conversation such sentences as the following:

> Her handbag was more Petticoat Lane than Bond Street.
> It was like Clapham Junction in the street today.

You have to know that there is a street-market in Petticoat Lane (where handbags are likely to be cheap and probably replicas), whereas Bond Street is an expensive shopping area. And you have to know that Clapham Junction is a particularly complicated railway station, where lines from many directions converge, making it one of the busiest railway junctions in the UK. People with a shared cultural background will have no difficulty making sense of these sentences. People who lack this background will have no idea what the speaker is talking about.

I should add at this point that this is nothing to do with the difference between being a native as opposed to a non-native speaker of English. A native speaker of English from outside Britain might have a similar confusion about Petticoat Lane or Clapham Junction. And I have many experiences myself of being confused by English speakers in countries I have visited. Here are two examples, which I take from a recent study I made of cultural contrasts.

Travelling in New Zealand in 2006, I frequently saw roadside advertisements for Tui beer which used the catch-phrase 'Yeah, right'. They have become so successful that two books collecting them have been published. The phrase is an ironic affirmation. When we react to a sentence by saying 'Yeah, right', with each word carrying a low falling intonation, we are expressing some sort of suspicion about its content, as these examples illustrate:

Let your mum stay as long as she likes. Yeah right.
Quiet student seeks room. Yeah right.
Of course I remember your name. Yeah right.
One careful lady owner. Yeah right.

These particular ads are culturally neutral, in the sense that they would be understood in most English-speaking (and doubtless other-speaking) societies. But others require an intimate knowledge of New Zealand culture to make any sense at all, for they rely on local knowledge of names and places.

There are no skeletons in Rodney's closet. Yeah right.
Hasn't Dick made a difference? Yeah right.
Let Paul fly us there. Yeah right.

Who are Rodney, Dick, and Paul? New Zealanders living in the country at the time would know, without need for a gloss, that Rodney is a national politician (a footnote in the book tells us that this jibe was aimed at one of the parliament's most vocal critics), that Dick is mayor of Auckland (and the ad was put up six months after he was elected), and that Paul is a radio personality (the breakfast host on Newstalk ZB, the country's main breakfast show) who owns a plane, which he crashed, and survived. He then got another plane, which he crashed, and survived. So let Paul fly you there? Yeah, right!

Every country has the equivalent of Rodney, Dick, and Paul. In the UK Paul's equivalent would be someone like John Humphrys or Terry Wogan. But I have no idea who the equivalent broadcasting 'anchor' personalities would be in the USA, Canada, or Australia, or – to move away from the major varieties of the past – in France, Germany, or Switzerland – or, at a still more local level, in Paris, Berlin, or Zurich. So, if I encountered such names used by someone speaking English in these parts of the world, I would be at a loss.

And that is what is increasingly happening, as English becomes a local alternative language. When a group of people in a country (such as students, teachers, or businessmen) switch into English, for whatever reason, the subject-matter of their conversation inevitably incorporates aspects of their local environment. They talk about the local shops, streets, suburbs, bus-routes, institutions, businesses, television programmes, newspapers, political parties, minority groups, and a great deal more. They make jokes, quote proverbs, bring up childhood linguistic memories (such as nursery rhymes), and recall lyrics of popular songs. They remember events in the history of their country, or stories from its literature of the past. All this local knowledge is taken for granted, and used in sentences without gloss. Visitors who hear such sentences, or read them in local newspapers, need to have them explained. Conventional dictionaries will not help, for they do not include such localisms, especially if the expressions are encyclopedic in character (referring to local people, places, institutions, and suchlike). People often say that humour doesn't travel. Culture doesn't either.

Every English-speaking location in the world has similar usages which make the English used there distinctive, expressive of local identity, and a means of creating solidarity. From this point of view, notions such as 'French English', 'German English', or 'Swiss English' take on a fresh relevance, going well beyond traditional conceptions of English spoken with one of the Swiss accents, or English displaying interference from French, German, Italian, or Romansch grammar. Swiss English, for example, I define as the kind of English I need to know about when I go to Switzerland, otherwise I will be unable to converse efficiently with Swiss speakers in English. It would be amazingly useful to have a glossary of the English equivalents of Swiss cultural references, but I know of none – and not only for Switzerland. This seems to be a neglected area for any country.

The neglect is especially critical for English, as it increases its global reach. When people from different parts of the world meet each other and use English as a lingua franca (as in a political or business meeting), there are many failures of communication which result from the participants assuming different cultural interpretations of a particular word or phrase. A breakdown may occur in relation to the most everyday of topics. For example, on a recent visit to a small town in the Czech Republic, I had a conversation which went something like this. We were talking about coincidences, and Marina was telling me about Peter, who had just got a job in Marina's office:

Marina: Me and Peter both live in the same street. And what's even more of a coincidence is that he lives in 355 and I live in 356.
Me: So you can wave to each other, then!
Marina (puzzled): No.
Me (confused, thinking that they've perhaps had an argument and weren't talking to each other): I mean, you could keep an eye on each other's house, if one of you was away.
Marina (even more puzzled): Not very easily. I can't see his house from where I live. It's the other end of the street.
Me: But I thought you were neighbours.
Marina: Not really.
Me: Ah.

I didn't know what to say next, and we moved on to some other subject.

The next day I made enquiries, and discovered what had gone wrong. It transpired that the system of house numbering Marina is used to operates on a totally different basis to what I was used to in the UK. In Britain, houses are numbered sequentially in a street, usually with odd numbers down one side and even numbers down the other. So 355 and 356 would probably be opposite each other – or maybe even next to each other (for some streets have linear numbering). But in the Czech Republic (or, at least, in that part where I was), houses are numbered on the basis of when they were built and registered with the housing authority. House number 356 was built (or registered) immediately after house number 355. So it was not necessarily the case that 355 and 356 would even be in the same street, and certainly no expectation that they would be opposite or adjacent to each other. That is why Marina thought it such a coincidence.

It takes a while for the speakers to realize that there is a problem. People readily sense when someone's *linguistic* knowledge is imperfect, and may go out of their way to accommodate to the foreigner by speaking more slowly or by simplifying sentences. But they are not so good at *cultural* accommodation. There is too ready an assumption that foreigners will know what they are talking about. People always tend to underestimate the cultural knowledge of their non-native listeners and readers, whatever the language and whatever the setting. Because the words and phrases are so familiar and routine, people are usually not aware that they are using something which foreigners will not understand. They take things for granted.

For the most part this behaviour has no serious conversational consequence. If someone says in passing that they did some shopping in a certain part of town (e.g. 'I took the bus into Islington this morning and bought this bag'), and I have no idea where that is, it would be conversationally absurd to interrupt the narrative to enquire exactly where Islington is, given that the speaker's intention is to focus on the bag. The location is of no consequence, and the speaker might have omitted this information without conversational loss. But it would be very different if the sentence had been 'People don't go into X [part of town] in the evenings, as a rule; it can be bit risky'. If you have no idea where X is, then it would pay you to find out.

You might be thinking that this sort of thing happens in other places, but not here in Switzerland, or here in Zurich. You would be wrong. We're not likely to find inexplicitness too often in English-language newspapers in a country, as journalists take care to explain what is going on. But as the situation becomes more informal, approximating to everyday conversation, examples multiply. Here's a random example taken this month [September 2012] from an online forum moaning about traffic in Zurich. I get the impression that there is a problem?

Such things will occur more and more in the foreseeable future. For decades, roads in Switzerland were expanded long after the demand was there. Really courageous ideas like the change from the 30min «Takt» [*what is this, and why in inverted commas?*] to the required 15min «Takt» were refused by an overcautious electorate. But only a train each 15mins is a real and viable alternative to private cars in quite many circumstances. What is described above is what Josef Estermann [*who he?*] forecast more than a decade ago.

There also are silly steps taken by those in charge, like cutting back the S4 Sihltalbahn from Sihlbrugg to Langnau [*why is a cut silly here?*] instead of extending it over the hill to Zug. Delaying the necessary extension of Tram 7 to at least «Grüt» [*what is this, and why the inverted commas?*] or even [*why 'even'?*] down to Adliswil. Terminating the Tram 12 at Schwamendingen-Stettbach instead of it continuing over into Dübendorf [*why is that a problem?*].

Positive things of course DO happen like the extension of the tram from the Cargo Terminal at the airport to Bassersdorf [*why was that good?*], but such things take a long time. Already ex-Bundesrat [*what is this?*] Leuenberger [*is he well-known?*] opted in favour of A) adding a third lane on each side on major highway-stretches, B) building a highway from the Baden-area (S1) [*a road name?*] over towards Winterthur (without putting all motor-traffic to Zurich), C) completing the «Ostring» [*what is this and why the inverted commas?*] between Uster and Schmerikon. Positive is the construction of the new Bahnhofplatz-extension of Zch-HB [*what is this?*] plus the tunnel to Oerlikon and the expansion of Bhf Oerlikon [*what is this?*], but once again, all this takes quite a while still.

I could make a guess at the answer to some of these questions, and it would only take a short time living in the city for many of the questions to disappear. But my point is to draw attention to the amount of cultural knowledge assumed in an everyday piece of conversation. The place-names, personal names, and abbreviations are obviously the main difficulty, but there are also value-judgements which go over my head – such as the stories behind 'silly' and 'positive', and the issue which led to the use of 'even' – and the significance of the inverted commas totally escapes me. There are 238 words in this extract, and about 10 per cent of them are opaque to the outsider. This is quite high compared with what we might find in a discussion of, say, holidays, but quite low compared with what we would encounter in, say, a political discussion (where the names of politicians and parties, including their nicknames, would be bandied about). And the greater the cultural distance between the writer/speaker and the reader/hearer, the more these totals would increase. Nor must we forget the temporal dimension: this paper has been synchronic in its focus, but when we include a diachronic dimension (such as understanding the language of Shakespeare) we encounter an analogous cultural distance.

I've spent some time on this fourth kind of 'sense' because as English comes to be increasingly used in countries with hugely different cultural histories, this kind of cultural communicative misunderstanding is going to become increasingly frequent. But all four kinds of 'sense' discussed so far in this paper are important, as each of them – lexical/grammatical, pragmatic, stylistic, and cultural – is part of the language system, whether used by the community as a whole or by groups within the community. By contrast, my fifth (and final) perspective on 'sense' is a matter of *individual differences*. We all know that we need to pay attention, if we hope to understand. And we all know that a lack of concentration can lead to a problem of understanding which, on a different occasion, would present us with no difficulty. Language even provides us with expressions that enable us to explain personal inadequacy, whether perceived as temporary or permanent. Anyone who says 'I don't understand. I think it must be me', is illustrating this condition. As are those who, as a late-evening conversation gets complicated, say 'Tell me in the morning'. Or those who, at a difficult point in an exposition, say 'I need a drink'. Speakers, of course, need to recognize the existence of individual differences, and as they see the eyes glaze around a room, make a note to stop talking. As I do now.

References

CRYSTAL, DAVID. 2010. *«The future of Englishes: going local»*. In Facchinetti, Roberta; Crystal, David; Seidlhofer, Barbara (eds.). From International to Local English – and Back Again. Bern: Peter Lang, 17–25.

DB BREWERIES. 2005. *Yeah Right*. Auckland: Hachette Livre NZ.

TANNEN, DEBORAH. 1990. *You Just Don't Understand: Women and Men in Conversation*. New York: William Morrow.

TYLER, ANNE. 1985. *The Accidental Tourist*. New York: Alfred A. Knopf.

Jonathan Harrington

Variability and change in spoken language communication

Abstract

Historical sound change is ubiquitous and is often fossilized in spellings that reflect how words used to be pronounced. The issues to be considered in this chapter concern why the sounds of languages necessarily change in time as well as the mechanisms that bring about these changes. Doing so requires considering inherent variations in producing and perceiving speech in everyday conversation. Then, some of the main forces are identified that might cause such variations to turn into sound change. These include the listener's occasional failure to adjust or normalize their perception for the numerous contexts in which speech can occur and the idiosyncratic way in which linguistic knowledge is shaped through experience. Another factor that contributes to the spread of sound change is the natural tendency for speakers to imitate each other which may be heightened during language acquisition. The propagation of sound change not only depends, however, on its transmission from one generation of children to the next, but is also manifested in the continual updating of an adult's pronunciation over the lifespan. The question of whether sound change can take place irrespective of its consequences or whether it is guided or shaped by existing patterns of sound structure in the language is also considered. A tentative overall conclusion is that sound change is the natural consequence of a dichotomy between speech as continuous movement, on the one hand, and the discrete categorical properties of language on the other. Further empirical research into the nature of this inherently ambiguous relationship that draws upon increasingly available speech databases spanning several decades of speech will be essential to shed further light on how this dichotomy evolves into sound change.

Acknowledgments. My thanks to the Zürcher Kompetenzzentrum Linguistik, University of Zürich, for the opportunity to present this research in their «Ringvorlesung» and to Volker Dellwo for many helpful comments on this paper. This research was supported by European Research Council Advanced Grant no. 295573 «Sound change and the acquisition of speech» (2012–2017) to Jonathan Harrington.

1 Introduction

The opening lines of the poem *Sir Gawain and the Green Knight,* written around the time of Chaucer's *Canterbury Tales* towards the end of the 14th century, show us how much English pronunciation has changed in the past 700 years:

> Siþen þe sege and þe assaut watz sesed at Troye,
> Þe borȝ brittened and brent to brondeȝ and askez,

There is at least one word, *brittened,* derived from Anglo-Saxon *brytnian* meaning 'to cut into pieces' or 'divide' (Stratmann 1867), that is related to the modern *brittle.* The relationship between old and modern is perhaps more easily seen in *sege, assaut, sesed,* which are derived from Old French and Latin and are *siege, assault,* and *ceased,* respectively (Glaser 2011). Sometimes the relationship between the old and the new is more opaque: *askez* demonstrates a sound change by which /sk/ changed to /ʃ/ to derive the present-day /aʃɪz/ (*ashes*). The modern equivalent of *brent* is *burnt,* which illustrates another example of a common sound change known as metathesis (Blevins & Garrett 1998) whereby two sounds change the order in which they occur over a period of time (cf. present day German *brennen, to burn*). The first word *siþen* is derived from Middle English *sithenes,* and by way of the deletion of two vowels and a consonant becomes the present-day *since.*

The analysis of older texts such as the one above has formed a major part of evidence for sound change using the so-called comparative method by which the relationship between languages and their evolution over centuries has been so successfully established. It is, however, no longer necessary to experience sound change by looking so far into the past. Although not as dramatic, many recordings especially of older speakers from the 1950s sound quite old fashioned to our modern ears. Consider, for example, an interview recorded by the BBC in 1955 with the crime-fiction writer Agatha Christie[1], then aged 60 years: the first vowel in *often* produced near the beginning of this interview by the interviewee rhymes with *law* rather than with *lot*. And her vowel in *fact* rhymes more closely with a present-day pronunciation of *pecked* rather than with *packed*.

So why do the sounds of languages change with time? And what does this tell us about the structure of language, about how language is related to social and cultural changes, and about the way that language is used for communication? These are some of the main issues discussed in this chapter. But first it is necessary to confront an issue that stands at the heart of research in present-day phonetics: understanding variation.

2 Variation

A rough distinction can be made between language-internal and language-external variations. The first has to do with how the same utterance varies depending on the context in which it was produced by any given speaker; the second derives from differences between speakers. Of course, there are many more types of variation than could be summarized here; the ones considered are those that are especially important for understanding sound change.

2.1 Internal variation

On the one hand, it seems axiomatic that the utterances and words of languages are not stored in memory as entire gestalts, but that instead they are built out of a finite set of abstract units that can be permuted and grouped in various ways. Applied to the sounds of speech communication, this *phonological principle* states that a word like *acts* is put together from smaller units (often known as phonemes) such as /a/, /k/, /t/, and /s/, and that different permutations of these units give rise to other meanings including for this example /taks/ (*tax*), /akst/ (*axed*), /kats/ (*cats*), /skat/ (*scat*), /stak/ (*stack*), and /sakt/ (*sacked*). The idea that words are decomposable into separate sound units would seem to most people who grow up in a language with an alphabet writing system quite self-evident. So it comes as something of a shock to students who embark upon phonetics for the first time to find that, when they examine spectrograms (acoustic records in which speech signals are analysed into time, frequency, and amplitude components), speech is instead a *continuous movement* that shows no respect for the clearly demarcated boundaries suggested by such units whether within or between words. The latter is perhaps more readily apparent than the former. In the time before I went to school, I remember how my mother used to take her *ham-bag* to go shopping. In fact, this is a close approximation of how this word is typically pronounced: a pronunciation corresponding more closely to the way in which *hand-bag* is spelt never really occurs in everyday conversation. The more typical pronunciation with *ham* comes about because the /b/ of *bag*, produced with closed lips, extends forward in time into the last two consonants of *hand*: A production of *hand* with closed lips over its last two consonants is very hard to tell apart from *ham*. Thus, this simple example shows that the units out of which words are built overlap with each other in time, i.e., they are co-produced or *coarticulated*.

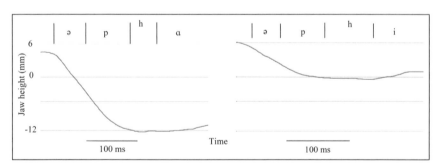

Fig. 1: The vertical height of the jaw measured with an articulograph in /əpa/ (left) and /əpi/ (right).

Now consider as another example of coarticulation the data in Fig. 1 which shows the jaw's vertical up and down movement as a function of time recorded with a device known as an articulograph (Hoole & Zierdt 2010). In order to interpret Fig. 1 more easily, put your finger on your chin and say *pass* and then *piece*. You will notice, consistent with the trajectory in Fig. 1, that the jaw moves down much more in the vowel of *pass*. The same figure also shows that the jaw height differences in these vowels are anticipated right at the beginning of the phrase /əp/ corresponding to *a piece* and *a pass*. That is, because of coarticulation, the sounds in bold are not produced in the same way, and they also create quite different acoustic signals. This example of coarticulation, which occurs in everyday spoken language communication, can be related to a well-known sound change by which the Old High German plural for *guests*, /gasti/ (whose singular was /gast/), has become /gɛste/ (*Gäste*) in modern times. What has happened here is that the high jaw and tongue positions of the final /i/ in /gasti/ have influenced the vowel of the stem, causing the /a/ to be produced with a higher tongue position than in the singular /gast/. An /a/ produced with a higher tongue position is phonetically quite close to /ɛ/. This coarticulatory influence, which almost certainly took place in the conversations of old High German speakers, is obviously connected to the present-day *Gäste* produced with an /ɛ/. So this example shows that there can be a very close relationship between coarticulation and sound change.

Another type of variation that is ubiquitous in speech results from speaking style. Research in the last 50 years has shown that speaking style often varies in relation to how predictable speech is within the context in which it occurs. In general, when speech is unpredictable – such as when saying a name while introducing a person for the first time – then the speaking style is precise, clear, or *hyperarticulated*. But if the listener can guess much of what is being said from the broader context, then speech is often less precise, less clear, and *hypoarticulated* or *reduced* (Lindblom 1990). An extreme form of hypoarticulation/reduction would be to answer a question with an indifferent shrug of the shoulders and quite possibly no speech at all as opposed to replying in a maximally hyperarticulated speaking style with the words *I do not know*. Between these two extremes lies a whole range of possibilities (Hawkins 2003) including *I don't know*, *I dunno*, *dunno*, *dno*, /ə̃ə̃ə̃/, the latter corresponding to not much more than three nasalised vowels similar to that found at the beginning of *another*, but said with pitch changes. It is astonishing that the meaning of these highly reduced forms is usually completely intelligible to the listener, but *only in the context in which they are situated*. So if /ə̃ə̃ə̃/ were artificially spliced out of context and presented on its own with no context at all to listeners who were then asked «What words do you think are being said here?» – then the response might well be that this is not even English. There is moreover quite a close relationship between hypoarticulation and sound change. In everyday speech, unstressed syllables tend to be reduced because these are generally less important for identifying the word's meaning (Cutler & Carter 1987). Sound change over several centuries can, in turn, obliterate unstressed material, as is apparent in considering place-names such as *Cholmondsten*, a small village in Cheshire in north-west England whose modern day pronunciation /tʃʌmstn̩/ (‹Chumsten›) preserves little of its middle, unstressed syllable.

2.2 External variation

The very differently shaped vocal tracts and vocal organs of speakers have quite dramatic effects on the speech signal. Women tend to have shorter and thinner vocal folds, which is why the pitch of female speech is usually much higher than in male speech. Women also have smaller mouth cavities and a different length ratio between the mouth and the throat cavity (pharynx). These physiological differences cause marked acoustic differences between men and women to the resonances or formants of vowels, which are the primary means by which listeners distinguish one vowel from another. Many of these effects are even more marked in the speech of children who have dramatically smaller and differently shaped vocal tracts compared with those of adults.

Speakers also differ along many other social dimensions such as social class (working/middle/upper), but also more subtly in terms of group and gang membership (Jannedy & Weirich 2012, Mendoza-Denton 2008). Moreover, as research by Foulkes et al. (2005) has shown, these social differences, which reflect class and group affiliation, are already learned from a very early age in children. Finally, another important factor in variation is the speaker's dialect, which for many languages of Europe can vary markedly – even over small geographic distances.

All of these external differences – due to the vocal tract size and shape, gender, social, and regional affiliation – create variation between speakers. However, such variation is likely to be far more acute than any of these broad categorizations suggest. Over the last 15–20 years, quite compelling evidence has accumulated that speech is also shaped by experience. According to these theories (see, e.g., Goldinger 1996, Johnson 1997, Pierrehumbert 2002), the knowledge that a speaker has of the language is updated every time a speaker takes part in a conversation. Earlier, it was reasoned that there are two different layers to the sounds of speech communication: the phonological level, at which words are built out of permutations of a finite set of abstract units, and continuous speech movement. The implication of these recent findings is that this relationship, being shaped by experience, is idiosyncratic, i.e., slightly different from one speaker to the next. As Laver (1994) commented: «It will be apparent on reflection that the phonetic realizations of every phoneme of every speaker have the potential of being slightly different from those of many other speakers even of the same general accent.»

3 From variation to sound change

3.1 Internal variation and sound change

Theories that seek to establish a relationship between how internal variation can sometimes end up as sound change are generally concerned with the conditions that give rise to change, rather than with how change spreads through the community. One of the most influential of these was developed by John Ohala (1981, 1993), who suggested that sound change comes about because of ambiguities in the transmission of speech between a speaker and a listener. Central to his model are several experimental findings that listeners typically normalise the speech signals according to the coarticulatory context in which they occur (Beddor & Krakow 1999, Mann & Repp 1980). Consider as an example of this the words *bad* and *man*, which are formed from two consonants and – importantly for this example – the same vowel /a/. Now, because of coarticulation, /a/ is produced differently in these words: in *man* but not in *bad*, /a/ is nasalized, i.e., produced with air flowing out of the mouth and the nose. The reason for this is clear enough: the vowel in *man* is surrounded by nasal consonants /m, n/, which cause the vowel to become nasalized. Interestingly, however, listeners tend not to hear the vowel in *man* as nasalized. This is because they normalise for the effects of context, that is, they attribute the nasalisation in the vowel not to the vowel itself, but to the context (the nasal consonants) that are the source of the nasalisation in the vowel. From another point of view, normalisation in this case means that listeners *subtract out* the nasalisation from the vowel (which then causes /a/ in *bad* and *man* to sound the same). This normalisation obviously happens only in context. If the vowels were spliced out from these words and presented to listeners, then they would indeed judge the isolated vowel from *man* to be more nasalised than the isolated vowel from *bad* (see.e.g. Beddor 2009, Beddor & Krakow 1999).

According to Ohala (1981, 1993), sound change can be brought about if listeners occasionally make a mistake and fail to normalise or adjust the signal for coarticulation. Applied to the present example, listeners would not attribute the nasalisation in the vowel of *man* to the context in which it occurs, and, as a result, the vowels in *bad* and *man* would no longer sound the same: the vowel in *man* would sound more nasalised. Just this type of listener reinterpretation of coarticulation is suggested as a possible source of the sound change by which a sequence of an oral vowel and a nasal consonant as in Latin *manus* (*hand*) evolved into a nasal vowel in the present-day French for 'hand', /mã/ (‹main›, consisting of a single consonant following by a nasalised vowel). Notice that, in this model, nothing has changed in how the speaker actually produces speech. Rather, what has changed is the *listener's interpretation of nasalisation*. So according to Ohala's model, the origins of sound change are as much in the ear of the listener as they are in the mouth of the speaker.

This example of nasalisation is an instance in which sound change is brought about because the listener does not normalise enough for coarticulation. But occasionally, listeners might normalise *too much*. An analogy in vision can help to explain this. In a picture of railway track, railway lines disappearing towards the horizon appear to be drawing closer together.

Fig. 2: Monozygotic twins photographed in a skewed room. From: http://www.welt.de/ wissenschaft/article11443233/Darum-fallen-Sie-auf-optische-Taeuschungen- rein.html © Jens Wolf, 2014 Keystone

Of course, as viewers of the image, we know that the railway lines are not *actually* closer together because we normalise for the context (in this case the perspective) in which the railway lines are drawn. Very occasionally, viewers of a picture or a photograph might normalise too much, as in the image in Fig. 2, where the monozygotic twins appear to be of different sizes when they in fact are identical. In this case, the skewed arrangement of the room and furniture causes the viewer to normalise the image to too great an extent for perspective, giving the illusion that the twins differ in size (see also Ohala 1981: 197, for another example of the relevance of visual illusions for sound change). An analogous kind of overnormalisation is presumed to have occurred in a sound change by which Latin /kwɪnkwe/ has evolved into Italian /tʃɪnkwe/ (‹cinque› 'five'). Notice that, apart from the change of /k/ to /tʃ/, the first /w/ has been lost. This has come about according to Ohala because /w/ is produced with rounded lips; thus, for reasons of coarticulation, *all* of the sounds of /kwɪnkwe/ are likely to have been produced with rounded lips. Now suppose that listeners were to normalise for this type of coarticulation, i.e., factor out lip-rounding from all of the sounds that preceded the *second* /w/. Then, they would *correctly* subtract lip-rounding from the preceding

/kɪn/ but *incorrectly* from the first /w/. If lip-rounding is subtracted by the listener from the first /w/, then the resulting sound is not really very much different from the typical transition produced in /kɪ/. Once again, it is not the speaker who has changed anything but the listener who through overnormalisation hears /kwɪ/ as /kɪ/ (which then evolved into /tʃɪ/ by a separate sound change).

Whereas in Ohala's model the level of variation that gives rise to sound change is coarticulation, in the model of Lindblom et al. (1995) it is more closely related to speaking style. Recall from 2.1 that speakers tend to vary the clarity of their speech in relation to its predictability from meaning: When the listener can make a good guess of the meaning from context, then speakers tend to hypoarticulate and produce speech with a low degree of clarity. As discussed earlier, if hypoarticulated speech is artificially spliced out of context and presented for word identification, then listeners can have difficulty understanding, because the speech signal is unclear or unusual. In context, however, listeners tend not to notice these hypoarticulated and/or anomalous signal properties precisely because their attention is focused not on *how* speech is being produced, but rather on *what* is being said (necessarily so, because listeners need to predict the meaning from context in hypoarticulated speech). But if, exceptionally, they should focus their attention in semantically redundant contexts on how speech was produced, then a new pronunciation could be suggested to listeners which could form the basis of sound change. One of the anecdotal examples given by Lindblom et al. (1995) is that of a mother reproaching her daughter. The younger son says «you sound funny when you yell at SA-mAn-thA», imitating his mother's loud, emotionally charged, drawn-out vowels. So here the name *Samantha* was semantically redundant (the name is known or it was obvious to whom the mother was speaking), and a new way of saying the word has been suggested. This type of addition of new pronunciations is one of the ways that sound change can be brought about, according to Lindblom et al. (1995).

The model developed by Joan Bybee (2002, 2006) shares with that of Lindblom et al. (1995) the idea that sound change is brought about as a result of the change to pronunciations of words (rather than directly to sounds). Her focus lies in particular on words that are statistically frequent in the language and may be especially prone to sound change. As evidence for this, consider that the relatively frequently occurring words *memory* and *nursery* are often produced without the second vowel as *memry* and *nursry*, that is, they are hypoarticulated. This type of hypo-articulation can end up as sound change as in *chocolate* and *vegetable*, both of which are words of high frequency with pronunciations that tend to be close to /tʃɒklət/ and /vɛdʒtəbəl/, i.e., with the second syllable all but deleted. However, words that are used less frequently are perhaps not so prone to these kinds of hypoarticulation changes. For example, it is much less likely that the vowel of the second syllable of the infrequently occurring words *mammary* and *cursory* can be deleted in the same way that it can in *memory* and *nursery*.

In Bybee's model, two main mechanisms explain the greater tendency for sound change to occur in high frequency words. The first is *entrenchment*: essentially, speakers will have much more practice in producing *chocolate* and *vegetable* as hypoarticulated forms, and this practice causes a perma-nent change to speech production. Thus, there is no sense in Bybee's model in which sound change is brought about by an error, nor – in contrast to Ohala's model – that the listener has a major involvement in sound change. The second draws upon the ideas discussed earlier that linguistic knowledge is updated by experience. That is, a speaker's production of *memory* is more likely to shift towards *memry* than *mammery* is to *mammry*, because *memry* is much more likely to be encountered/experienced in everyday conversation. Thus, entrenchment reinforces experience and *vice versa* thereby leading ultimately to a permanent change.

Bybee's model is also important because it stands opposed to the well-known neogrammarian theory of sound change (Osthoff & Brugmann 1878, I; Paul 1880), according to which so-called regular sound change sweeps through all the words of the vocabulary at the same rate regard-less of word frequency. Bybee's model is instead more closely based on the idea developed by Schuchardt (1885) and later by Wang (1977) that sound change affects words at different rates. The question of whether sound change is word-specific is the subject of much debate. In particu-lar, as discussed in Garrett and Johnson (2013), sound change may be entirely regular, affecting all words at the same time in the initial stages of sound change; the different influence of word-frequency on the pro-gression of sound change may only come into effect later on as listeners become aware of the sound change and attach social meaning to it, in the manner outlined below (see also Bloomfield 1933: 352–362, Labov 1994: 542–543, for similar views).

3.2 External variation and sound change

The concern in this section is more with how speaker differences and the interaction between speakers can influence sound change. Two themes are considered: first, that differences between speakers exacerbate the inherent ambiguity in speech signals; second, that speakers have a natural tendency to imitate each other. This combination of, on the one hand, ambiguity coupled with imitation suggests that *imperfect imitation* may be another important factor in explaining how variation can result in sound change.

Speaker differences and listener ambiguity

In 2.2, it was suggested that linguistic knowledge is updated depending on a speaker's experience, i.e., depending on the conversations held over a lifetime. If this is so, then the relationship between continuous speech movement, on the one hand, and the abstract units that function to distinguish word meanings is itself idiosyncratic. The further implication of this idea is that, if linguistic knowledge is updated by experience, then listeners even of the same community may normalise the same speech signal slightly differently. There is indeed evidence that this is so. In perception experiments, listeners have been shown to differ in the extent to which they normalise for the effects of coarticulation (Beddor 2009, Fowler & Brown 2000, Harrington et al. 2008, Kleber et al. 2012a). Thus, earlier it was argued that the reason why the /a/ in *bad* and *man* tend to sound the same even though they are produced differently (one with, one without nasalisation) is because the listener factors out nasalisation from the vowel and attributes it to the context from which it originates, namely, the nasal consonants. As long as there is normalisation, listeners perceive coarticulation in a way that is analogous to its production, and there will be no sound change. But if the experience-based model is correct, then no two listeners will ever exactly normalise the same signal in an identical way. Ambiguity in processing coarticulation that could form the basis of sound change is interwoven into every single conversation – simply because listeners normalise speech idiosyncratically.

Now consider that coarticulation – or more generally the way in which speech sounds overlap with each other in time in producing continuous speech movement – is not just an automatic consequence of the sluggishness of the vocal organs but varies across different dialects and languages (Manuel 1999). So although both English and German build words out of the differences between /l/ and /r/ (e.g., *lief/rief* in German; *leaf/reef* in English), the precise way in which these consonants are timed with respect to the vowel in the two languages is not the same. This is one of the reasons why English *leaf* and German *lief*, while phonetically similar, are certainly not identical. Coarticulatory differences are found not just between languages but also between dialects of the same language (e.g., Scobbie & Pouplier 2011). This means that listeners from different dialects are likely to agree even less than those of the same dialect on how much of the speech signal to normalise for context. It has of course been well-documented in the sociolinguistics literature that sound change is often the outcome of dialect contact (Kerswill 2003). One of the factors that may precipitate sound change when dialects come into contact with each other is that listeners of different dialects disagree on how to normalise speech signals for the contexts in which they occur.

Imitation

Speakers have a natural propensity to imitate each other. Bloomfield (1933) suggested that there is mutual imitation, leading to convergence in speech patterns of speakers of a community. Research has shown that speakers imitate, or accommodate to, each other in face-to-face conversations (Giles, Coupland & Coupland 1991, Garrod & Pickering 2009), and there is now experimental evidence to show that speakers sound slightly more like each other after they have participated in a conversation than before (Pardo, 2006). Speech imitation is subtle, and speakers are generally not aware that it even takes place (Garrod & Pickering 2009, Pardo 2006). Although social factors may place limits on imitation – for example, speakers are more inclined to imitate someone they identify with (Babel 2012) – speech imitation also takes place in the absence of any social motivation to do so (Nielsen 2011). Imitation may be especially important when children acquire language: Children have been shown to copy the detailed characteristics of the speech of their caregivers including those attributes that identify social class membership (Foulkes et al. 2005). Imitation has been argued to play a central role in the formation of colonial dialects such as Australian and New Zealand English (Trudgill 2004, 2008). If speakers are generally predisposed to imitate each other, then, when speakers are isolated together in a community, the differences between their accents should be levelled out, as they begin to sound more like each other through imitation. In other words, imitation is probably one of the forces that contributed to the development of these colonial varieties as a result of dialect mixture. This idea that speakers imitate each other when they are in close contact for a prolonged period of time was demonstrated in a recent longitudinal study by Pardo et al. (2012) who showed that students sounded more like each other after being room-mates for an academic year.

Earlier it was reasoned that there are inherent ambiguities in how coarticulation is transmitted because of the different ways speakers update their knowledge depending on the range of conversations they are exposed to. These ambiguities may be especially marked when children perceive adult speech, not only because children and adults have very different accumulated experiences of speech, but also for the reason discussed in 2.1, namely, that the acoustic signals of child and adult speech are so very different due to the marked physiological differences of their vocal organs. A reasonable – albeit not yet properly tested hypothesis – is that young children may normalise speech for the effects of context in a way that is different from adults. They may be especially likely to make the kinds of errors in interpreting coarticulation that in Ohala's model form the basis of sound change. But, in addition, it was noted that children in the early stages of language acquisition are predisposed to imitation. These two ideas together suggest that one of the major sources of sound change is likely to lie in children's imperfect imitation of speech. The idea that language acquisition and language change are connected has a long history (Jacobson 1941, Paul 1880, Stampe 1979), and there has also been much speculation about whether there are parallels between the errors that children typically make in acquiring speech and the types of sound changes that tend to occur in many languages. However, this is not the relationship that is being suggested here, and in any case there is quite substantial evidence that there is no direct correspondence between the two (Diessel, 2012; Foulkes & Vihman, in press). What is being proposed here instead is that the coarticulatory relationships between speech sounds are copied from adults by children, though sometimes slightly distorted. If, in comparison with adults, children attribute slightly more nasalisation to the vowel than to the consonants in words like *man*, then they may also nasalise fractionally more /a/ in such words. This distortion might then be further copied by the next generation leading to a progressive accumulation of distortions across several generations forming the basis for the incremental sound change that has been so well documented in the sociolinguistics literature (Labov 2007).

However, as Yu (2007) correctly notes, the assumption that children – or more generally those acquiring a language (such as second-language learners) – are the only agents of sound change is far too restrictive. It is also not the case that sound change takes hold simply as distortions are passed on incrementally from one generation to the next, because, as various studies have shown (Harrington et al. 2000, Sankoff & Blondeau 2007), adults also participate in ongoing sound changes that take place in the community. The study in Harrington et al. (2000) was concerned with acoustic analyses of the broadcasts delivered by Queen Elizabeth II almost annually since 1952. The reason why these are so useful for exploring sound change in the individual is that, since the communicative intent of the broadcasts is more or less the same each time (originally a message to Britain and its Empire, subsequently to the Commonwealth), stylistic variation from one broadcast to the next is minimised and so unlikely to swamp the small effects of sound change from year to year. The acoustic analysis in Harrington et al. (2000) showed that the Queen's accent, an aristocratic form of the standard accent of England, Received Pronunci- ation, had shifted over 30–40 years toward a more mainstream version of the standard (mainstream RP) more typical of the middle classes (see also Harrington 2006). One reason why this happened is that the 1960s saw a substantial rise of the middle and lower-middle classes to positions of power in England. Thus, the Queen is likely to have come into pro- gressively greater contact across the decades with persons who speak a more mainstream RP – including many of her prime ministers such as Tony Blair, Margaret Thatcher and John Major. The model by which linguistic knowledge is updated by experience would predict exactly the kinds of longitudinal shifts observed by Harrington et al. (2000) in the Christmas broadcasts: The more the Queen converses with mainstream RP speakers, the more her accent should shift in that direction, assuming that her linguistic knowledge is updated by the increasing contact over the years with conversations with mainstream RP speakers. Moreover, since linguistic knowledge is shaped by an accumulation of the past and the present, an experience-based model of speech predicts the finding in Harrington et al. (2000) that the Queen's evolving accent should be a mixture of an aristocratic and a mainstream form of RP. In other words, the Queen's accent shifted towards mainstream RP without actually attaining the mainstream RP characteristics entirely. Notice that nothing in this model suggest that the Queen has shifted her accent with the *intention* of sounding more middle class; the annual shift in the Queen's vowel positions is in any case far too small for this type of introspection to be possible (Harrington 2012). Instead, the shift follows directly, and perhaps inevitably, as a consequence of imitating the increasing number of mainstream RP speakers with which she has interacted. Thus, in summary, experience via face-to-face conversations, imitation, and the rise to power of speakers of a particular kind of accent (in this particular case, the lower-middle and middle classes in England) are likely to be additional forces that determine and shape the direction of sound change.

4 Sound change and the maintenance of structure

Another fascinating and largely unresolved issue in sound change is whether it somehow has knowledge of its own consequences. According to the neogrammarian hypothesis referred to earlier, there is a class of so-called regular sound changes which does not. That is, the sound change sweeps through the entire vocabulary incrementally without any regard to what happens to the system of contrasts that differentiates words after the sound change has applied. But there is a fundamental paradox here: If regular sound change is blind to its consequences, then why is there so much regularity in the sound systems across languages? For example, almost all languages have some form of /i, u, a/ vowels; no languages have nasal vowels without also having oral vowels; no languages have syllables built from a sequence of two consonants and a following vowel (such as /sta/) without also having the corresponding CV syllable (/ta/). But if sound change applies irrespective of its consequences, then this should not be the case. There should also be more than a few examples of languages with quite anarchic sound systems. It should also not be the case that the same type of sound change applies even in quite unrelated languages. We should also not expect to see so many sound changes that are dependent on each other (see Jakobson 1931 for many examples of this) such as vowel chain shifts (Labov 1994) in which the historical change in one vowel can often influence another in quite a systematic way. For example, the vowels of present day New Zealand English differ from those of the standard English accent as a result of the rotation *of the entire front vowel space* (Bauer 1979, Maclagan & Hay 2007, Watson et al. 2000), so that in New Zealand *head* and *had* sound very much like *hid* and *head*, respectively, to listeners of mainstream RP.

As a possible solution to this complex issue, consider that coarticulation was argued to be a major factor in giving rise to sound change. This is based on the argument presented at various stages in this chapter that there is a parallel between coarticulation in everyday conversation (e.g., speakers nasalize their vowels before a nasal consonant) and sound change itself (vowels are often permanently nasalized before nasal consonants). Now, although it has been argued that the nature of coarticulation varies between varieties and languages (no two varieties are likely to nasalize vowels before a nasal consonant in precisely the same way), coarticulation is nevertheless subject to biological and physical principles derived from the sequencing of speech sounds and how these are perceived. That is, coarticulation also has a language-*independent* component. For example, /i, a/ are much more likely to influence each other in /ipa/ than in /ita/. This is because the tongue-tip constriction in /t/ interrupts the tongue movement from /i/ to /a/, whereas there is no such interruption in /ipa/ because /p/ is produced with the lips and not the tongue. Thus, the general point here is that coarticulation is generally shaped by the physical principles of vocal tract dynamics. Now if coarticulation is controlled by such physiological and also auditory principles (given that listeners also normalise for coarticulation), and if sound change originates to a large extent because of how coarticulation is sometimes imperfectly transmitted between a speaker and hearer, then the resulting sound change itself must also be constrained by these same physiological and auditory principles. This may be one reason why, although sound change can operate blindly and without any regard to its future consequences, the output of sound change is not random because it is constrained physiologically and auditorily by similar principles that determine the type and extent of coarticulation in everyday conversations.

But whether coarticulation alone is sufficient to constrain the possible resulting sound changes is far from clear. There is, for example, a well-established functional theory of sound change (Martinet 1952) according to which two sounds that are important for distinguishing between meaning are less likely to merge with each other than those that distinguish meaning in only a handful of words in the vocabulary (see Wedel et al. 2012 for a recent computational model in support of this view). According to this functional theory, /a, ɛ/ are not very likely to fuse into the same sound in English because they are crucial for the distinction between so many words (*bat*/*bet*, *band*/*bend*, *had*/*head* etc.). On the other hand, *sure*/*shore* are now pronounced similarly for many speakers, possibly because there are so few pairs of words for which the original distinction between /ʊə, ɔ/ was critical. So it could be that sound change is directed or controlled by the need to maintain sufficient contrasts between words.

However, such a planned or teleological view of sound change runs counter to the neogrammarian idea that sound change applies blindly (without regard to its consequences) and also to the various theories discussed in connection with Ohala's model that sound change comes about because of an error (and an error cannot, by definition, be planned). Recent advances in computational modelling are beginning to show how these apparent opposites can be reconciled. In one such model developed by Blevins and Wedel (2009), sound change is shown to be inhibited if the resulting sound change destroys numerous contrasts in the vocabulary. But this inhibition is shown in their model to emerge as a natural consequence of some of the ideas reviewed in this paper that speakers update their linguistic knowledge through experience and interaction with each other. Thus, although there is no intention on the part of speakers to maintain contrasts, they maintain them anyway as a simple by-product of their conversational interaction and remembering and updating linguistic categories. From a computational point of view, there are parallels between this type of model in which categories emerge as a consequence of speaker interactions and other phenomena in nature such as the formation of ice-crystals and the cathedral-like formation of termite nests that emerge simply as an unintended by-product of the way that termites interact with each other (see Lindblom et al. 1984, Oudeyer 2006, Shockley et al. 2009).

According to Kiparsky (1995, in press), sound changes are also constrained by the *existing* pattern of phonological contrasts in a language (see also Lindblom et al. 1995 for a similar view). More specifically, he reasons that a sound change is much more likely to take place in a language if there is also a similar type of phonological contrast in that language. For example, there is a sound change known as tonogenesis by which the distinction /ba, pa/ (analogous to the first two sounds in *bat* vs. *pat*) can collapse to evolve into a tonal contrast. Instead of words being distinguished by the voicing differences in the initial /b, p/, they come to be distinguished instead by tone, i.e., by /pà, pá/, in which the same consonant-vowel sequence is distinguished entirely by a rising vs. falling pitch (see Hombert et al. 1979 for the physiological and coarticulatory motivation for this sound change). However, Kiparsky (1995) suggests that tonogenesis likely occurs only in tone languages, i.e., in languages that *already* distinguish word meanings based on pitch. Similarly, Kiparsky suggests that a sound change involving the total assimilation of consonant clusters resulting in geminates (e.g., where /kt/ turns into /tt/ as in Latin *octo* > Italian *otto*) happens primarily in languages such as Finnish, Ancient Greek, Latin, and Italian that already have geminates.

According to this phonological principle, a sound change could never take place such that English begins to contrast word meanings as do many African languages using so-called ejective stops (produced when the air in the mouth is compressed by raising the larynx rather than, as in English and in other European languages, through exhalation from the lungs). It could not do so according to Kiparsky (1995) because ejective stops are not currently used to differentiate word meanings in English. And yet, Simpson (2010) recently reported that there are some varieties of English in which speakers are beginning to produce ejective stops. Presumably (and quite plausibly) following Kiparsky (in press), this astonishing innovation may remain short-lived and not develop into a permanent sound change since English does not build meaning distinctions using this type of ejective consonant. But only time will tell.

5 Concluding remarks

Sound change is a fascinating area of study partly because it forces us to take a highly interdisciplinary approach to the field. We need to keep an eye simultaneously on the dynamics of variation in speech, which requires an understanding of acoustics, physiology, and perception; on the mechanisms by which speech is transmitted from a speaker to a hearer, which draws upon cognition and psycholinguistics; on how sociolinguistic principles shape speech and language; on the comparative method in linguistics allowing family trees of languages and their ancestors to be derived; on linguistic principles governing the pattern of the distribution of sounds systems in the languages of the world (i.e., so-called linguistic universals); on how children acquire language; on how different dialects emerge; and on issues concerning parallels between language evolution and biological evolution (and modelling these computationally), which is yet another topic that has not been aired in this paper.

Another reason for studying sound change is that it takes us to the very heart of one of the toughest problems in the speech sciences that to a certain extent is concerned with how the body and the mind are connected, and one that is also central to progress in speech technology and to understanding speech disorders: how continuous movements in speech are related to the categorical aspects of language. This chapter has emphasised throughout that, contrary to the intuitions that are artificially imposed on those of us who grow up learning to read and write in an alphabet-based writing system, these are not the same. Speech as produced and perceived is a continuous movement in which speech sounds overlap with each other and influence each other in time. Studdert-Kennedy (1998) appropriately refers to this as a *shingled pattern of movement*. But the phonological principle is fundamental to language: the principle by which a potentially infinite vocabulary can be built from a finite number of building blocks thought of as abstractions or generalisations across the different kinds of continuous speech movements. There is evidence that children acquire this phonological principle by 12–15 months (Kuhl et al. 1992) and then progressively refine it and develop further levels of abstraction (Munson et al. 2012). This abstraction allows both children and adults to process speech far more rapidly than if they were only able to process continuous speech movements. This principle also makes human and so-called animal languages fundamentally different: Whereas human languages can build different meanings through permuting these units (thus establishing at this more abstract level of representation a relationship between *cat* and its reversed sequence *tack*), there is no animal language that has this capability to derive different meanings through permuting meaningless units of sound.

Throughout this chapter, I have argued that sound change is an inevitable consequence of this fundamental dichotomy between discrete units that function to distinguish meaning on the one hand, and continuous speech movement on the other. If these two different levels of representation did not exist, then there would be no sound change. Sound change comes about because their relationship is inherently ambiguous. It is an ambiguous relationship for reasons that have to do with internal variation (different ways of saying the same utterance) and also external variation (variation across different speakers and speaker groups). One of the forces identified as being particularly important to the conditions that give rise to sound change is the error that sometimes occurs in normalising the variation in the speech signal depending on the context in which it occurs. Another is that linguistic knowledge is updated by experience, which adds to the variation between speakers. Yet another is the natural tendency to imitate – or rather to imitate imperfectly – in face-to-face conversations. Finally, the existing patterns of phonological structure of a language – whether a language is tonal, has ejective stops and so on – may be another force that contributes to the likelihood of sound change taking place.

In concluding, I would like to suggest three areas that are going to becoming increasingly important in understanding sound change. One lies in developing a better understanding of the dynamics of speech production and perception and how these can result in the kinds of ambiguities across contexts and speakers resulting in sound change. This includes further studies of the extent to which coarticulation and the normalisation for context is idiosyncratic (Kataoka 2011) or variable across speaker groups (Yu 2010) or different prosodic contexts (Kleber et al. 2012b). The second lies in making use of recordings from the past to predict sound change in the future. It is now possible to measure sound change from recordings over at least a 60-year period so that the reconstruction method that is necessarily based on written transcripts can be increasingly supplemented with real data. The speech scientist 200 years into the future will be in an enviable position of having vast amounts of digitised data over a long timespan on which to model language evolution. These areas of research – carrying out detailed experiments to measure coarticulation and speech timing on the one hand and analyses of speech from archived recordings on the other – will provide some primary data for the third area where progress has already been made (e.g., Kirby & Sonderegger 2013): using computer models to simulate and predict the types of sound change that can occur in the world's languages.

Note

[1] Available on-line at http://www.bbc.co.uk/archive/agatha_christie/12503.shtml

References

BABEL, M. 2012. «*Evidence for phonetic and social selectivity in spontaneous phonetic imitation*». Journal of Phonetics 40, 177–189.

BAUER, L. 1979. «*The second great vowel shift?*» Journal of the International Phonetic Association 9, 57–66.

BEDDOR, P. 2009. «*A coarticulatory path to sound change*». Language 85, 785–821.

BEDDOR, P.; KRAKOW, R. 1999. «*Perception of coarticulatory nasalization by speakers of English and Thai: Evidence for partial compensation*». Journal of the Acoustical Society of America 106, 2868–87.

BLEVINS, J.; GARRETT A. 1998. «*The origins of consonant-vowel metathesis*». Language 74, 508–556.

BLEVINS, J.; WEDEL, A. 2009. «*Inhibited sound change: an evolutionary path to lexical competition*». Diachronica 26, 143–183.

BLOOMFIELD, L. 1933. *Language*. New York: Henry Holt.

BYBEE, J. 2002. «*Word frequency and context of use in the lexical diffusion of phonetically conditioned sound change*». Language Variation and Change 14, 261–290.

BYBEE, J. 2006. «*From usage to grammar: the mind's response to repetition*». Language 82, 711–733.

CUTLER, A.; CARTER, D. 1987. «*The predominance of strong initial syllables in the English vocabulary*». Computer Speech and Language 2, 133–142.

DIESSEL, H. 2012. «*Language change and language acquisition*». In Bergs, A; Brinton, L. (eds.). Historical Linguistics of English: An International Handbook. Vol. 2. Berlin: Mouton de Gruyter, 1599–1613.

FOULKES, P.; DOCHERTY, G. J.; WATT, D. J. L. 2005. «*Phonological variation in child directed speech*». Language 81, 177–206.

FOULKES, P.; VIHMAN, M. M. In press. «*Language acquisition and phonological change*». HONEYBONE, P; SALMONS, J. C. (EDS.). The Handbook of Historical Phonology. Oxford: Oxford University Press.

FOWLER C.; BROWN, J. 2000. «*Perceptual parsing of acoustic consequences of velum lowering from information for vowels*». Perception & Psychophysics 62, 21–32.

GARRETT, A.; JOHNSON, K. 2013. «*Phonetic bias in sound change*». In Yu, A. (ed.). Origins of Sound Change. Oxford: Oxford University Press, 51–97.

GARROD, S.; PICKERING, M. 2009. «*Joint action, interactive alignment, and dialog*». Topics in Cognitive Science 1, 292–304.

GILES, H.; COUPLAND, N.; COUPLAND, J. 1991. «*Accommodation theory: Communication, context and consequences*». In Giles, H.; Coupland, J; Coupland, N. (eds.). Contexts of Accommodation. Cambridge: Cambridge University Press, 1–68.

GLASER, J. 2011. *Sir Gawain and the Green Knight*. Translated with Notes by Joseph Glaser 2011. Cambridge, Massachusetts: Hackett Publishing Company.

GOLDINGER, S. 1996. «*Words and voices: episodic traces in spoken word identification and recognition memory*». Journal of Experimental Psychology: Learning, Memory, and Cognition 22, 1166–1183.

HARRINGTON, J. 2006. *«An acoustic analysis of 'happy-tensing' in the Queen's Christmas broadcasts»*. Journal of Phonetics 34, 439–457.

HARRINGTON, J. 2012. *«The relationship between synchronic variation and diachronic change»*. In Cohn, A. C.; Fougeron, C.; Huffman, M. (eds.). Handbook of Laboratory Phonology. Oxford: Oxford University Press, 321–332.

HARRINGTON, J.; PALETHORPE, S.; WATSON, C. 2000. *«Does the Queen speak the Queen's English?»* Nature 408, 927–928.

HARRINGTON, J.; KLEBER, F.; REUBOLD, U. 2008. *«Compensation for coarticulation, /u/-fronting, and sound change in Standard Southern British: an acoustic and perceptual study»*. Journal of the Acoustical Society of America 123, 2825–2835.

HAWKINS, S. 2003. *«Roles and representations of systematic fine phonetic detail in speech understanding»*. Journal of Phonetics 31, 373–405.

HOMBERT J-M.; OHALA, J.; EWAN, G. 1979. *«Phonetic explanations for the development of tones»*. Language 55, 37–58.

HOOLE, P.; ZIERDT, A. 2010. *«Five-dimensional articulography»*. In Maassen, B.; van Lieshout, P. (eds.). Speech Motor Control: New Developments in Basic and Applied Research. Oxford: Oxford University Press, 331–349.

JAKOBSON, R. 1931. *«Prinzipien der historischen Phonologie»*. Travaux du Cercle Linguistique de Prague 4, 246–267.

JAKOBSON, R. 1941. *Kindersprache, Aphasie und allgemeine Lautgesetze*. Uppsala: Almqvist & Wiksell.

JANNEDY, S.; WEIRICH, M. 2012. *«Phonology and the interpretation of fine phonetic detail in Berlin German»*. PROCEEDINGS OF INTERSPEECH, Portland, USA, 1–4.

JOHNSON, K. 1997. *«Speech perception without speaker normalization: an exemplar model»*. In Johnson, K.; Mullennix, J. (eds.). Talker Variability in Speech processing. San Diego: Academic Press, 145–165.

KATAOKA, R. 2011. *Phonetic and cognitive bases of sound change*. PhD thesis, University of California, Berkeley.

KERSWILL, P. 2003. *«Dialect levelling and geographical diffusion in British English»*. In Britain, D.; Cheshire, J. (eds.). Social Dialectology. In Honour of Peter Trudgill. Amsterdam: Benjamins, 223–243.

KIPARSKY, P. 1995. *«The phonological basis of sound change»*. In Goldsmith, J. (ed.). Handbook of Phonological Theory. Oxford: Blackwell, 640–670.

KIPARSKY, P. In press. *«Universals constrain change; change results in typological generalizations»*. In Good, J. (ed.). Language Universals and Language Change. Oxford: Oxford University Press.

KIRBY, J.; SONDEREGGER, M. 2013. *«A model of population dynamics applied to phonetic change»*. Proceedings of the 35th Annual Conference of the Cognitive Science Society, 776–781.

KLEBER, F.; HARRINGTON, J.; REUBOLD, U. 2012a. *«The relationship between the perception and production of coarticulation during a sound change in progress»*. Language & Speech 55, 383–405.

KLEBER, F; HARRINGTON, J.; REUBOLD, U.; SIDDINS, J. 2012b. *«Compensation for coarticulation in prosodically weak words»*. Proceedings of 6th Speech Prosody, Shanghai, China, 306–309.

KUHL, P. K.; WILLIAMS, K. A.; LACERDA, F.; STEVENS, K. N.; LINDBLOM, B. 1992. *«Linguistic experience alters phonetic perception in infants by 6 months of age»*. Science 255, 606–608.

LABOV, W. 1994. *Principles of Linguistic Change. Vol. 1: Internal Factors*. Oxford: Blackwell.

LABOV, W. 2007. *«Transmission and diffusion»*. Language 83, 344–387.

LAVER, J. 1994. *Principles of Phonetics*. Cambridge: Cambridge University Press.

LINDBLOM, B. 1990. *«Explaining phonetic variation: a sketch of the H & H theory»*. In HARDCASTLE, W.; MARCHAL, A. (EDS.). Speech Production and Speech Modeling. Dordrecht: Kluwer, 403–439.

LINDBLOM, B.; MacNEILAGE P.; STUDDERT-KENNEDY, M. 1984. *«Self-organizing processes and the explanation of phonological universals»*. In Butterworth, B.; Comrie, B.; Dahl, P. (eds.). Explanation for Language Universals. Berlin: Mouton, 181–203.

LINDBLOM, B.; GUION, S.; HURA, S.; MOON, S-J.; WILLERMAN, R. 1995. *«Is sound change adaptive?»*. Rivista di Linguistica 7, 5–36.

MACLAGAN, M.; HAY, J. 2007. *«Getting fed up with our feet: Contrast maintenance and the New Zealand English ‹short› front vowel shift»*. Language Variation and Change 9, 1–25.

MANN, V.; REPP, B. 1980. *«Influence of vocalic context on the perception of [ʃ]-s] distinction: I. Temporal factors»*. Perception & Psychophysics 28, 213–228.

MANUEL, S. 1999. *«Cross-language studies: Relating language-particular coarticulation patterns to other language-particular facts»*. In Hardcastle, W. J.; Hewlett, N. (eds.). Coarticulation: Theory, Data and Techniques. Cambridge: Cambridge University Press, 179–198.

MARTINET, A. 1952. *«Function, structure, and sound change»*. Word 8, 1–32.

MENDOZA-DENTON, N. 2008. *Homegirls: Language and Cultural Practice among Latina Youth Gangs*. London: Wiley/Blackwell.

MUNSON, B.; BECKMAN, M.; EDWARDS, J. 2012. *«Abstraction and specificity in early lexical representations: climbing the ladder of abstraction»*. In Cohn, A. C.; Fougeron, C.; Huffman, M. (eds.). The Oxford Handbook of Laboratory Phonology. Oxford: Oxford University Press, 288–309.

NIELSEN, K. 2011. *«Specificity and abstractness of VOT imitation»*. Journal of Phonetics 39, 132–142.

OHALA, J. 1981. *«The listener as a source of sound change»*. In Masek, C. S.; Hendrick, R. A.; Miller, M. F. (eds.). Papers from the Parasession on Language and Behavior. Chicago: Chicago Linguistics Society, 178–203.

OHALA, J. 1993. *«The phonetics of sound change»*. In Jones, J. (ed.). Historical Linguistics: Problems and Perspectives. London: Longman, 237–278.

OSTHOFF, H.; BRUGMANN, K. 1878. *Morphologische Untersuchungen auf dem Gebiete der indogermanischen Sprachen*. Band I. Leipzig.

OUDEYER, P-Y. 2006. *Self-Organization in the Evolution of Speech*. Oxford: Oxford University Press.

PARDO, J. 2006. *«On phonetic convergence during conversational interaction»*. Journal of the Acoustical Society of America 119, 2382–2393.

PARDO, J.; GIBBONS, R.; SUPPES, A.; KRAUSS, R. 2012. *«Phonetic convergence in college roommates»*. Journal of Phonetics 40, 190–197.

PAUL, H. 1880. *Prinzipien der Sprachgeschichte*. Halle: Niemeyer.

PIERREHUMBERT, J. 2002. *«Word-specific phonetics»*. In Gussenhoven, C; Warner, N. (eds.). Laboratory Phonology 7. Berlin/New York: Mouton de Gruyter, 101–139.

SANKOFF, G.; BLONDEAU, H. 2007. *«Language change across the lifespan: /r/ in Montreal Speech»*. Language 83, 560–588.

SCOBBIE, J.; POUPLIER, M. 2011. *«Conditioning factors in external sandhi: an EPG study of vocalisation and retraction of word-final English /l/»*. Journal of Phonetics 38, 240–259.

SHOCKLEY, K.; RICHARDSON, D.; DALE, R. 2009. *«Conversation and coordinative structures»*. Topics in Cognitive Science 1, 305–319.

SCHUCHARDT, H. 1885. *Über die Lautgesetze: Gegen die Junggrammatiker*. Berlin: Oppenheim.

SIMPSON, A. In press. *«Epiphenomenal, sociophonetic and interactional ejectives in English and German»*. In Calamai S.; Celata, C.; Ciucci, L. (eds.). Sociophonetics at the Crossroads of Speech Variation, Processing and Communication. Pisa: Edizioni della Normale.

STAMPE, D. 1979. *A Dissertation on Natural Phonology*. New York: Garland.

STRATMANN, F. 1867. *A Dictionary of the Old English Language compiled from Writings of the XIII, XIV, and XV centuries*. Krefeld: Kramer und Baum.

STUDDERT-KENNEDY, M. 1998. «*Introduction: the emergence of phonology*». In Hurford, J.; Studdert- Kennedy, M.; Knight, C. (eds.). Approaches to the Evolution of Language. Cambridge: Cambridge University Press, 169–176.

TRUDGILL, P. 2004. *Dialect Contact and New-Dialect Formation: the Inevitability of Colonial Englishes*. Edinburgh: Edinburgh University Press.

TRUDGILL, P. 2008. «*Colonial dialect contact in the history of European languages: On the irrelevance of identity to new-dialect formation*». Language in Society 37, 241–280.

WANG, W. 1977. «*Competing sound changes as a cause of residue*». Language 45, 9–25.

WATSON, C.; MACLAGAN, M.; HARRINGTON, J. 2000. «*Acoustic evidence for vowel change in New Zealand English*». Language Variation and Change 12, 51–68.

WEDEL, A.; KAPLAN, A.; JACKSON, S. 2012. «*High functional load inhibits phonological contrast loss: A corpus study*». Unpublished manuscript.

YU, A. 2007. «*Understanding near mergers: the case of morphological tone in Cantonese*». Phonology 24, 187–214.

YU, A. 2010. «*Perceptual compensation is correlated with individuals' ‹autistic› traits: implications for models of sound change*». PLoS ONE 5(8), e11950. doi:10.1371/journal. pone.0011950.

Penny Boyes Braem

Lautlos über alles sprechen und alles verstehen: Gebärdensprache

Abstract

In Gebärdensprachen kann man über alles sprechen. Wenn es jedoch darauf ankommt, die gebärdeten Sätze zu verstehen, braucht der Empfänger nicht nur grundlegende kognitive und linguistische Fähigkeiten, die wir von den gesprochenen Sprachen kennen, sondern darüber hinaus auch solche, die der visuell-gestischen Modalität, in der Gebärdensprachen kommuniziert werden, eigen sind. Dieser Beitrag konzentriert sich auf die Aspekte von gebärdeter Kommunikation, die man in gesprochenen Sprachen nicht vorfindet, wie zum Beispiel den häufigen Gebrauch gleichzeitiger morphologischer Strukturen, den Gebrauch von Raum, die Ikonizität und auf nicht-manuelle und Gesichtssignale für kodifizierte linguistische Zwecke.

1 Einführung

Das Thema dieser Ringvorlesung ist «Sprache(n) verstehen». Im folgenden Beitrag wird dieses Thema auf Gebärdensprachen ausgelegt, indem folgender Frage nachgegangen wird: Was braucht es, um Gebärdensprachen zu verstehen?

Bevor ich mich jedoch dem eigentlichen Thema widme, ist es zunächst einmal wichtig zu betonen, dass man in Gebärdensprache über alles sprechen kann. Um dies zu verdeutlichen, betrachten wir als Beispiel das Wort *Salz*. In gesprochenen Sprachen kann dieses Wort in verschiedenen sprachlichen Kontexten verwendet werden, zum Beispiel in einer Aufforderung ('Reich mir bitte das Salz') oder in der Beschreibung einer Situation ('Ich war so wütend, dass ich die ganze Schachtel Salz ausgeschüttet habe'). Das Wort kann auch im Kontext einer eher technischen Beschreibung über die Beschaffenheit und Verwendung vorkommen ('Salz ist ein farbloser oder weisser kristalliner Stoff, der hauptsächlich aus Sodiumchlorid besteht und häufig in seiner Grundform oder als Granulat fürs Würzen von Speisen und als Konservierungsmittel eingesetzt wird') oder aber als Metapher verwendet werden ('Ihr seid das Salz der Erde'). All diese Sachverhalte können auch in Gebärdensprache ausgedrückt werden.

In Gebärdensprache kann also alles ausgedrückt werden, was sprachlich mitteilbar ist. Was aber braucht es, um Gebärdensprachen zu verstehen? Natürlich ist es ein grosser Vorteil, wenn ein Kind gehörlose Eltern hat und somit die Gebärdensprache von Geburt an erlernt. In einem solchen Fall durchlaufen gehörlose Kinder beim Gebärdenspracherwerb die gleichen Lernstufen wie hörende Kinder, die die gesprochene Sprache in ihrer Familie lernen. Es gibt einige sehr interessante Studien im Bereich des Gebärdenspracherwerbs, die nicht nur belegen, dass der Verlauf des eigentlichen Spracherwerbs der beiden Sprachen nahezu analog verläuft, sondern auch, dass beide Sprachen in einem frühen Entwicklungsstadium Formen von Gesten aufweisen (siehe z.B. Volterra et al. 2006).

Im folgenden Beitrag werden einige grundlegende Dinge erklärt, die von Linguisten als essenziell für das Verstehen von Gebärdensprache betrachtet werden. Im letzten Teil dieses Beitrags wird eine Textpassage aus Shakespeare vorgestellt, die in Gebärdensprache übersetzt wurde und einige der speziellen Techniken der Gebärdensprache aufzeigt.

2 Was braucht es, um Gebärdensprache zu verstehen?

Wie alle natürlichen Sprachen hat die Gebärdensprache eine eigene Grammatik und ein eigenes Vokabular, welche individuell erlernt werden müssen, um die Sprache zu verstehen. Das Erlernen des Fingeralphabets genügt nicht, um Gebärdensprachen zu verstehen, denn dieses dient in der Regel nur dazu, Worte aus der gesprochenen Sprache zu buchstabieren. Gebärdensprachen haben für Konzepte eigene Formen, die unabhängig sind von jenen der gesprochenen Sprache. Abb. 1 zeigt das deutsche Wort *Mann* im Fingeralphabet und MANN in Deutschschweizer Gebärdensprache.

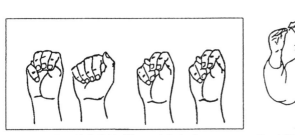 

1a: M-A-N-N (Fingeralphabet) **1b: MANN** (Gebärdensprache)

Abb. 1: M-A-N-N (Fingeralphabet) vs. MANN (Deutschschweizer Gebärdensprache).

Die einzelnen Gebärden einer Gebärdensprache müssen also individuell erlernt werden. Nun stellt sich Lernenden die Frage, welche Gebärden bzw. welche Gebärdensprache erlernt werden soll. Genau wie bei den Lautsprachen gibt es auf der Welt verschiedene Gebärdensprachen, die sich voneinander unterscheiden. In der Schweiz gibt es drei verschiedene Gebärdensprachen: die Deutschschweizerische Gebärdensprache (DSGS) in der deutschen, die Langue des Signes Suisse Romande (LSF-SR) in der französischen und die Lingua dei Segni Italiana (LIS-SI) in der italienischen Schweiz. Diese Gebärdensprachen unterscheiden sich nicht nur klar voneinander, sie unterscheiden sich auch von den Lautsprachen, die in den jeweiligen Regionen gesprochen werden. Viele Anwender einer Schweizer Gebärdensprache vertreten die Meinung, dass die Schweiz nicht nur vier Landessprachen (Rätoromanisch miteingeschlossen), sondern, wenn die Gebärdensprachen mitgezählt werden, sieben Sprachen hat.

Für Bewohner der Deutschschweiz bietet sich das Erlernen der Deutschschweizer Gebärdensprache (DSGS) an. Dies wirft jedoch eine weitere Frage auf: welcher Dialekt der DSGS soll erlernt werden? Es gibt in dieser Gebärdensprache verschiedene Dialekte, die – und dies soll hier nochmals betont werden – nichts mit den gesprochenen schweizerdeutschen Dialekten gemeinsam haben. Es gibt fünf Hauptdialekte der DSGS, die sich in den traditionellen Schulen für Gehörlose in Basel, Bern, Luzern, St. Gallen und Zürich entwickelt haben (man vgl. die verschiedenen Ausdrucksweisen für BROT in Abb. 2).

Abb. 2: BROT in den 5 DSGS-Dialekten (von links: Basel, Bern, Luzern, St. Gallen, Zürich).

Ähnlich wie bei Benutzern von gesprochenen schweizerdeutschen Dialekten haben auch die Anwender unterschiedlicher DSGS-Dialekte keine Probleme, sich miteinander zu verständigen. Manchmal wird nicht einmal bemerkt, dass andere dialektale Formen verwendet werden. Eine Schwierigkeit stellen die Dialekte jedoch für diejenigen dar, welche die Sprache lernen oder Material für den Unterricht zusammenstellen möchten, denn wie beim gesprochenen Schweizerdeutsch gibt es auch von Dialekten der DSGS keine standardisierte Form (siehe Boyes Braem/Rathmann 2010 für mehr Information über die soziolinguistische Situation der Gebärdensprache in der Schweiz).

Für Leute, die in Zürich wohnhaft sind, liegt es auf der Hand, dass sie den Zürcher Dialekt der Gebärdensprache lernen. Hier hilft es den Lernenden, wenn sie verstehen, dass Gebärden keine globalen Einheiten sind, sondern sich aus Komponenten zusammensetzen, welche von Linguisten als „sublexikalische Komponenten" bezeichnet werden. Die Worte der Lautsprache setzen sich aus Silben zusammen, die aus Konsonanten und Vokalen bestehen. Ähnlich wie die Lautketten in Lautsprachen setzen sich auch die Gebärden aus einem System von eigenen sublexikalischen Komponenten zusammen. Die sublexikalischen Komponenten der Gebärdensprache lassen sich in fünf gleichzeitig produzierte Parameter unterteilen: Handform, Handstellung, Ausführungsstelle, Bewegung und nicht-manuelle Komponenten (Tafel 1).

| Handform |
| Handstellung |
| Ausführungsstelle |
| Bewegung |
| Nicht-manuelle Komponenten |

Tafel 1: Die gleichzeitigen Parameter der Gebärdensprachstruktur.

Diese Parameter lassen sich in eine beschränkte Anzahl weiterer Subkomponenten unterteilen, deren Zusammensetzung von Sprache zu Sprache variiert. Der Deutschschweizer Gebärdensprache steht zum Beispiel ein Set von Handformen zur Verfügung, das sich geringfügig von dem der Amerikanischen Gebärdensprache unterscheidet. Auch die verschiedenen Lautsprachen haben unterschiedliche Subkomponenten. So kommen im gesprochenen Englisch einige Laute vor, welche es in der deutschen Sprache nicht gibt, wie zum Beispiel «th», und im Deutschen kommen dafür beispielsweise Umlaute wie «ö» oder «ü» vor, die im Englischen nicht existieren. Wenn sich in der Gebärdensprache nur eine dieser Subkomponenten ändert, so ändert sich auch die Bedeutung der Gebärde. Das folgende Beispiel soll dies verdeutlichen: Die Gebärden FRAGEN und SAGEN sind in DSGS sogenannte Minimalpaare, das heisst, sie unterscheiden sich nur in der Handform (siehe Abb. 3 unten). Beim Lernen der Gebärdensprache muss diesen Subkomponenten deshalb besondere Beachtung geschenkt werden.

Abb. 3: SAGEN und FRAGEN in DSGS.

Die Ausführungsstelle bezieht sich auf den Ort, an dem die Gebärde ausgeführt wird. Dabei handelt es sich nicht nur um Ausführungsstellen am Körper selbst, sondern auch um solche im dreidimensionalen Raum, in dem die Gebärdensprache artikuliert wird. Anders als bei Pantomimen, die eine ganze Bühne als Raum nutzen können, bilden Anwender der Gebärdensprache praktisch alle Bewegungen in einem begrenzten Raum, dem sogenannten Gebärdenraum (siehe Abb. 4).

Abb. 4: Der Gebärdenraum.

Normalerweise werden keine Gebärden ausserhalb dieses Gebärden-raums ausgeführt (zum Beispiel am Knie oder am Rücken). Gebärden, die ausserhalb der normalen Armlänge vor oder seitlich der Gebärdenden ausgeführt werden, kommen ebenfalls selten vor, und wenn doch, dann werden sie meist als eine Form von «schreien» empfunden. Die Grös-se des Gebärdenraums wird durch das periphere Wahrnehmungsfeld des Zuhörers definiert, denn der visuelle Fokus liegt normalerweise auf dem Gesicht des Gesprächspartners. Interessanterweise wird die gleiche räumliche Begrenzung für die Bewegungen von Dirigenten im Orchester beobachtet (Boyes Braem/Bräm 2000).

Der Tatsache, dass die Anzahl Subkomponenten in Gebärdensprachen beschränkt ist, kommt eine wichtige Bedeutung zu. Es ist ein Anzeichen dafür, dass Gebärdensprache nicht eine Art freie Improvisation oder eine Form von Pantomime ist, sondern ein System, dem ein linguistischer Code zugrunde liegt und das aus einer beschränkten Anzahl wiederverwend-barer Komponenten besteht. Diese beschränkte Anzahl Komponenten bedeutet auch, dass der Code der Sprache (auch von Kindern) erlernt werden kann und ermöglicht ausserdem die Darstellung von einzelnen Gebärden in einem Notationssystem, in dem sie als Symbole aufgeführt werden. Obwohl es heute noch kein universelles, konventionalisiertes System für Gebärdensprachen gibt, wurden über die letzten 50 Jahre diverse Systeme für verschiedene Anwendungsbereiche entwickelt – vom Schreiben von persönlichen E-Mails bis hin zur Darstellung von detaillier-ten linguistischen Analysen. Einige der meistgebrauchten Notations- und Schriftsysteme sind in Abb. 5 dargestellt.

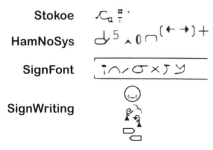

Abb. 5: Notationssysteme/Schriften für Gebärdensprachen.

Wenn die Formen der Komponenten aller Parameter aufgeschrieben werden, ergibt sich eine lange Liste von Symbolen. Diese Listen sind zwar hilfreich für die exakte Wiedergabe einzelner Gebärden, werden aber bei langen, in Gebärdensprache geschriebenen Texten, von Wissenschaftlern als ungeeignet empfunden. Aus diesem Grund haben Wissenschaftler ein konventionalisiertes System entwickelt, das einfacher zu lesen ist, da die Bedeutung der Gebärden in Wörtern der gesprochenen Sprache dargestellt wird. Diese Wörter, auch Glossen genannt, sind keine vollständige Übersetzung der jeweiligen Bedeutungen der Gebärden, sondern dienen eher als Hilfestellung für die Wissenschaftler. Glossen werden üblicherweise in Grossbuchstaben notiert, um darauf hinzuweisen, dass es sich dabei lediglich um eine Form von Beschriftung handelt und nicht um eine vollständige Übersetzung. (Für eine detaillierte Beschreibung der Schwierigkeiten und Probleme solcher verschriftlichter Formen von Gebärdensprache siehe Boyes Braem 2012). In diesem Beitrag werden für die Darstellung von Gebärden deutsche Glossen verwendet (siehe vorangehende Beispiele: BROT, SAGEN, FRAGEN).

Wer schon einmal eine Lautsprache gelernt hat, weiss, dass es nicht genügt, eine Liste von Vokabeln auswendig zu lernen. Um Sprachen zu verstehen, müssen die grammatikalischen Regeln, die Satzstruktur und die Diskursregeln der jeweiligen Sprache gelernt und verstanden werden.

Die Frage nach der Art und Weise, wie die Sprache aufgebaut ist und welche Ressourcen dafür zur Verfügung stehen, sind besonders interessante Aspekte der Gebärdensprache. Die Gebärdensprache bedient sich der Ressourcen der visuell-gestischen Modalität, welche grundlegend für die Produktion und das Verstehen von Gebärdensprachen sind.

3 Ressourcen der visuell-gestischen Modalität erkennen

Der Gebrauch der visuell-gestischen anstelle der oral-akustischen Modalität macht die Gebärdensprache zu einem ausserordentlich interessanten Forschungsgegenstand für Wissenschaftler. Eine der Fragestellungen der Gebärdensprachforschung beschäftigt sich mit dem Erkennen und Beschreiben der Ressourcen dieser visuell-gestischen Modalität. Für Lernende ist es wichtig, dass sie diese Ressourcen und deren Einfluss auf die Struktur der Sprache, insbesondere auf die Grammatik, kennen.

Die wichtigsten Ressourcen der visuell-gestischen Modalität lassen sich in folgende Faktoren unterteilen:

a. Simultane Verwendung von mehreren Komponenten
b. Verwendung des dreidimensionalen Raums
c. Einsatz von Körper- und Gesichtssignalen für sprachliche Zwecke
d. Ikonische Gebärden

3.1 Produktionstempo als Indikator für modalitätsspezifische Unterschiede

Eine gute Möglichkeit, um einen Einblick in diese modalitätsspezifischen Faktoren zu erhalten, bietet eine der sehr frühen linguistischen Studien zur Gebärdensprache (mit «früh» sind hier die 1960er-Jahre gemeint, da erst zu diesem Zeitpunkt die Erforschung der Sprachen mittels moderner linguistischer Theorien und Film- und Videotechnologie begonnen hat). Diese Studie von Bellugi und Fischer (1972) untersuchte das Gebärden von drei hörenden Personen, welche sowohl gesprochenes Englisch als auch die Amerikanische Gebärdensprache, die sie von ihren gehörlosen Eltern von Geburt an gelernt hatten, als Erstsprache hatten. Die Teilnehmer wurden gebeten, die gleiche Aufgabe einmal in gesprochenem Englisch und einmal in Gebärdensprache auszuführen. Die Resultate, welche in Tafel 2 aufgeführt sind, scheinen auf den ersten Blick widersprüchlich. Während das Ausführen einzelner Gebärden länger dauerte als die Produktion von einzelnen gesprochenen Wörtern, war das Produktionstempo für vollständige Sätze in Gebärdensprache durchschnittlich schneller als bei gesprochenen Sätzen.

66

Gesprochene Sprachen	Gebärdensprachen
einzelne Wörter	einzelne Gebärden
4,7 / Sek.	2,37 / Sek.
Sätze	Sätze
1,47 Sek. / Salzinhalt	1,27 Sek. / Satzinhalt

Tafel 2: Produktionstempo in zwei Modalitäten (Bellugi/Fischer 1972).

Die Modalitätsunterschiede der beiden Sprachen können hier als Erklärung für diese etwas erstaunlichen Resultate dienen. Der Unterschied in der Grösse und Bewegung der Sprachwerkzeuge, die in den jeweiligen Sprachen verwendet werden, könnte hier der Grund dafür sein, dass die Produktion einzelner Wörter schneller ist (Bewegung der Stimmbänder, Lippen etc.) als die Produktion von Gebärden (Bewegung von Händen und Armen innerhalb des Gebärdenraums).

Lautsprachen werden traditionellerweise als sukzessive Anordnung von Einheiten betrachtet. Tafel 3 zeigt ein Beispiel dieser sukzessiven Anordnung von Einheiten auf verschiedenen Sprachebenen anhand eines einfachen Satzes (Worte, Morpheme). Dies bedeutet nicht, dass in gesprochenen Sprachen keine simultanen Elemente vorkommen. So gibt es zum Beispiel sprachbegleitende prosodische und intonatorische Signale, die in den meisten Sprachen vorkommen, oder gewisse Töne in einigen nichtwestlichen Sprachen. Diese weiteren, simultan ausgeführten, visuellen Gesichts- und Körpersignale bei Lautsprachen werden von Linguisten normalerweise als non-verbale Signale kategorisiert und zählen somit nicht zu den grundlegenden linguistischen Strukturen der Lautsprache.

Tafel 3: Sukzessive Elemente der gesprochenen Sprache.

Wie bereits erwähnt, werden bei der Produktion von Gebärdensprache mehr Sprachwerkzeuge als bei der Produktion von Lautsprachen verwendet. In der Gebärdensprache kommen nicht nur das Gesicht und der Oberkörper zum Einsatz, sondern auch Hände und Arme. Zudem können viele dieser Sprachwerkzeuge simultan zur Vermittlung verschiedener Informationen eingesetzt werden. Zum Beispiel könnten einige simultane Komponenten des Satzes 'Das Auto fährt' in ihrer Bedeutung zu 'Es fährt den Berg hinauf' oder 'Es fährt durch den Tunnel' oder 'Es fährt schnell in die Kurve' geändert werden (vgl. Abb. 6). Die sukzessiven Gebärden wie auch die simultanen Elemente des Satzes 'Es fährt schnell in die Kurve' sieht man in Tafel 4.

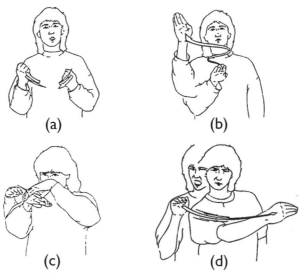

Abb. 6: (a) 'Das Auto fährt'; (b) 'Es fährt den Berg hinauf'; (c) 'Es fährt durch den Tunnel'; (d) 'Es fährt schnell in die Kurve'.

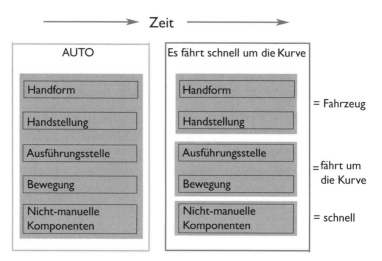

Tafel 4: Sukzessive Gebärden plus simultane Elemente des DSGS-Satzes: 'Es fährt schnell in die Kurve'.

Die Wahrnehmung von Laut- und Gebärdensprachen ist ebenfalls unterschiedlich. Das visuelle Wahrnehmungssystem ist besser auf räumliche Elemente ausgerichtet, während das auditive System effizienter zwischen zeitlichen und sequenziellen Elementen unterscheiden kann. Menschen haben eine ausgeprägte Fähigkeit, zeitlich angeordnete Sprachsignale zu verarbeiten, können aber auch sehr gut visuelle Signale, die simultan auftreten und räumliche Unterschiede enthalten, verarbeiten. (Eine interessante Diskussion hierzu findet sich in Meier 2012.)

Die visuelle Modalität ermöglicht eine simultane Verwendung mehrerer Komponenten im dreidimensionalen Raum, was dazu beiträgt, dass die Nachteile des langsameren Produktionstempos für einzelne Gebärden ausgeglichen werden können. Es existieren praktisch keine Gebärden, die aus mehreren sukzessiven Segmenten bestehen, denn dadurch würde das Produktionstempo für einzelne Gebärden verlangsamt werden. Linguistische Information wird in Gebärdensprachen durch die simultane Verwendung mehrerer Komponenten vermittelt. Aus diesem Grund wurde die Gebärdensprache von einigen Wissenschaftlern als einsilbig, aber vielgestaltig bezeichnet. Im folgenden Abschnitt werden einige Beispiele von Strukturen aufgeführt, denen Ressourcen der visuell-gestischen Modalität zugrunde liegen.

3.2 Verwendung des dreidimensionalen Raums

(a) Fürwörter

Die Möglichkeit, eine Person oder ein Objekt in einem Diskurs anzuzeigen, geschieht in der Gebärdensprache direkt. Der Gebärdende tut dies, indem er eine Zeigegebärde verwendet, welche oftmals als indexikalische Gebärde glossiert wird. Etwas komplexer sind sprachliche Bezüge, die auf Personen, Objekte oder Orte referieren, die nicht anwesend oder wahrnehmbar sind. Doch auch für diese Bezüge kann die Gebärdensprache Orte oder Richtungen im dreidimensionalen Raum anzeigen. Allerdings bezieht sich in einem solchen Fall die Referenz auf räumliche Orte, die zuvor im Zusammenhang mit dem Objekt, auf welches Bezug genommen wird, bestimmt wurde. Abb. 7 zeigt den Satz 'Die Mutter liebt den Bruder'. Die Gebärdende bestimmt im Gebärdenraum auf der einen Seite ihres Körpers einen Ort für die Mutter und auf der anderen

Seite einen Ort für den Bruder (Gebärdensprachforscher nennen diesen Ort «Lokus»). Durch das Zeigen auf diese Loki können anschliessend, in Kombination mit anderen Gebärden, weitere Informationen über die Mutter bzw. den Bruder hinzugefügt werden.

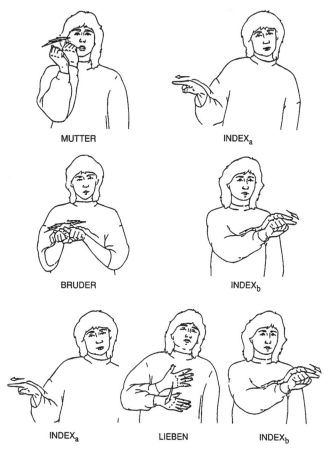

Abb. 7: DSGS-Satz: 'Die Mutter liebt den Bruder'.

Es gibt in der Gebärdensprache diverse Konventionen, die bestimmen, in welchen Situationen Referenten einen Lokus erhalten und wo dieser im Gebärdenraum realisiert wird. So erhalten zum Beispiel Personen von höherem Status (beispielsweise auch Gott) einen Lokus im oberen Bereich des Gebärdenraums. Personen, welche in irgendeiner Weise miteinander verbunden sind, werden direkt nebeneinander verortet. Wenn die Gebärdende in Abb. 7 zum Beispiel eine Aussage über die Freundin ihres Bruders machen möchte, dann würde der Freundin ein Lokus auf der gleichen Seite des Körpers zugewiesen wie dem Bruder.

(b) Ursprung und Ziel einer Aktion

Ein System räumlicher Loki wird auch für Verben verwendet, welche den Ursprung und das Ziel von Bewegungen anzeigen. In Abb. 8 sind zwei DSGS-Sätze aufgeführt (a): 'Ich gehe morgen vom Laden zur Schule' und (b) 'Nach der Schule ging ich von der Schule zum Laden'. Die Gebärdende bestimmt zwei Loki im Raum, einen für *Laden* und einen für *Schule*. Der Ausgangspunkt und Endpunkt der Bewegung des Verbs GEHEN werden anschliessend mit diesen Loki so koordiniert, dass klar wird, wo der Ursprung und das Ziel der Aktion liegen. In der Gebärdensprache sind somit keine zeitaufwendigen zusätzlichen Gebärden wie VON oder NACH nötig. Während in diesem Beispiel für die deutschen Sätze 17 Wörter benötigt werden, kann der gleiche Inhalt in DSGS mit nur 11 Gebärden ausgedrückt werden, indem die Richtung der Bewegung im Gebärdenraum dargestellt wird.

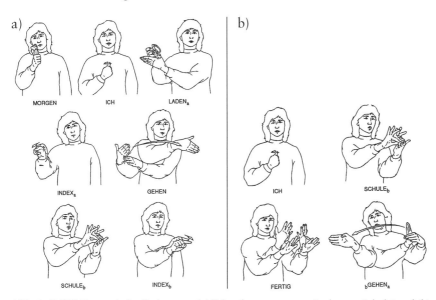

Abb. 8: DSGS-Sätze mit der Bedeutung: (a) 'Ich gehe morgen vom Laden zur Schule' und (b) 'Nach der Schule ging ich von der Schule zum Laden'.

(c) Übereinstimmung zwischen Subjekt, Objekt, Empfänger und Verb

Übereinstimmungsverben können anzeigen, wer was mit wem macht. Im Deutschen wird diese Übereinstimmung zwischen Subjekt, Objekt, Empfänger und Verb durch das Anhängen von Morphemen an die Verben und/oder Artikel angezeigt (vgl. z.B. die Flexionsformen *gehe* vs. *gehen*). In Gebärdensprachen werden solche Übereinstimmungsrelationen mithilfe räumlicher Loki angezeigt. In Abb. 9 stehen die Äusserungen 'Ich habe sein Programm gelesen. Ich habe es mit Bestürzung gelesen. Ich lehne es ab. Ich will nichts mehr davon wissen.' Ein räumlicher Lokus für *Programm* wird auf einer Körperseite der Gebärdenden verortet. Die Gebärden LESEN, ABLEHNEN, WILL-ES-NICHT werden alle in Richtung *Programm* gebärdet, wodurch klar wird, auf welches Objekt sich die Verben beziehen. Somit sind in der Gebärdensprache keine weiteren Gebärden zur Markierung der Übereinstimmung nötig.

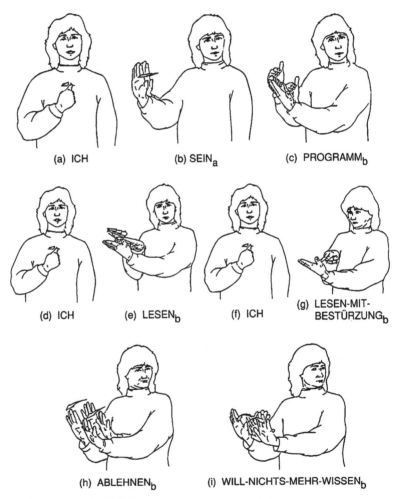

Abb. 9: DSGS-Beispiel: 'Ich habe sein Programm gelesen. Ich habe es mit Bestürzung gelesen. Ich lehne es ab. Ich will nichts mehr davon wissen.'

(d) Zeit auf Zeitlinien

Eine weitere Verwendung des dreidimensionalen Raums in der Gebärdensprache findet sich in der Bestimmung von verschiedenen zeitlichen
Aspekten, den sogenannten räumlichen Zeitlinien. Diese imaginären Zeitlinien werden an verschiedenen Orten gesetzt, orientieren sich in diverse
Richtungen und die Bewegungen auf der Zeitlinie können je nach Ereignis
variieren. Als Referenz für die verschiedenen zeitlichen Geschehnisse, die
auf der Zeitlinie angeordnet werden, gilt ein Referenzpunkt auf der Linie
(in Abb. 10 mit «X» angezeigt), der sowohl Ausgangs-, End- oder Mittelpunkt der aktuellen Ereignisse bilden kann. Ereignisse, die vor oder nach
dem Referenzpunkt X geschehen, können auf der Linie platziert werden,
um zeitliche Zusammenhänge darzustellen. Auf der Zeitlinie B kann beispielsweise X als Zeitpunkt 'wenn ich in die Ferien gehe' markiert werden,
und alle Dinge, die vor diesem Zeitpunkt noch erledigt werden müssen,
können auf der Zeitlinie zwischen dem Referenzpunkt X und dem Körper
des Gebärdenden verortet werden. Auf der Zeitlinie D markiert X den
Anfangspunkt eines Ereignisses und alle später folgenden Geschehnisse,
die nach X geschehen, werden auf der Zeitlinie wegführend vom Körper
verortet. Die horizontale C-Zeitlinie wird typischerweise benutzt, um
Ereignisse vor oder nach X auszudrücken. In vielen Gebärdensprachen
repräsentiert der Referenzpunkt X auf der Zeitlinie A, welche direkt
vor dem Körper der Gebärdenden angezeigt wird, die reale Gegenwart.
Ereignisse, die vor X angezeigt werden, beziehen sich auf die reale Zukunft, während sich Platzierungen hinter X auf vergangene Ereignisse
beziehen. Auf den anderen Zeitlinien steht X nicht unbedingt mit der
Gegenwart in Verbindung, bezieht sich jedoch immer auf den Zeitpunkt,
den der Gebärdende als Gegenwart für den aktuellen Diskurs bestimmt
hat. So könnte das X auf der Zeitlinie B den Zeitpunkt von Hannibals
Alpenüberquerung markieren und alle Punkte, die zwischen X und dem
Körper der Gebärdenden liegen, markieren Ereignisse, die vor diesem
Zeitpunkt geschehen sind (eine spannende Diskussion zu den Zeitlinien
findet sich in Engberg-Pederson 1993).

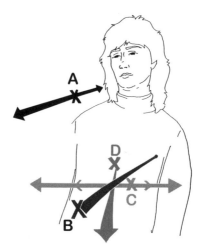

Abb. 10: Zeitlinien in der DSGS.

3.3 Gesichtsausdruck und Blickrichtung für sprachliche Zwecke

Wer Gebärdensprache verstehen möchte, kann sich nicht ausschliesslich auf die Bewegung der Hände konzentrieren. Wie bereits erwähnt, gehören zu den fünf wichtigen Parametern der Gebärdensprache auch nicht-manuelle Komponenten des Oberkörpers und des Gesichts. Verschiedene Satzarten (Aussagesätze, Fragesätze, W-Fragen) können zum Beispiel nur angezeigt werden, wenn das Gebärden von spezifischen Signalen des oberen Gesichtsteils, zum Beispiel der Augenform und der Augenbrauen, begleitet wird. Weitere semantische Informationen, die in Lautsprachen durch den Gebrauch von Adverbien oder Adjektiven (wie z.B. gross/klein; schwer/leicht; einfach/schwierig) vermittelt werden, können in Gebärdensprachen durch spezifische Bewegungen oder Ausdrücke des unteren Gesichtsteils, insbesondere des Mundes und der Wangen, angezeigt werden.

Die Blickrichtung ist nicht nur ein wichtiger Regulator in gebärdeten Konversationen, sondern spielt auch eine entscheidende Rolle in der Grammatik und dem Diskursstil. Die Blickrichtung kann zum Beispiel anzeigen, wer sich gerade mit wem unterhält, und dies sogar, wenn die betreffende Person nicht anwesend ist. In gesprochener Sprache wird zwischen direkter und indirekter Rede unterschieden: (a) 'Der Mann sagt zur Frau, dass sie ihn noch nicht bezahlt habe. Sie sagt ihm, dass sie ihn schon bezahlt habe.' vs. (b) 'Der Mann sagt zur Frau: 'Du hast mich noch nicht bezahlt'. Sie sagt zu ihm: 'Ich habe dich schon bezahlt'.'

Abbildungen 11 und 12 zeigen eine analoge Unterscheidung von direkter und indirekter Rede, wie sie in der Gebärdensprache vorkommt. Während der direkten Rede dreht die Gebärdende den Körper und richtet den Blick so aus, als würde sie vom Lokus der anderen Person aus sprechen. Gebärdensprachforscher nennen diese Formen von direkter Rede «constructed speech», weil diese Form praktisch nie direkt zitiert, was die Person gesagt hat, sondern die Aussage vielmehr so darstellt, als würde diese Person sie gerade selbst sagen. Solche Techniken von Körperbewegung und Änderung der Blickrichtung, gekoppelt mit einer Imitation der typischen charakteristischen Eigenschaften dieser Person, können in der Gebärdensprache auch für «constructed action» verwendet werden – eine Form von Kommunikation, die für gesprochene Sprachen nur schwer möglich ist.

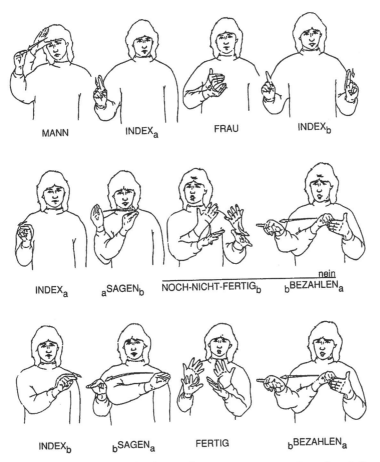

Abb. 11: Indirekte Rede in der Gebärdensprache: 'Der Mann sagt zur Frau, dass sie ihn noch nicht bezahlt habe. Sie sagt ihm, dass sie ihn schon bezahlt habe.'

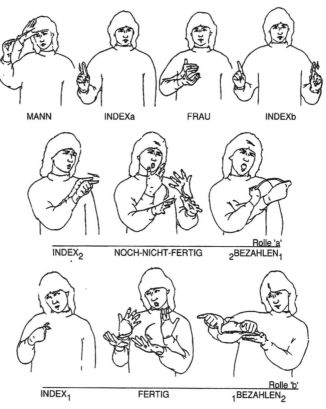

Abb. 12: Direkte Rede/ «constructed speech» in der Gebärdensprache: 'Der Mann sagt zur Frau: 'Du hast mich noch nicht bezahlt.' Sie sagt zu ihm: 'Ich habe dich schon bezahlt'.'

Eine weitere, nicht-manuelle Komponente, die in vielen Gebärdensprachen eine wichtige Rolle spielt – so zum Beispiel auch in DSGS –, sind mit dem Mund geformte Wörter (oder Wortteile) der gesprochenen Sprache. Dieses gleichzeitige, meist tonlose Formen von Wörtern kann eine Reihe von Funktionen erfüllen, die von den Gebärdenden und dem jeweiligen Kontext abhängig sind. Sie reichen von einer Art Code-Switching in die gesprochene Sprache bis hin zu Lehnwörtern, die zu einem festen Bestandteil der Sprache geworden sind (siehe Boyes Braem/ Sutton-Spence 2001).

3.4 Ikonische Komponenten

Seit den ersten Studien ist die Bildhaftigkeit von Gebärdensprachen ein heiss diskutiertes Thema unter Gebärdensprachforschern. Etwas wird als bildhaft oder ikonisch bezeichnet, wenn bereits von der Form auf den begrifflichen Inhalt, also auf die Bedeutung geschlossen werden kann. Von der Lautgestalt der Wörter in Lautsprachen kann in den meisten Fällen nicht direkt auf den Inhalt geschlossen werden, wodurch ein bestimmtes Konzept in den unterschiedlichen Sprachen mit ganz verschiedenen Worten ausgedrückt wird (*tree*, *arbre*, *Baum* etc.). Viele gebärdensprachliche Zeichen weisen ein gewisses ikonisches Potenzial auf. Gebärden können hohes (transparentes), halbtransparentes oder nicht-ikonisches Potenzial aufweisen. Bei den transparenten Gebärden ist die Bedeutung meist auch für Nichtanwender der Gebärdensprache ersichtlich. Zum Beispiel wird die Gebärde für TRINKEN in vielen Gebärdensprachen so dargestellt, dass eine Hand zum Mund geführt wird. Halbtransparente Gebärden sind etwas weniger transparent, sodass Nichtanwender die Beziehung zwischen Form und Inhalt nicht selbst erkennen, doch wird der Zusammenhang klar, wenn dieser aufgezeigt wird. Die in Abb. 2 dargestellte Form von BROT gehört zum Beispiel zu dieser halbtransparenten Kategorie. Es gibt aber natürlich auch sehr viele Gebärden, deren Form keine erkennbare Beziehung zu ihrer Bedeutung haben und somit als nicht-ikonisch oder undurchsichtig klassifiziert werden. Die DSGS-Gebärde MUTTER in Abb. 7 würde wahrscheinlich von den meisten Wissenschaftlern als nicht-ikonisch eingestuft werden. (Die hier verwendete Terminologie stammt aus Bellugi/Klima 1976.)

Zwei anfänglich widersprüchlich wirkende Aspekte der Bildhaftigkeit sind massgeblich für das Verständnis von Gebärdensprachen. Der erste Aspekt hat damit zu tun, dass Wissenschaftler, die die Veränderung von Gebärden über eine gewisse Zeitspanne untersucht haben (siehe Frishberg 1975), viele Beispiele fanden, die anfänglich ikonisches Potenzial aufwiesen, sich im Laufe der Zeit aber so veränderten, dass sie heute nicht mehr ikonisch sind. Dies trifft besonders auf ältere Gebärden zu, die zwei oder mehr sequenzielle Elemente enthielten, deren Kombination die Gebärden besser verständlich machten. Wie bereits erwähnt, findet heute aber eher eine Gegenbewegung statt, die Gebärden, welche aus mehreren Segmenten bestehen, auf nur ein Segment reduziert. Diese Reduktion führt zu einem Verlust der Bildhaftigkeit, dafür können die Gebärden aber schneller produziert werden.

Der zweite Aspekt ist der, dass den ikonischen Gebärden noch immer eine wichtige Bedeutung auf allen Ebenen der Sprache zukommt. Der Einfluss der Ikonizität kann zum Beispiel in der Entstehung von neuen Gebärden beobachtet werden. Die relativ neue Gebärde für GEN in Amerikanischer Gebärdensprache ist eine Modifizierung einer früheren Gebärde für BAND, während die Gebärde für COLLEGE mit der Handstellung an der Ausführungsstelle für die ältere Gebärde SCHULE beginnt und mit einem anschliessenden Bogen auf einer höheren Ebene im Gebärdenraum ausgeführt wird. Damit wird ausgedrückt, dass das College eine Schule auf höherer Stufe ist. Wieso ist nun der Aspekt der Bildhaftigkeit noch immer ein essenzieller Bestandteil von Gebärdensprachen, während sich in den Worten von Lautsprachen hauptsächlich willkürliche (arbiträre) Beziehungen zwischen Form und Inhalt vorfinden? Auch hier spielt die Modalität der Gebärdensprachen zweifellos eine wichtige Rolle. Schon alleine die Tatsache, dass die Sprachwerkzeuge der Gebärdensprache (Hände, Arme, Gesicht) sichtbar sind, fördert die Entstehung ikonischer Elemente.

Für kognitive Linguisten ist besonders die Tatsache interessant, dass sich viele dieser modalitätsabhängigen Techniken in Metaphern und Metonymen widerspiegeln. Die Theorien einiger Linguisten, wie zum Beispiel Lakoff und Turner (1989) und Johnson (1987), waren hier besonders einflussreich. Sie vertreten die Meinung, dass viele der Metaphern, die in allen Sprachen vorkommen (in Laut- und Gebärdensprachen), daher stammen, dass der menschliche Körper in einer physikalischen Beziehung zur Welt steht. Einige Bedeutungen werden mit bestimmten Konzepten assoziiert, zum Beispiel *auf* (ein College ist eine Schule auf höherer Stufe), *packen* (eine Gelegenheit beim Schopf packen) sowie auch mit räumlichen Beziehungen (sie steht ihm sehr nahe). Auch die metonymische Technik, bei der ein Einzelnes für ein Ganzes steht, findet sich in vielen Gebärdensprachen – auch in DSGS –, so zum Beispiel für die Gebärde AUTO, bei der mit beiden Händen ein imaginäres Steuerrad gehalten wird.

4 Ein Beispiel aus Shakespeare

Abschliessend werden wir uns nun einige der oben aufgeführten visuellen Komponenten anhand einer Textpassage aus Shakespeare, die in Gebärdensprache übersetzt wurde, verdeutlichen. Vor über 30 Jahren führte eine Gruppe gehörloser Schauspieler in Los Angeles das Theaterstück *Was ihr wollt* (Twelfth Night) auf. Die Gruppe verbrachte ein ganzes Jahr damit, den Text aus dem elisabethanischen Englisch in die Amerikanische Gebärdensprache zu übersetzen. Regisseur dieser Aufführung war der hörende Schauspieler Lou Fant, dessen Eltern gehörlos sind, wodurch er zweisprachig aufgewachsen war – mit gesprochenem Englisch und der Amerikanischen Gebärdensprache. Als die gebärdete Version des Stückes schliesslich fertiggestellt war, wurde diese für die Dolmetscher, die die gesamte Aufführung für das hörende Publikum dolmetschten, wieder zurück ins Englische übersetzt. Man kann sich hier natürlich die Frage stellen, warum nicht einfach der Originaltext von Shakespeare verwendet wurde. Grund dafür war der Versuch, eine bessere Übereinstimmung zwischen der gebärdeten und der gedolmetschten Version zu erreichen, sodass die Ereignisse für alle Zuschauer parallel ablaufen. Ansonsten könnte eine Verzögerung zustande kommen, weil sich die Satzstruktur der Amerikanischen Gebärdensprache wesentlich vom gesprochenen Englisch unterscheidet, genauso wie sich auch die Satzstrukturen von Deutsch und Englisch unterscheiden. Die neue Übersetzung des Textes stiess auf unerwartete Resonanz beim Publikum: Die meisten bemerkten gar nicht, dass es sich beim Text nicht um das Original von Shakespeare handelte, gaben jedoch an, dass sie zum ersten Mal das Gefühl hatten, ein Stück von Shakespeare «richtig verstanden» zu haben.

Das hier verwendete Beispiel ist eine kurze Passage, in der Viola spricht (Akt 1, Szene 5). Die als Mann verkleidete Viola begibt sich in den Dienst des Herzogs Orsino, der nicht weiss, dass es sich bei seinem Bediensteten um eine Frau handelt. Orsino ist unglücklich verliebt in die Gräfin Olivia und schickt Viola, die sich nun Cesario nennt, um Olivia seine Liebesbotschaft zu überbringen. Olivia ist jedoch nicht sonderlich interessiert an den Avancen des Herzogs, findet aber Gefallen am «Jüngling» Cesario, der ihr die Botschaft überbringen will. Sie bittet Cesario, ihr statt der Botschaft von Orsino, eine eigene Version so vorzutragen, als ob er selbst in sie verliebt wäre.

In Tafel 5 steht die Antwort der als Cesario verkleideten Viola in elisabethanischem Englisch und in einer deutschen Übersetzung:

Make me a willow cabin at your gate,	*Ich baut' an Eurer Tür ein Weidenhüttchen,*
And call upon my soul within the house;	*Besuchte meiner Seel' im Hause drin,*
Write loyal canons of condemned love	*Schrieb fromme Lieder der verschmähten Liebe,*
And sing them loud even in the dead of night;	*Und sänge laut sie durch die stille Nacht,*
Halloo your name to the reverberate hills	*Liess Euren Namen an die Hügel hallen,*
And make the babbling gossip of the air	*Dass die vertraute Schwätzerin der Luf*
Cry out ,Olivia!' O, you should not rest	*,Olivia' schrie. O Ihr solltet mir*
Between the elements of air and earth,	*Nicht Ruh' geniessen zwischen Erd' und Himmel,*
But you should pity me!	*Bevor Ihr Euch erbarmt!*

Tafel 5: Die Antwort von Cesario (Viola) an Olivia (Shakespeare, Twelfth Night, Act 1, Scene 5; deutsche Übersetzung von A.W. von Schlegel in Gosche/Tschischwitz 1889:467).

Die in Amerikanische Gebärdensprache übersetzte Passage aus dem Stück enthält diverse Gebärdensprachtechniken, die in diesem Beitrag erläutert wurden, wie zum Beispiel der Gebrauch von räumlichen Loki und konstruiertem Sprechen/Agieren. Die Übersetzerinnen und Übersetzer waren ausserdem mit einigen interessanten Übersetzungsschwierigkeiten konfrontiert. So mussten sie sich zum Beispiel überlegen, wie sie ein akustisches Echo in der visuellen Gebärdensprache darstellen konnten («Liess Euren Namen an die Hügel hallen, Dass die vertraute Schwätzerin der Luft ‚Olivia' schriee»).

Der Gebrauch von räumlichen Loki in dieser Passage:

Mehrere der hier verwendeten Gebärden beziehen sich auf die drei gleichen räumlichen Loki: auf ein «kleines Haus», welches auf der linken Seite des Gebärdenden verortet ist, auf «dein grosses Haus» zu seiner Rechten und «den Berg», der auf einer höheren Ebene im Gebärdenraum angezeigt wird. Diese Loki und ihre jeweilige Verortung im Gebärdenraum sind in Abb. 13 dargestellt.

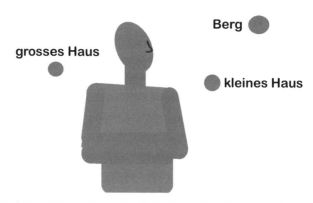

Abb. 13: Die drei wichtigsten räumlichen Loki, die in dieser Passage vorkommen.

Alle Gebärden, die sich auf Olivia beziehen, werden entweder in Richtung des «grossen Hauses» oder davon wegführend gebärdet, da sich Olivia in diesem Haus aufhält. Der Gebärdende hat das «kleine Haus» auf der anderen Seite seines Körpers verortet, indem er eine kleine Form von HAUS gebärdet. Die Gebärde für 'ich sitze' wird dann an diesem Ort dargestellt. STRÖMEN (beim Rufen von Olivias Namen) beginnt beim Gebärdenden und wird mit einer Bewegung der dominanten Hand zum Berg hin ausgeführt (der Ort für den Berg wird mit der ausgestreckten, nicht-dominanten Hand an Ort und Stelle gehalten), an dem sie anschliessend abprallt. Dann bewegt sich die Hand regenbogenförmig über den Kopf des Gebärdenden zurück zu Olivia im grossen Haus, während ihr Name mithilfe des Fingeralphabets buchstabiert wird (Abb. 14). Der Effekt dieses visuellen Echos gelingt nur, wenn die räumlichen Loki so angeordnet sind, dass sich der Berg auf der einen und Olivia auf der anderen Seite des Körpers befinden, damit der ganze Raum dazwischen mit dem «Regenbogen-Echo» gefüllt werden kann.

Abb. 14: Das Regenbogen-Echo von Olivias Name, das am Berg abprallt.

In Tafel 6 sind die deutschen Glossen für die Gebärden in Amerikanischer Gebärdensprache mit persönlichen Anmerkungen zu einigen der verwendeten visuellen Ressourcen aufgeführt.

BAUEN	HAUS (links platziert; Gebärde kleiner als normal) NEBEN IHR (nach rechts gemacht) HAUS (rechts platziert; Gebärde grösser als normal)
SITZEN	(links; Gesicht und Körper in der «constructed action» Rolle als Geliebte) NACHDENKEN (Gebärde wiederholt für die Bedeutung 'über eine längere Zeit') ERFINDEN SCHREIBEN (Rolle: mit Gusto) ÜBER VERLORENE LIEBE SINGEN TAG–UND–NACHT MACHT–NICHT DURCH DUNKELHEIT
BERG	(links, hoch – linker Arm bleibt ausgestreckt und hoch, während die nächsten 6 Gebärden nur mit der dominanten Hand gemacht werden) ICH (poetische Form der Gebärde) SINGEN SCHREIEN KLANG STRÖMEN (von Ohr zur ausgestreckten linken Hand) O-L-I-V-I-A (Name buchstabiert im Fingeralphabet in Regenbogenform von linker Hand *Berg* zu rechts *Olivia*)
SIE	(poetische Form der Gebärde) RUHEN KANN-NICHT (negativ auch nicht-manuell) BIS SIE MITLEID–HABEN (Bewegung von links *Olivia* zu Erzähler)

Tafel 6: Sequenzen der Gebärden in der Übersetzung von Violas Rede mit einigen Anmerkungen zu den visuellen Techniken.

5 Abschliessende Gedanken

Mit diesem kurzen Beitrag sollte aufgezeigt werden, was es braucht, um Gebärdensprachen zu verstehen. Wie für alle Sprachen müssen Wortschatz und Grammatik individuell erlernt werden, und Anwender von Gebärdensprachen müssen ausserdem die Ressourcen der visuellen Modalität kennen. So kann man die wunderbaren Produkte dieser visuellen Kultur geniessen. Es lohnt sich!

Danksagung

Die DSGS Dialekt-Gebärden in Abb. 2 und das «Regenbogen-Echo» in Abb. 14 stammen von Jovita Lengen. Alle anderen Illustrationen sind von Katja Tissi und stammen aus Boyes Braem (1995). Für die deutsche Übersetzung des englischen Texts danke ich Nathalie Pluess.

Literatur

Aronoff, Mark, Irit Meir und Wendy Sandler. 2005. *«The Paradox of Sign Language Morphology»*. Language 81, 301–344.

Bellugi, Ursula und Susan Fischer. 1972. *«A Comparison of sign language and spoken language»*. Cognition 3(2), 93–125.

Bellugi, Ursula und Edward Klima. 1976. *«Two faces of sign: iconic and abstract»*. In Harnad, Stevan, Horst Steklis und Jane Lancaster (eds.). Origins and evolution of language and speech. New York: New York Academy of Sciences, 514–538.

Boyes Braem, Penny. 1995. *Einführung in die Gebärdensprache und ihre Erforschung*. Hamburg: Signum Verlag.

Boyes Braem, Penny. 2012. *«Evolving Methods for Written Representations of Signed Languages of the Deaf»*. In Ender, Andrea, Adrian Leeman und Bernhard Waelchli (eds.). Methods in Contemporary Linguistics. Berlin: De Gruyter Mouton, 411–438.

Boyes Braem, Penny und Thuering Bräm. 2000. *«A Pilot Study of the Expressive Gestures used by Classical Orchestra Conductors»*. In Emmorey, Karen und Harlan Lane (eds.). The Signs of Language Revisited. An Anthology to Honor Ursula Bellugi and Edward Klima. London: Lawrence Erlbaum Associates, 143–167.

Boyes Braem, Penny und Christian Rathmann. 2010. *«Transmission of sign language in Switzerland, Germany and The Netherlands»*. In Brentari, Diane (ed.). Cambridge Language Surveys: Sign Languages. Cambridge: Cambridge University Press, 19–24.

Boyes Braem, Penny und Rachel Sutton-Spence. 2001. The Hands are the Head of the Mouth: The Mouth as Articulator in Sign Languages. Hamburg: Signum Verlag.

Brentari, Diane. 2002. *«Modality differences in sign language phonology and morphophonemics»*. In Meier, Richard, Kearsy Cormier und David Quinto-Pozocs (eds.). Modality and Structure in Signed and Spoken Languages. Cambridge: Cambridge University Press, 35–64.

Engberg-Pedersen, Elisabeth. 1993. *Space in Danish Sign Language*. Hamburg: Signum.

Frishberg, Nancy. 1975. *«Arbitrariness and iconicity: historical change in American Sign Language»*. Language 51, 696–719.

Gosche, Richard und Benno Tschischwitz (Hrsg.). 1889. *Shakespeare's dramatische Werke*. Band 3 (*Was Ihr Wollt*, übersetzt von August Wilhelm von Schlegel). Berlin: Grote'sche Verlagsbuchhandlung.

Johnson, Mark. 1987. *The Body in the Mind*. Chicago: University of Chicago Press.

Lakoff, George und Mark Turner. 1989. *More than Cool Reason*. Chicago: University of Chicago Press.

Meier, Richard. 2012. *«Language and modality»*. In Pfau, Roland, Markus Steinbach und Bencie Woll (eds.). Sign Language: An International Handbook. Berlin: De Gruyter Mouton, 574–600.

VOLTERRA, VIRGINIA, JANA IVERSON UND MARIANNA CASTRATARO. 2006. «*The Development of Gesture in Hearing and Deaf Children*». In Schick, Brenda, Marc Marschark und Patricia Elizabeth Spencer (eds.). Advances in the Sign Language Development of Deaf Children. Oxford: Oxford University Press, 47–70.

Weiterführende Literatur und Internetseiten zum Thema Gebärdensprachforschung

BOYES BRAEM, PENNY. 1995. *Einführung in die Gebärdensprache und ihre Erforschung.* Hamburg: Signum Verlag (als PDF auf www.fzgresearch.org).

EICHMANN, HANNA, MARTJE HANSEN UND JENS HESSMANN (HRSG.). 2012. *Handbuch Deutsche Gebärdensprache: Sprachwissenschaftliche und anwendungsbezogene Perspektive.* Seedorf: Signum.

KLIMA, EDWARD UND URSULA BELLUGI (EDS.). 1979. *The Signs of Language.* Cambridge: Harvard University Press.

PFAU, ROLAND, MARKUS STEINBACH UND BENCIE WOLL (EDS.). 2012. *Sign Language: An International Handbook.* Berlin: Mouton De Gruyter.

www.fzgresearch.org, www.signlangcourse.org, www.signwriting.org

Hans-Johann Glock

Sprache und Geist

Einleitung

In diesem Beitrag wird es weniger um *Sprachen* gehen, als um die *Sprache* selbst.

Der Beitrag gliedert sich wie folgt: Zunächst einmal wird in die Debatte zum Verhältnis von Denken und Sprechen eingeführt. Es werden dabei zwei Positionen einander gegenübergestellt. Die eine Position behauptet, dass der Geist primär ein vorsprachliches beziehungsweise nichtsprachliches Phänomen ist. Wir nennen diese Position *Mentalismus*. Die andere Position geht davon aus, dass es ohne Sprache überhaupt kein Denken geben kann. Diese Sichtweise wird hier als *Lingualismus* bezeichnet; eingedenk des Umstandes, dass man es in der Philosophie weit bringen kann, sofern man hässliche Wortschöpfungen benutzt. Diese beiden Positionen werden einander gegenübergestellt und letztlich werden beide zurückgewiesen. Wir denken weder in Bildern noch in Wörtern. Wir denken *in* überhaupt nichts. Diese Behauptung muss verteidigt werden gegen die Idee, dass – obwohl man sich keines solchen Denkens in Wörtern oder Bildern bewusst ist – es jedes Mal, wenn wir denken, doch unbewusste Gehirnprozesse dieser Art gibt. Ich werde argumentieren, dass man die Vorstellung, immer in *etwas* zu denken, nicht verteidigen kann, indem man sich auf Gehirnprozesse beruft. Anschliessend wird auf die Frage eingegangen, ob das Denken überhaupt ein Medium braucht, seien es nun Bilder oder Wörter. Dies wird ebenfalls verneint. Es wird dafür argumentiert, dass vieles in dieser Debatte über das Primat von Sprache oder Geist auf einer falschen Voraussetzung beruht. Zum Schluss wird in die Beziehung eingeführt, die in der Tat zwischen dem Geist und der Sprache, zwischen kognitiven und sprachlichen Fähigkeiten, besteht. Der von mir vertretene Standpunkt besagt Folgendes: Es ist nicht so, dass uns jedes Mal, wenn wir denken, Bilder oder Wörter durch den Kopf gehen. Das stimmt einfach nicht. Was aber stimmt, ist: Für höhere kognitive Fähigkeiten bedarf es sprachlicher Fähigkeiten. Es ist also eine Abhängigkeit auf der Ebene von Fähigkeiten. Das ist das Programm.

Zunächst zum Verhältnis von Denken und Sprechen: Sowohl Denken als auch Sprache gelten traditionell als Unterscheidungsmerkmale des Menschen, als Eigenschaften, die uns von allen anderen Tieren unterscheiden. Aber das Verhältnis von Sprache und Geist ist seit jeher kontrovers, es hat die Philosophie mindestens seit Platon beschäftigt. Unter Sprache werden in diesem Kontext primär natürliche Sprachen wie Englisch, Mandarin et cetera, also primär lebendige «Muttersprachen» verstanden. Es handelt sich also um einen Sammelbegriff für die natürlichen Sprachen. Was versteht man unter Denken? In diesem Kontext müssen mindestens drei Formen des Denkens genannt werden:

- an etwas denken, z.B. die Tasse Tee vor mir;
- über ein Problem nachdenken, z.B. dadurch, dass man theoretische oder praktische Schlüsse zieht
- denken/glauben, dass ...

Letzteres heisst so viel wie ‚eine Überzeugung haben‘.

Was nun das Verhältnis von Denken und Sprache anbelangt, so gibt es seit jeher die zwei oben bereits genannten Positionen: den Mentalismus und den Lingualismus. Laut *Mentalismus* ist der Geist primär, die Sprache drückt lediglich nicht sprachliche beziehungsweise vorsprachliche Denkprozesse aus. Die Sprache ist nur ein Mittel des Transfers von Informationen. Aber das, was hier übermittelt wird, was kommuniziert wird, existiert auf Seiten der SprecherInnen völlig unabhängig von einem sprachlichen Ausdruck. Dem gegenüber steht der *Lingualismus*. Dieser behauptet, dass es ohne Sprache gar kein echtes Denken und daher auch gar keinen Geist gibt. Dieser Ansatz ist ein riesiges Feld. Er stellt im Wesentlichen aber nur zwei Fragen. Zum einen: «Ist Denken wirklich, wie der Mentalismus behauptet, ein nicht beziehungsweise vorsprachlicher

Prozess in einem mentalen Medium?» Die zweite Frage lässt sich so formulieren: «Setzt die Fähigkeit zum Denken die Fähigkeit zum Sprechen voraus?» oder «Können also nur diejenigen Lebewesen denken, die auch sprechen können?». Der Hauptteil des vorliegenden Beitrags wird sich der ersten Frage widmen.

1 Der Mentalismus

Wir gehen in diesem Abschnitt zunächst auf die traditionelle Position zum Verhältnis von Sprache und Geist ein, den Mentalismus. Ihm zufolge erfolgt das Denken in mentalen Bildern. Das Denken besteht im Vorbeiziehen bestimmter mentaler Bilder. Das findet man zum Beispiel bei John Locke (Locke 1987: Book II), der hier von *ideas* spricht. Diese mentalen Bilder sind die Art von inneren Erlebnissen, die wir u.a. in der Wahrnehmung, in der Erinnerung und beim bildhaften Vorstellen finden. Man versuche sich, beispielsweise, das Christchurch College in Oxford bildhaft vorzustellen, dann zieht einem ein mentales Bild durch den Geist. Dem Mentalismus zufolge besteht das gesamte Denken aus einer Abfolge solcher mentaler Bilder. Diese Position ist zwar altehrwürdig, aber nicht unbedingt frei von Problemen. Im Folgenden erwähne ich einige dieser Probleme, auf die später noch gründlicher eingegangen wird. Eine Schwierigkeit betrifft das, was *dispositionale Überzeugungen* genannt wird, nämlich Überzeugungen, die man seit jeher hat. Oder Gedanken, die man seit Langem hat und die keineswegs mit irgendwelchen Bildern verbunden sind. Dann kann argumentiert werden, ganz im Sinne Wittgensteins übrigens, dass mentale Bilder weder notwendig noch hinreichend für Denken sind. Es gibt also mentale Bilder ohne Denken und es gibt Denken ohne mentale Bilder. Ergo behaupte ich, dass selbst dann, wenn uns mentale Bilder durch den Kopf ziehen, diese nicht festlegen, *was wir denken*. Bestünde die Möglichkeit, Einblick in geistige gedankliche Prozesse und mentale Bilder zu erhalten, wüsste man trotzdem nicht, was diese Person denkt oder auch nur, an was sie denkt. Des Weiteren gibt es Gedanken, die sich erst gar nicht mit irgendwelchen Bildern verknüpfen lassen. Und schliesslich ein Bedenken, welches hier nicht weiter ausgeführt wird: Mentale Bilder haben für sich gar keinen propositionalen Gehalt, d.h., sie machen keine Aussage. Sie bedürfen, um einen bestimmten Gehalt zu haben, der Interpretation, und zwar der Interpretation durch die Sprache.

Wenden wir uns nun den dispositionalen Überzeugungen zu. Gemeint sind hiermit feststehende Überzeugungen, Überzeugungen, die man seit jeher hat, also nichts, was einem plötzlich durch den Kopf schiesst und dann wieder verschwindet. Sofern behauptet wird, dass solche Überzeugungen bzw. Gedanken im Erleben von mentalen Bildern bestehen, resultiert daraus ein sogenanntes phänomenologisches Problem, da diese Behauptung nicht mit dem übereinstimmt, was man zu erleben glaubt. Man muss sich lediglich überlegen, was eigentlich in einem vorgeht. Dabei wird man feststellen, dass es für feststehende und lange gehegte Überzeugungen keine introspektiv erfassbaren Bildphänomene gibt. So glaube ich zum Beispiel seit 25 Jahren, dass die Erde sich aufgrund vermehrter Treibhausgasemissionen erwärmt. Aber es ist nicht so, dass mir seit 25 Jahren dauernd irgendwelche Bilder schmelzender Gletscher oder CO_2-ausstossender Schornsteine durch den Kopf gehen. Ich käme zu nichts anderem mehr. Man kann beliebige andere Überzeugungen heranziehen: mathematische Überzeugungen, geschichtliche Überzeugungen. Es ist nicht so, dass das Haben dieser Überzeugungen in irgendwelchen *permanenten* mentalen Bildern besteht.

Wie steht es mit dem, was man *episodische Gedanken*, im Englischen *occurrent thoughts,* nennt? Solche Gedanken schiessen uns blitzartig durch den Kopf. Diesbezüglich scheint die mentalistische Position plausibler zu sein. Schiesst ein solcher Gedanke durch den Kopf, dann geht dies oft einher mit einem mentalen Bild. Beispiele: «Die Abenddämmerung sieht gerade aus wie auf einer Postkarte.» Oder: «Du Idiot! Da vorne ist eine Radarfalle, du musst sofort auf 50 Stundenkilometer runter.» Diese Gedanken und Überzeugungen hat man nicht die ganze Zeit, sonst sollte man einen Arzt aufsuchen. Aber solange man diese Überzeugungen hat, scheint es, als ob einem etwas durch den Kopf geht. Und warum sollen dies nicht mentale Bilder sein?

Hier ist eine kleine Vorwarnung am Platz: Was genau gedacht wird, hängt nicht vom mentalen Begleitfilm ab, d.h. von dem, was einem durch den Kopf schiesst. Ich verdeutliche dies an einem Beispiel: Ich renne aus der Wohnung oder aus dem Haus zur Türe hinaus, da tritt ein Gedanke auf: «Du hast deinen Pass vergessen.» Nun lassen sich mit dieser Episode natürlich jede Menge mentale Bilder assoziieren, zum Beispiel die Schublade, in welcher der Pass steckt, oder das Bild eines roten deutschen Passes. Aber das Bild, das mir jedes Mal bei einer solchen Episode durch den Kopf schiesst, ist ein sehr trister Korridor im Flughafen von Mailand.

Warum? Weil ich da einmal drei sehr unangenehme Stunden verbracht habe, da mein Pass abgelaufen war. Aber angenommen, man könnte in meine Gedankenwelt eindringen und an meinen Gedanken teilhaben, man sähe nur das Bild eines Korridors. Kein Pass in Sicht. Man könnte daran offensichtlich nicht ablesen, woran ich jetzt gerade denke oder was ich denke.

Nun komme ich zu dem Punkt, dass mentale Bilder nicht nur nicht notwendig für Denken sind, sondern dass sie auch nicht hinreichend dafür sind. Um es noch einmal klar zu machen: Für den Besitz von Gedanken brauchen wir keine mentalen Bilder. Es gibt Fälle von Gedanken, in denen keine mentalen Bilder vorliegen, aber es gibt umgekehrt auch Fälle, in denen uns zwar mentale Bilder durch den Kopf gehen, von denen man subjektiv aber nicht sagen würde, dass es sich hierbei um Fälle von Denken handelt. Ein Beispiel für mentale Bilder ohne Denken, beziehungsweise Gedanken, ist das Delirium. Im Delirium schiessen einer Person oft Bilder durch den Kopf, aber man denkt dabei nicht.

Nun zu Fällen von Denken ohne mentale Bilder. Dafür gibt es mannigfaltige Beispiele. Abstrakte Gedankengänge sind im Allgemeinen nicht von mentalen Bildern begleitet. Dazu gehören Gedankengänge in der formalen Logik oder in vielen Bereichen der Mathematik. Folgende Geschichte illustriert den Sachverhalt passend. Es gibt eine Karikatur von zwei Mathematikern, die vor einer Tafel mit Formeln stehen und versuchen, irgendetwas zu beweisen. Schritt zwei ihrer Beweisführung lautet «Und an dieser Stelle geschieht ein Wunder», und einer der beiden Männer meint: «Ich denke, du solltest an dieser Stelle etwas präziser sein.» Diese Schritte sind mit Sicherheit nicht von mentalen Bildern begleitet. Eine etwas kontroversere Behauptung ist allerdings die, dass mentale Bilder den *Inhalt* unserer Gedanken nicht bestimmen. Selbst wenn uns solche Bilder durch den Kopf schiessen, legen sie nicht den Gehalt unseres Denkens fest. Ich hatte das oben bereits mit dem Passbeispiel belegt. Hier sind zwei weitere Beispiele (es handelt sich übrigens um zwei Gedanken, die ich tatsächlich hege):

Ich denke, dass Zürich eine Metropole ist. Aber dabei schiessen mir keine Bilder der Kirche St. Peter durch den Kopf, sondern allenfalls Bilder von der Skyline von Schanghai oder von New York. Und wenn ich denke, dass das Café Schober guten Schokoladenkuchen macht, dann erscheint ein Bild meiner Grossmutter in meinem Kopf, denn sie hat den besten Schokoladenkuchen auf dieser Welt gebacken. Die Bilder, die man mit einem Gedanken assoziiert, stehen notwendigerweise in keiner eindeutigen Beziehung zu diesem Gedanken. Vielmehr hängen sie vom spezifischen Kontext und von persönlichen Erfahrungen und Erinnerungen ab. Die Bilder legen nicht fest, was man denkt.

Nun zu den Bedenken, auf die ich nur marginal eingehen werde. Wenn uns Bilder durch den Kopf gehen, dann haben diese noch gar keinen propositionalen Gehalt. Das mentale Bild eines Schokoladenkuchens hat keinen Gehalt. Um festzulegen, was ein solches Bild überhaupt bedeutet, bedürfen wir der Sprache. Die Sprache ist *das* Medium der Erklärung und Disambiguierung. Wenn es darum geht, zu erklären, was man denkt, dann kann man das nicht durch Bilder tun. Man kann es nur durch Sprache tun und letztlich nur durch eine natürliche Sprache. Denn das, was man in spezialisierten Sprachen wie der Formelsprache der Mathematik ausdrücken kann, muss man letztlich auch in einer natürlichen Sprache erklären können.

Und ein letzter Einwand gegen den Mentalismus: Es gibt Gedanken, bei denen es gar keine mentalen Bilder oder Empfindungen gibt, die sich überhaupt dazu eigneten, die Bedeutung unserer Worte, beziehungsweise den Inhalt unseres Denkens, festzulegen. Denken wir uns einmal Primzahlen, welche grösser als der Faktor 10^{13} sind. Welches mentale Bild soll mit diesem Gedanken verbunden sein? Oder folgende Aussage: Man kann alle Menschen manchmal und manche Menschen immer in die Irre führen. Aber nicht alle Menschen immer. Die Aussage selbst ist sehr gut verständlich, man kann sie sogar formalisieren. Das heisst demnach, dass es Fälle von Denken gibt, die in keiner Weise bildhaft sind. Es stimmt also nicht, dass Denken eine Sache mentaler Bilder ist.

2 Der Lingualismus

Nun gehe ich zur Gegenposition, dem Lingualismus über. Der Lingualismus besagt: «Wir denken nicht in Bildern, sondern wir denken *in Worten*.» Der Lingualismus kann in mehreren Versionen auftauchen. Die erste Version finden wir zum Beispiel bei John B. Watson, dem Begründer des *Behaviorismus*. Ihm zufolge ist Denken *subvokales Sprechen*. Hier ein Zitat: «The child talks incessantly when alone … Soon, society steps in: ‹Don't talk aloud!› Soon, the overt speech dies down to whispered speech … The great majority of people pass on to the third stage under the influence of social pressure. Soon, the process is forced behind us. Behind these walls, you can call the biggest bully the worst name you can think of.» (Watson 1930:240f.) Denken ist hiernach also nichts anderes als Sprechen, das nur eben sehr, sehr leise geworden ist. Es gibt einige kognitive Prozesse, bei denen in der Tat bestimmte Muskeln, die auch im Vokalapparat involviert sind, beteiligt sind. Aber generell gesprochen ist die zentrale Aussage des Behaviorismus falsch. Ich durchlaufe jede Menge Denkprozesse, die nicht mit einem Monolog einhergehen. Und man muss einfach festhalten, dass wir unsere Gedanken nicht alle sprachlich ausdrücken. Weder laut noch leise. Was würde es in der Konsequenz letztlich bedeuten, drückten wir alle unsere Gedanken sprachlich aus? Wer bestimmt, was da auf die Liste kommt?

Die zweite Version des Lingualismus ist etwas plausibler. Hiernach handelt es sich beim Denken nicht um *subvokales Sprechen*, sondern um ein *inneres Sprechen*. Das Denken, so schlägt bereits Platon vor, ist das Sprechen der Seele mit sich selbst. Wenn man denkt, dann redet man also, nach diesem Modell, mit sich selbst. Man konstruiert somit einen endlosen inneren Monolog.

Im Grossen und Ganzen verfolge ich nun dieselbe boshafte Strategie wie zuvor und sage, dass diese Behauptung falsch ist, da ein solcher «innerer Monolog» oder «Dialog» weder notwendig noch hinreichend für das Denken ist. Ein innerer Monolog oder auch Dialog ist nicht notwendig, denn es gehen uns nicht für jede dispositionale Überzeugung Sätze durch den Kopf. So besteht zum Beispiel meine Überzeugung über die Klimaerwärmung nicht im Haben eines permanenten Bildes; aber eben auch nicht darin, dass mir jetzt permanent ein Satz durch den Kopf geht. Auch halte ich es für extrem unplausibel, zu sagen, dass uns, bei episodischen Gedanken, blitzartig die Sätze durch den Kopf gehen, durch die wir die Gedanken hinterher vokalisieren. Wenn ich in der Situation des oben genannten Autofahrers bin, dann denke ich nicht in rasender Geschwindigkeit: «Du Idiot, da vorne ist eine Radarfalle.» Sicher denke ich das nicht in der Zehntelsekunde, in der ich genau auf diesen Gedanken hin auf die Bremse drücke. Man kann auch komplexe Aufgaben lösen, ohne mit sich selbst zu sprechen. Ein Beispiel hierfür ist für mich die unlösbare Mathematikaufgabe. Ich habe auch einmal Mathematik studiert. Einmal stellte uns der Professor in der Übungsgruppe eine Aufgabe, die niemand lösen konnte. Wir waren der Meinung, dass diese Aufgabe einfach unlösbar sei. Wir gingen in der nächsten Sitzung zu unserem Professor und haben ihm die Aufgabe vorgelegt. Dieser überflog die Aufgabe nur kurz, schaute aus dem Fenster, ging zur Tafel und schrieb die Lösung auf. Wir waren ganz perplex und fragten ihn, wie er das gemacht habe. Darauf antwortete er: «Ganz einfach, ich habe mir die Aufgabe angeschaut, habe aus dem Fenster geschaut, bin zur Tafel gegangen und habe die Lösung hingeschrieben.»

Es mag sein, dass er die Lösung schon vorher wusste oder dass es so eine Art Intuition war. Dann würden wir vielleicht nicht sagen, dass es sich um einen Denkprozess gehandelt hat. Aber ich glaube nicht, dass es immer so ist oder gar sein muss. Ich glaube nicht, dass wir behaupten können, es müsse doch ein innerer Monolog stattgefunden haben. Schliesslich ist zu bedenken, dass sich manche Denkprozesse, zum Beispiel geometrische Konstruktionen oder Schachkalkulationen, allerhöchstens im Nachhinein sprachlich formulieren lassen. Als ich auf Wettkampfebene Schach gespielt habe, haben wir hinterher bei der Analyse manchmal Dinge gesagt, wie: «Und wenn du dann *den* Zug machst, dann mache ich *den*!» Aber diese Formulierungen gingen uns nicht während des Schachspielens durch den Kopf. Das sind also nur *nachträgliche* sprachliche Formulierungen.

Innere Monologe sind andererseits aber auch nicht *hinreichend* für das Denken: Wenn ich Schäfchen zähle, um mich in den Schlaf zu wiegen, dann liegt ein innerer Monolog vor. Ich vokalisiere dann: «Ein Schäfchen, zwei Schäfchen …» Das geht mir durch den Kopf, aber das ist kein Denken, schon gar nicht ein Denken, das einer Tatsache entspricht. Es ist auch kein Nachdenken, ich denke über nichts nach. Ich möchte auch bezweifeln, dass ich dabei an Schafe denke. Der innere Monolog selbst wiederum bestimmt auch nicht den Inhalt des Denkens. Das heisst, was uns durch den Kopf geht, legt nicht fest, was wir denken. Als Beleg: Es gab im Dadaismus und in bestimmten Formen des Spiritualismus das Phänomen des Automatismus oder das automatische Schreiben. Die Dadaisten haben wirklich sprichwörtlich aufs Blatt geschrieben, was ihnen durch den Kopf ging. Ich versichere, dass das keine Gedanken waren, Gedankenfetzen vielleicht, aber auch nur, wenn man grosszügig ist. Ein anderes Beispiel: Nehmen wir mal an, das Lieblingslied einer verliebten Person ist «She loves you, yeah yeah yeah!» von den Beatles. Nehmen wir weiter an, die Geliebte hat die Person irgendwann verlassen. Dieses Lied zieht der verlassenen Person jedoch ständig durch den Kopf: «She loves you, yeah yeah yeah!» Denkt die verlassene Person dann: «She loves you, yeah yeah yeah?» Nein! Sie denkt: «She doesn't love you, damn damn

damn!» Wie für mentale Bilder, so gilt auch für sprachliche Ausdrücke: Der Zusammenhang zwischen dem, was einem durch den Kopf geht, und dem, was gedacht wird, ist abhängig von kontingenten Umständen.

3 Sprachphilosophie und Empirie

Der bisher von mir verfolgte Ansatz muss sich allerdings den Vorwurf gefallen lassen, reine Philosophie zu sein. Denn so, wie ich bisher argumentiert habe, kann man natürlich beide Positionen, den Mentalismus und den Lingualismus, aushebeln, allerdings fehlt komplett die wissenschaftlich-empirische Perspektive. Wir haben bisher ja nur die Dinge betrachtet, die uns *bewusst* sind. Im Bewusstsein ziehen weder Bilder noch Sätze stetig durch den Kopf. Wie steht es aber mit *unbewussten* Prozessen? Ich meine solche Prozesse, die sich dem Bewusstsein des Subjekts entziehen und von denen das Subjekt prinzipiell keine Ahnung hat.

Ein Problem, das die Berufung auf Unbewusstes immer mit sich bringt, ist das folgende: Man muss sich fragen, *auf welcher Grundlage* solche Prozesse denn diagnostiziert oder postuliert werden. Wer sagt denn – ob das jetzt eine Philosophin, ein Psychoanalytiker oder eine Neurowissenschaftlerin ist –, dass diese unbewussten Prozesse vor sich gehen, von denen das Subjekt keine Ahnung haben soll? Die Psychoanalyse tut wenig zur Sache, denn in ihr geht es um Phänomene wie traumatische Erlebnisse aus der Kindheit, aber nicht um die von Gegnern behaupteten konstanten Begleitprozesse. Die Neurowissenschaften sind dagegen einschlägig und liefern eine Antwort, die vielleicht empirisch etwas fundierter ist als die der Psychoanalyse. Ob unbewusste Sequenzen mentaler Bilder oder Wörter vorliegen, lässt sich daran erkennen, dass die entsprechenden Regionen im Grosshirn aktiv sind. Diese Antwort beruft sich auf eine Grundeinsicht der funktionalen Neuroanatomie, auf etwas, das man in den letzten ungefähr 100 Jahren entdeckt hat. Die neuronalen Grundlagen mentaler Prozesse und Fähigkeiten sind nicht (oder jedenfalls nicht im Allgemeinen) im gesamten Gehirn diffus verteilt, sondern lassen sich sehr oft lokalisieren (es hat sich hier also der sogenannte *localism* gegen Alternativen wie die *aggregate field view* durchgesetzt). Bestimmte mentale Prozesse oder mentale Fähigkeiten lassen sich zum Teil in einer ganz bestimmten Hirnregion lokalisieren, und zwar erstaunlich feinkörnig, auch wenn diese zwischen einzelnen Subjekten variieren können. Die Verwendung einer bestimmten Klasse von Ausdrücken, für Obst und Gemüse zum Beispiel – beziehungsweise die Fähigkeit zu einer solchen Verwendung –, kann durchaus bei einem Individuum in einer ganz bestimmten Gehirnregion verankert sein. Wichtig ist in diesem Zusammenhang, dass verschiedene Fähigkeiten verschiedenen Gehirnregionen zugeordnet werden können.

Ganz besonders wichtig sind für uns in diesem Kontext die Sprachzentren. Da ist zum einen das motorische Sprachzentrum, das in die Sprachproduktion involviert ist, das Broca-Zentrum. Zum anderen gibt es das sensorische Sprachzentrum, früher auch einmal Wernicke-Zentrum genannt. Dass bestimmte Fähigkeiten in bestimmten Gehirnregionen lokalisiert sind, ist also kaum diskutabel. Trotzdem kann man bezweifeln, dass diese Einsicht der funktionalen Gehirnanatomie dazu ausreicht, die Ansicht zu verteidigen, dass es unbewusste Prozesse von Bildern oder Worten geben muss. Es finden sich nämlich zwei empirische Einwände gegen eine derartige Argumentation. Mit den derzeitigen bildgebenden Verfahren, wie der funktionellen Magnetresonanztomografie (fMRT), kann auf erhöhte Blutzufuhr in bestimmten Gehirnarealen geschlossen werden. Was die beobachtbare Blutkonzentration in bestimmten Gehirnregionen allerdings dann tatsächlich für neurophysiologische Prozesse heisst, ist eine andere Frage. Zum Beispiel zeigt die fMRT nicht direkt eine erhöhte Rate neuronaler Entladungen an, und zweitens ist es natürlich zweifellos so, dass auch in den sogenannten «farblosen», eher «blutarmen» Regionen weiterhin neuronale Entladungen und andere relevante Prozesse stattfinden, die aber nicht sichtbar werden, weil sie unter einem statistischen Schwellenwert liegen. Von daher stimmt also die naive Vorstellung, dass man sozusagen dem Subjekt beim Denken zuschauen könnte, wenn man ein Aktivierungsbild des Gehirns anschaut, nicht.

Der Vorschlag, unbewusste Gedankenprozesse allein aufgrund bestimmter neuronaler Prozesse zu diagnostizieren, ist aber auch begrifflich bzw. methodologisch unbefriedigend. Er ist nämlich zirkulär. Wie können wir denn überhaupt sagen, dass bestimmte mentale Prozesse oder Fähigkeiten mit bestimmten neuronalen Phänomenen korrelieren? Es kann induktiv erschlossen werden. Man stellt fest: Jedes Mal, wenn ein bestimmtes mentales Phänomen vorliegt, kann auch ein zugehöriges neuronales Phänomen nachgewiesen werden. Um diese Art von induktiver Verbindung überhaupt machen zu können, braucht es unabhängige Kriterien dafür, wann mentale Phänomene überhaupt vorliegen. Was als ein bestimmter mentaler Prozess gilt, muss bereits feststellbar sein, bevor man sich über die neuronalen Korrelationen oder Ursachen überhaupt Gedanken machen kann. Die von den Neurowissenschaften erforschten Phänomene werden durch nicht-neuronale Begriffe bestimmt. Und zwar ganz wesentlich unter Berufung auf das, was sich das Individuum selbst zuschreiben kann und was also gerade *nicht* unbewusst ist.

Diese innerhalb der gegenwärtigen Diskussion provokant klingenden Behauptungen müssen weiter erläutert und verteidigt werden. Unsere Begriffe des Denkens und Nachdenkens, des An-etwas-Denkens, des Wahrnehmens et cetera, sind keine neurophysiologischen Begriffe. Diese Begriffe entstammen ursprünglich dem Alltag und werden dann in den Kognitionswissenschaften präzisiert und verfeinert. Sie beziehen sich auf das Verhalten oder die Fähigkeiten von Individuen, bei Menschen insbesondere auf deren sprachliche Äusserungen, ihre Kundgabe von mentalen Phänomenen, derer sie sich bewusst sind. Alleine, weil eine Person Dinge sagt wie: «Jetzt denke ich aber gerade an den Eiffelturm», kann dann eine Neurowissenschaftlerin feststellen, dass das Denken an hohe hässliche Gebäude mit einer bestimmten Gehirnregion verknüpft ist. Die Kriterien für die Anwendbarkeit unserer mentalen Begriffe sind nicht neurologischer Natur, sondern beziehen sich vielmehr auf die Fähigkeiten des Subjekts. Um festzustellen, ob überhaupt gedacht wird, ob überhaupt so etwas wie Denken vorliegt, schaut man zunächst einmal nicht in den Kopf, sondern man schaut sich an, was das Subjekt alles tun kann. Die *kausale* Erklärung geistiger Eigenschaften verweist dann klar auf das Gehirn. Aber ob überhaupt geistige Eigenschaften vorliegen, hängt davon ab, was das Subjekt tun, wahrnehmen und sagen kann. Es lässt sich folglich nicht sagen: Es gibt unbewusste *mentale* Prozesse, ganz unabhängig von dem, was die Subjekte sagen. Denn es handelt sich dabei eben um unbewusste *neurophysiologische* Prozesse.

4 Das Medium des Denkens

Gehen wir nun zu einer Frage über, die dem Konflikt zwischen Mentalismus und Lingualismus vorausgeht. Braucht das Denken überhaupt ein *Medium*? Es wurde festgestellt: Weder der Mentalismus noch der Lingualismus sind besonders plausibel. Die Argumentation mit Bezug auf die Neurophysiologie hilft auch nicht weiter. Es scheint, dass die Debatte in einer Sackgasse endet. Die Politikwissenschaften würden hier wahrscheinlich einen Kompromiss als Lösung des Problems vorschlagen. In der Philosophie aber ist das meistens keine gute Idee. Die zu beantwortenden Fragen sind vielmehr: Gibt es bestimmte Voraussetzungen, die beide Positionen teilen? Und sind diese Voraussetzungen vielleicht problematisch auf eine Weise, die zu fehlgeleiteten Fragen und falschen Dilemmata Anlass gibt? Die geteilten Voraussetzungen des Lingualismus und des Mentalismus sind unter anderem die folgenden: Erstens, beim Denken handelt es sich um einen *inneren Begleitprozess* des Sprechens beziehungsweise des Handelns. Denken ist demnach etwas, das zu unserem intelligenten Sprechen und Handeln parallel abläuft, mag es eine Abfolge von Bildern sein oder eine Sequenz von Sätzen. Die zweite Voraussetzung lautet: Das Denken bedarf eines *Mediums*. Wir müssen immer *in* etwas denken, das mag nun ein symbolisches Medium sein wie beim Lingualismus oder ein bildhaftes Medium. Diese Voraussetzungen gilt es aber zurückzuweisen.

Denken ist *kein* innerer Prozess. Eventuelle innere Begleitvorgänge, egal ob diese bildhafter oder symbolischer Natur sind, *konstituieren* unser Denken nicht. Das heisst, sie machen unser Denken nicht aus, sie sind nicht entscheidend dafür, ob gedacht wird. Selbst episodisches Denken, also die Fälle, in denen einem plötzlich etwas durch den Kopf schiesst, ist eher eine Sache der *Potenzialität* als der *Aktualität*. Es handelt sich hierbei um zwei aristotelische Kategorien. Aristoteles hat als Erster – und ich glaube auf äusserst wichtige und einsichtige Weise – unterschieden zwischen Eigenschaften, die ein Ding tatsächlich hat, die aktuell vorliegen und sich direkt beobachten lassen, und Eigenschaften, die das Ding zwar hat, aber die sich im Moment nicht manifestieren. Ein klassisches Beispiel für potenzielle Eigenschaften oder Potenzialitäten ist Löslichkeit in Wasser. Zucker ist löslich in Wasser, aber ein Zuckerstück hat diese Eigenschaft auch, wenn es weit weg ist von jedem Wasser. Ein anderes Beispiel ist die potenzielle Energie, die ein Ding als Möglichkeit hat. Aber obwohl diese Möglichkeiten sozusagen nicht in jedem Moment verwirklicht werden, handelt es sich doch um absolut reale Eigenschaften. Löslichkeit in Wasser ist eine objektive Eigenschaft von Zucker. Die These lautet nun: Denken oder zumindest viele Fälle des Denkens sind Potenzialitäten. Was wir denken, ist ersichtlich aus dem, was wir tun, und dem, was wir gegebenenfalls später tun bzw. sagen *würden*, sofern wir aufrichtig wären.

Zurück zum Beispiel des Autofahrers, der zu schnell fährt. Der Autofahrer denkt dies just in dem Moment, in dem er die Radarfalle entdeckt. Dieses Denken besteht nicht darin, dass ihm in dem Moment dieser Satz mit wahnwitziger Geschwindigkeit durch den Kopf schiesst oder irgendwelche Bilder von Strafmandaten oder Polizistinnen in seinem Kopf aufblitzen. Das Denken ist hier keine Aktualität, sondern besteht ungefähr darin, dass er den Gedanken unmittelbar so ausdrückt oder dass er ihn so ausdrücken würde, wenn man ihn später fragen würde: «Was hast du dir denn dabei gedacht, so plötzlich auf die Bremse zu treten?» Man stelle sich das vor! Mir schwappt als Beifahrer plötzlich der Kaffee aus dem Pappbecher ins Gesicht und ich frage den Fahrer: «Was hast du dir denn dabei gedacht?» Er dachte doch nur: «Du Idiot, da vorne ist eine Radarfalle!»

Wenn wir einen Satz der Form ‚A denkt zum Zeitpunkt t, dass p‘ haben, also zum Beispiel *Der Fahrer denkt zum Zeitpunkt t, dass da vorn eine Radarfalle ist*, dann bedeutet dieser Satz in etwa Folgendes: Wäre Person A zum Zeitpunkt t gefragt worden, was sie denkt, so hätte sie mit einem Satz geantwortet, der besagt, dass p.

Das Subjekt antwortet laut diesem Vorschlag mit einem Satz, der *besagt*, dass p, weil das natürlich unabhängig davon sein muss, welche natürliche Sprache das Subjekt spricht. Ich kann für unser konkretes Beispiel keinen bestimmten deutschen Satz einsetzen, sondern es muss ein Satz sein, der das besagt, was wir im Deutschen mit dem Satz *Da vorne ist eine Radarfalle* ausdrücken. Dies wäre in etwa meine Analyse von Sätzen der Form ‚A denkt, dass p‘: «Wäre A zum Zeitpunkt t gefragt worden, was sie denkt, und wäre A ehrlich, so hätte sie mit einem Satz geantwortet, der besagt, dass p.»

Es existiert die Behauptung, dass ohne Medium kein Denken stattfinden kann. Die Ideen von einem Medium des Denkens, man spricht oft auch von einem *Vehikel* des Denkens, sind nur *Metaphern*. Ergibt es überhaupt Sinn, zu sagen, dass man *in* der Sprache denkt oder dass man *in* einer Sprache denkt? Es ist ganz klar, dass man innerlich in einer bestimmten Sprache reden kann. Wir finden dieses Phänomen des Öfteren bei uns selbst. Ich rede übrigens oft innerlich mit mir selbst, ich wäre von daher dem Lingualismus gar nicht abgeneigt. Ich tue dies oft, im Allgemeinen in einer von zwei Sprachen, und da kann man schon fragen: In welcher Sprache verwünscht Glock gerade innerlich x, y oder z? Das heisst, in solchen Fällen ergibt es durchaus Sinn zu fragen: In welcher Sprache geschieht das? Aber ich bin nicht davon überzeugt, dass es in allen Fällen Sinn ergibt. Ich träume auch sehr viel, und dann werde ich manchmal gefragt – vor allem, seit ich nach Grossbritannien übergesiedelt und in den deutschsprachigen Raum zurückgewechselt habe –, in welcher Sprache ich denn träumte? Ich habe meistens keine Ahnung. Ausser natürlich in dem Fall, wenn in meinem Traum bestimmte Äusserungen gefallen sind. Wie zum Beispiel ein Vampir, der mir verkündet: «Jetzt beiss ich dich!» Dann kann ich angeben, in welcher Sprache das war. Aber im Allgemeinen sind die meisten Träume meines Erachtens nicht in einer bestimmten Sprache.

Allgemeiner gesprochen: In einer bestimmten Sprache mit sich selbst reden ist nicht dasselbe wie in einer Sprache denken. Die Frage, in welcher Sprache man denkt, stellt sich im Allgemeinen nur mit Bezug auf eine *fremde* Sprache. Mit Bezug auf eine solche fremde Sprache kann man schon die Frage stellen: Muss ich mir zuerst in meiner Muttersprache zurechtlegen, was ich sagen will, und es dann übersetzen? Das wäre ein klarer Fall. Man denkt immer noch in Deutsch, d.h., man formuliert das, was man sagen möchte, erst mal auf Deutsch und übersetzt es dann, womöglich Wort für Wort, z.B. ins Latein. Dieses Übersetzen aus einer inneren Sprache oder inneren Sätzen in äussere Sätze ist ein absolut seltener und exotischer Fall.

Obwohl führende Kognitionsforscher wie Jerry Fodor (1975) dies behaupten, ist es abwegig, zu meinen, dass wir dauernd aus einer inneren Sprache, einer sogenannten Sprache des Geistes – oder *mentalesisch* – in eine natürliche, äussere Sprache übersetzen. Dies gilt es zu bezweifeln, da man sich ansonsten konstant irren könnte über das, was man eigentlich gerade denkt. Nehmen wir einmal an, dass das, was man denkt, durch die Sätze einer inneren Sprache bestimmt wird, die sozusagen auf einer internen Anzeigetafel repräsentiert wird. Wenn das so wäre, dann könnten wir uns ständig in dem täuschen, was wir denken. Denn zum einen besteht die Möglichkeit, die Sätze auf dem Display falsch abzulesen, und zum anderen die Möglichkeit, die abgelesenen Sätze in fehlerhafte Sprache zu überführen.

Es gibt allerdings mannigfaltige *empirische* Zusammenhänge zwischen der Sprache und dem Geist. Ebenfalls gibt es wichtige *begriffliche* Zusammenhänge. Diese beruhen allerdings nicht auf der Idee, dass innere Vokalisierungen den Prozess des Denkens begleiten müssen. Dies wäre eine Position, die man *Prozess*-Lingualismus nennen könnte. Sie beruhen vielmehr auf der Idee, dass höhere kognitive Fähigkeiten Sprachkompetenz voraussetzen. Sie laufen also auf einen *Fähigkeits*-Lingualismus hinaus. Auch hier gibt es eine *partielle Unabhängigkeit*. Mentale und sprachliche Fähigkeiten sind nicht eins zu eins aufeinander abbildbar. Es gibt neurologisch bedingte sprachliche Behinderungen ohne Behinderung der kognitiven Leistungen in anderen Bereichen, zum Beispiel die Broca-Aphasie, Wernicke-Aphasie oder SLI (*specific language impairment*), und es gibt kognitive Behinderungen ohne eine Behinderung der sprachlichen Leistungen in anderen Bereichen. So gibt es sprachliche Savants, die zwar wunderbar reden können, aber einen sehr niedrigen IQ haben. Die funktionelle Neuroanatomie macht verständlich, wie es zu solchen Dissoziationen kommen kann. Sie zeigt nämlich, dass unterschiedliche Gehirnbereiche für unterschiedliche Fähigkeiten verantwortlich sind, d.h. deren kausale Voraussetzungen liefern.

Nun zeigt diese Möglichkeit der Dissoziation jedoch nicht, dass Denken ohne jegliche Sprachkompetenz möglich ist. Es gibt hier immer noch entscheidende begriffliche Zusammenhänge.

Der erste Zusammenhang ist die Identifizierung dessen, was wir denken, die *Identifizierung des Gehalts* unseres Denkens. Wir identifizieren Gedanken über ihren sprachlichen Ausdruck. Wenn die Frage «Was denkst du denn?» beantwortet werden soll, dann ist die Antwort auf diese Frage keine Beschreibung eines inneren Prozesses. Wenn man mich fragt, was ich denke, dann schaue ich nicht erst nach, was bei mir auf einem «inneren Display» angeschrieben steht. Ich schaue auch nicht, realistischer gesprochen, nach, ob mir irgendwelche mentalen Bilder oder Sätze durch den Kopf gehen. Vielmehr sage ich dann Dinge wie: «Oh, ich denke, ich bin schon wieder zu spät.» Die Identifizierung des Gehalts dessen, was man denkt, erfolgt über Sätze, erfolgt somit sprachlich. Ich denke, dass es regnet, oder ich denke, dass es Zeit ist, zum Schluss zu kommen. Hier gibt es also durchaus einen Zusammenhang. Die Sprache macht sozusagen den Inhalt unseres Denkens fest und gibt ihm eine Struktur.

Der zweite Zusammenhang zwischen Denken und Sprechen ist die *Manifestierbarkeit* von Gedanken. Es gibt einen Unterschied zwischen dem Fall, in dem ein Subjekt denkt, dass *p* (zum Beispiel, dass es regnet), und dem Fall, in dem ein Subjekt denkt, dass *q* (zum Beispiel, dass die Sonne scheint). Schreibt man einem Subjekt einen dieser beiden Gedanken zu, dann muss irgendwas in dem Verhalten, in den Fähigkeiten des Subjekts dazu führen, ihm den einen, aber nicht den anderen Gedanken zuzuschreiben. Das heisst: Das Subjekt *A* muss diese unterschiedlichen

Gedanken manifestieren können. *Können* wohlgemerkt: Gefragt ist nur die *Möglichkeit* der Manifestation. Und nun ist die Sachlage einfach so, dass sich nur relativ primitive Gedanken in nichtsprachlichem Verhalten manifestieren lassen. Das ist auch der Grund, warum Tiere, meines Erachtens, zwar denken können, aber nicht besonders viel. Wittgenstein hat das einmal sehr schön zum Ausdruck gebracht: «Der Hund glaubt, sein Herr sei an der Tür. Aber kann er auch glauben, sein Herr werde übermorgen kommen?» (Wittgenstein 1953: Teil II.1). Was am Verhalten eines normalen Hundes würde uns dazu berechtigen, ihm diesen Gedanken zuzuschreiben? Man stelle sich diese Frage beim Anblick eines Bildes, das einen erwartungsvollen Hund zeigt. Mit dieser Betrachtung möchte ich meinen Beitrag abschliessen.

Literatur

Fodor, Jerry A. 1975. *The Language of Thought*. Cambridge, Massachusets: Harvard University Press.

Locke, John 1690 [1987]. *An Essay Concerning Humane Understanding*, hg. und mit einer Einleitung, einem kritischen Apparat und einem Glossar versehen von Peter H. Nidditch. Oxford: Clarendon Press.

Watson, John B. 1930. *Behaviorism*. New York: Norton.

Wittgenstein, Ludwig. 1953. *Philosophische Untersuchungen. Philosophical Investigations*, übers. von G. E. M. Anscombe. Oxford: Blackwell.

Balthasar Bickel

Sprachliche Vielfalt im Wechselspiel von Natur und Kultur[1]

Einleitung

Im Folgenden möchte ich Ihnen einen Eindruck davon vermitteln, welche Strukturen es in der menschlichen Sprache gibt und wo wir sie finden – und vor allem auch die Frage stellen, warum wir sie gerade dort finden. Dabei werde ich sowohl auf universelle Muster eingehen, also Muster, die sich überall auf der Welt immer wieder finden, als auch auf regionale Muster, die bestimmte Regionen der Welt von den meisten anderen unterscheiden.

Beim Thema sprachliche Vielfalt stellt sich zunächst die Frage, wie viele Sprachen es auf der Welt überhaupt gibt. Die Karte in Abb. 1 vermittelt hiervon einen ersten Eindruck. Jeder Punkt steht für eine Sprache.

Abb. 1: Lokalisierung von Sprachen weltweit (Daten: Hammarström 2012).

Die Menge an Sprachen ist überwältigend, ihre umfassende Erforschung eine grosse Herausforderung. In einigen Regionen finden sich sehr viele Sprachen, vor allem im Bereich des Äquators und entlang der Küsten. Das hat ökologische Hintergründe. In Regionen, die keine grossen Populationen ernähren können, wie etwa in der eurasischen Tundra, gibt es weniger Menschen und damit auch weniger Sprachen.

Bei der Frage nach der genauen Anzahl von Sprachen muss ich Sie allerdings enttäuschen: Die Sprachwissenschaft hat hierauf keine Antwort. Zwar wissen wir, dass weltweit ungefähr 7000 Sprachen existieren. Wie viele es aber genau sind, wissen wir nicht, und es ist für uns auch nicht von grossem Interesse.

Dies hat folgenden Hintergrund: Die Sprachwissenschaft untersucht sprachliche Systeme. Von solchen Systemen gibt es Abertausende, die sich ebenso stark wie auch nur in kleinsten Details unterscheiden können. Der Dialekt der Stadt Zürich ist zum Beispiel lautlich leicht verschieden vom Dialekt des Zürcher Oberlandes, schon etwas stärker verschieden vom Toggenburgerischen, stark verschieden (für Schweizer Begriffe) vom Appenzellerischen, und so weiter. Den Sprachwissenschaftler interessiert an dieser Stelle, wie sehr und in welcher Hinsicht sich solche Systeme unterscheiden.

Es gibt aber keinen spezifischen Grad der Verschiedenheit, ab dem ein System natürlicherweise als separate Sprache zu betrachten wäre, und hier eine Linie zu ziehen, wäre eine willkürliche Übung in Klassifikation, die keinen wissenschaftlichen Nutzen hat. Scharfe Grenzen zwischen Sprachen können sozial, politisch, mitunter auch wirtschaftlich motiviert sein; sprachwissenschaftlich sind sie es nicht.

1 Vielfalt in den Lauten, Vielfalt in den Bedeutungen

Ich möchte nun zeigen, auf welche Arten Sprachen sich unterscheiden können und wie gross die Vielfalt, die wir hier finden, tatsächlich ist.

Betrachten wir zunächst die lautliche Form von Sprachen. Sprachen können ganz unterschiedliche Arten von Lauten gebrauchen. Das wohl deutlichste Beispiel hierfür stammt aus einigen Sprachen des südlichen Afrika. Diese Sprachen machen Gebrauch von sogenannten Schnalzlauten, bei denen der Sprecher Luft ansaugt, statt sie auszuatmen. Die Existenz dieser Laute ist schon seit langem bekannt, und es wurden eigene Symbole entwickelt, um sie wiederzugeben. Sie sehen einige in der Tabelle in Abb. 2. Diese Tabelle zeigt das Schnalzlaut-Inventar des Nǀuu, einer Sprache Südafrikas, die von einer Mitarbeiterin unseres Institutes, Alena Witzlack-Makarevich, erforscht wird.

	labial	dental	alveolar	lateral	palatal
einfach	ʘ	ǀ	ǃ	ǁ	ǂ
stimmhaft		gǀ	gǃ	gǁ	gǂ
nasal	nʘ	nǀ	nǃ	nǁ	nǂ
behaucht		ǀh	ǃh	ǁh	ǂh
verzögert beh.		ǀ'h	ǃ'h	ǁ'h	ǂ'h
+ ʔ	ʘ'	ǀ'	ǃ'	ǁ'	ǂ'
+ x	ʘx	ǀx	ǃx	ǁx	ǂx
+ q	ʘq	ǀq	ǃq	ǁq	ǂq
+ qh		ǀqh	ǃqh	ǁqh	ǂqh
+ qx'		ǀqx'	ǃqx'	ǁqx'	ǂqx'

Abb. 2: Schnalzlaute im Nǀuu (Miller et al. 2007).

Der labiale Schnalzlaut klingt z.B. wie ein Kuss. Daneben gibt es dentale, alveolare, laterale und palatale Schnalzlaute, die an anderen Stellen im Mund artikuliert werden. Ausserdem existieren die meisten dieser Laute in verschiedenen weiteren Varianten – bei einem nasalierten Schnalzlaut wie [nǀ] zum Beispiel muss man zusätzlich Luft durch die Nase entweichen lassen. Die Kombinationen der verschiedenen Artikulationsorte mit solchen Merkmalen ergeben sehr schnell sehr komplexe Laute. Gleichzeitig sind Schnalzlaute im Nǀuu kein Randphänomen, sondern ein Grundbestandteil der Lautstruktur; um die 60% aller Wörter haben einen Schnalzlaut.

Man könnte nun denken, wenn eine Sprache so viele Laute dieser Art hat, braucht sie nicht noch weitere. Das ist aber nicht der Fall. Nǀuu verfügt über zahlreiche weitere Laute, darunter auch viele, wie wir sie auch aus europäischen Sprachen kennen. Dies zeigt Abb. 3.

	bilabial	alveolar	lateral	palatal	velar	uvular	glottal
Plosiv	p b	(t) (d)		c cʰ cˣ ɟ	k kʰ g	q	(ʔ)
Nasal	m	n		ɲ	ŋ		
Frikativ	(f)	s z				χ	(ɦ)
Liquid		ɾ	(l)				
Affrikate		ts					

modal	i	e	a	o	u
nasal	ĩ		ã		ũ
epiglottal		eˤ	aˤ	oˤ	(uˤ)
nasal epigl.			ãˤ	õˤ	

Abb. 3: Pulmonale Laute im N|uu (Miller et al. 2007).

Die Sprachen des südlichen Afrika sind berühmt für ihre riesigen Lautinventare. Das !Xõõ, eine Nachbarsprache des N|uu, hat mit 160 Lauten das grösste überhaupt bekannte Inventar (Traill 1985). Im Gegensatz zu solchen Sprachen stehen Sprachen mit sehr wenigen Lauten. Einige Sprachen im Pazifik haben z.B. nur sechs Konsonanten. Lautinventare sind also ein erster Bereich, wo die enorme Verschiedenheit der Sprachen der Welt deutlich sichtbar wird.

Eine ähnliche Vielfalt gibt es auch im Bereich der Bedeutung. Denn Sprachen bestehen ja nicht nur aus Lauten – mit dem, was wir sagen, meinen wir immer auch etwas. Ich möchte hierzu ein Beispiel aus meiner eigenen Feldforschung zeigen, aus der Sprache Belharisch (oder auch Belhare), die in Nepal gesprochen wird und entfernt mit dem Chinesischen und Tibetischen verwandt ist.

Der Bereich, über den ich sprechen möchte, ist die Semantik der Raumkonzeptualisierung, d.h. der Art und Weise, wie räumliche Beziehungen in Bedeutungskategorien gefasst werden. Das Belharische unterscheidet hier drei grundlegende Richtungen – oben (typischerweise bergauf), unten (bergab) und quer (entlang dem Berg). Diese Unterscheidung schlägt sich in zahlreichen Bereichen der Grammatik nieder (Bickel 1997).

Ein erstes Beispiel sind Interjektionen, mit denen ein Sprecher spontan auf ein Objekt oder ein Ereignis hinweist, das Aufmerksamkeit verdient, wie z.B. das *ui* in *Ui, da ist ja ein Pferd!* Auf den ersten Blick scheinen solche Wörter wenig mit Grammatik zu tun zu haben – schon ihre Lautgestalt ist häufig ungewöhnlich. Im Belharischen besteht hier aber eine klare, strikte Verbindung – in dem Moment, in dem ein Sprecher auf etwas hinweist, muss er sich nämlich jedes Mal für eine der drei genannten Richtungen entscheiden. Es gibt also kein allgemeines Wort wie *ui*, sondern eines für oben (*tu!*), eines für unten (*mu!*) und eines für drüben (*yu!*). Das ist umso bemerkenswerter, als man bei spontanen Äusserungen wie *Tu! kaĩyu!* 'Ui, ist das schön (da oben)!' nicht erwarten würde, dass der Sprecher zunächst überlegt, in welcher Richtung sich der Grund seiner Begeisterung befindet.

Dieselbe Unterscheidung findet sich auch bei Demonstrativwurzeln – es gibt kein allgemeines Wort für 'das dort', sondern nur wiederum 'das dort oben', 'das dort unten' und 'das dort drüben'. Ein weiterer Bereich ist Kasus. Im Deutschen haben wir z.B. vier Kasus, Nominativ (*wer?*), Genitiv (*wessen?*), Dativ (*wem?*) und Akkusativ (*wen?*). Wer Latein gelernt hat, musste sich ausserdem mit dem Ablativ beschäftigen. Belharisch hat aber noch viel mehr Kasus, unter anderem einen sogenannten Lokativ, der angibt, wo sich etwas befindet, also z.B. beim Substantiv *khim* 'Haus': *khimm-e* 'am/im Haus'. Auch hier kann man zusätzlich noch die genannte dreifache Unterscheidung machen: *khim-daŋ* 'oben am Haus', *khim-mu* 'unten am Haus', *khim-ya* 'drüben am Haus'.

Auch Verben sind häufig richtungssensitiv. In der Spalte «Aktionsarten» in Abb. 4 ist dies zu sehen. Gezeigt werden verschiedene Suffixe, die an Verben angehängt werden können, um die Richtung der Bewegung anzuzeigen.

Hier ein kleines Beispiel dazu, wie diese Suffixe gebraucht werden. Die belharische Verbform *sat-thaŋŋ-itt-u-ai* muss auf Deutsch als Satz übersetzt werden: 'Nimm doch rasch etwas (z.B. Zucker) und gib es ihr/ ihm rauf.' Der Verbstamm *sat-* 'herausnehmen' trägt das Suffix *-thays*, das anzeigt, dass das Herausgenommene sich nach oben bewegt. *-itt* bedeutet 'rasch', *-u* markiert die Befehlsform, die hier nicht nur eine einfache Anweisung enthält, sondern auch angibt, dass die Handlung für jemanden erfolgt (ob Mann oder Frau ist dabei nicht kodiert – lediglich in der deutschen Übersetzung muss man sich für ein Geschlecht entscheiden). Die Endung *-ai* schliesslich verleiht dem Ganzen mehr Nachdruck.

Rich-tung	Inter-jektion	Demonstrativ		Kasus	Aktionsart		
		einfach	transp.		intrans.	trans.	ditrans.
↑	*tu!*	*tu-*	*to-*	*-ttaŋ*	*-thaŋs*	*-thaŋs*	*-thakt*
					-kat	*-katt*	*-katt*
↓	*mu!*	*mu-*	*mo-*	*-pmu*	*-at*	*-and*	*-att*
					-uŋs	*-ukt*	*-ukt*
↔	*yu!*	*yu-*	*yo-*	*-ʔya*	*-pheĩs*	*-pheĩs*	*-phett*
					-ap	*-apt*	*-apt*

Abb. 4: Richtungsangaben im Belharischen (Nepal, Tibeto-Burmanisch).

In vielen Fällen lässt das Belharische seinen Sprechern keine andere Wahl, als Dinge über ihre Richtung zu lokalisieren. Belhare hat z.B. zwei Wörter *cuptaŋ* und *pheŋsaŋ*, die grob als 'rechts' und 'links' übersetzt werden können. Diese Wörter beziehen sich aber nur auf Körperteile ('meine rechte Hand', 'meine rechte Körperhälfte' usw.) – für Sätze wie *Der Bus steht links vom Haus* kann man sie nicht verwenden. Im Fall des Busses müsste der Sprecher zunächst entscheiden, wo der nächste Berg ist, und dann wiederum die Wörter für 'oben/bergauf', 'unten/bergab' und 'drüben' verwenden. Belharisch-Sprecher müssen sich also ständig über ihre geographische Umgebung im Klaren sein, und das nicht nur im Freien, sondern auch in Gebäuden – auch ein Satz wie *Der Fernseher steht rechts vom Schrank* lässt sich nicht direkt übersetzen!

Die ständige Orientierung an Richtungen beeinflusst auch die Kognition, z.B. die Art, wie Sprecher sich den Ort von Dingen merken. Dies lässt sich mit einem einfachen Experiment belegen. Man zeigt Sprechern zwei Gegenstände im Raum und bittet sie, sich deren Anordnung einzuprägen. Dann werden sie um 180° gedreht und sollen die Anordnung nachbauen. Sprecher europäischer Sprachen merken sich die Anordnung mithilfe von Begriffen von 'links' und 'rechts'. Wenn sie sich umdrehen und die Anordnung nachbauen, ist sie daher im Normalfall spiegelverkehrt zu der ursprünglichen Anordnung. Belharisch-Sprecher merken sich hingegen, was 'bergauf' und was 'bergab' ist. Diese Begriffe verändern sich nicht in Abhängigkeit vom Sprecher – bei der Neuanordnung ist daher immer noch derselbe Gegenstand weiter bergauf wie vorher (Pederson et al. 1998).

Dieses Beispiel zeigt, wie die Bedeutungsstruktur einer Sprache unser Denken beeinflussen kann. Wie die Vielfalt der Lautsysteme, die wir zuerst betrachtet haben, die Art beeinflusst, wie wir unser Artikulationssystem gebrauchen, so hat die Vielfalt von Bedeutungsstrukturen Folgen dafür, wie wir uns mit der Welt im Denken auseinandersetzen.

2 Vielfalt in den Grundprinzipien der Grammatik?

Beim Betrachten von sprachlichen Unterschieden wie denen, die wir eben gesehen haben, könnte der Einwand erhoben werden, dass sie nur Inventare betreffen – Inventare von Lauten oder Inventare von Bedeutungen, auf jeden Fall letztlich nicht mehr als einfache Listen. Tatsächlich ist es eine noch viel interessantere Frage, ob sich Sprachen auch in den grundlegenden Prinzipien unterscheiden, nach denen ihre Grammatik aufgebaut ist, die also z.B. bestimmen, wie die Elemente der Inventare verwendet und kombiniert werden können. Diese Fragestellung ist in den letzten Jahren vermehrt in den Vordergrund gerückt.

Eine konkrete Frage ist etwa, ob alle Sprachen Wörter haben. Die Annahme scheint plausibel – alle Sprachen haben eine Grammatik, und die Grammatik besteht aus Anweisungen, wie Wörter zu gebrauchen sind, in welcher Reihenfolge sie stehen und welche Beziehungen sie miteinander eingehen. Und doch – nicht alle Sprachen haben Wörter!

Vor einer genaueren Erklärung müssen wir aber zunächst feststellen, dass der Begriff «Wort» mehrdeutig ist. Mit «Wort» kann man sich z.B. auf die Einträge in einem Wörterbuch wie dem Duden beziehen. Diese Art von Wort ist hier nicht gemeint, denn Wörterbücher enthalten oft Einträge, die aus mehreren Elementen bestehen, die man wiederum als «Wort» bezeichnen könnte, z.B. Ausdrücke wie *einen Vortrag halten*. Ich spreche hier über diese zweite Art von Wort, also minimale, unabhängige Satzbausteine wie *einen*, *Vortrag* und *halten*.

Eine wesentliche, ja eigentlich definierende Eigenschaft von Wörtern in diesem Sinn ist, dass sie nicht durch andere Wörter unterbrochen werden können. Betrachten wir als Beispiel das deutsche Wort *rötlich*. Dieses Wort ist aus kleineren Teilen zusammengesetzt (*rot* und *-lich*, der zweite Baustein bewirkt den Umlaut), die aber selbst keine Wörter sind, weil nichts zwischen sie gesetzt werden kann. So können wir sagen *Es ist nicht rötlich*, aber auf keinen Fall *Es ist röt-nicht-lich* (und auch nicht: *rot-nicht-lich*).

Im Vietnamesischen verhält sich das anders (Schiering et al. 2010). Die Entsprechung von *rot* ist in dieser Sprache *đỏ*, und wenn man diese Form verdoppelt (*đo-đỏ*), erhält man die Bedeutung 'rötlich'. 'Nicht' heisst auf Vietnamesisch *không*, und 'nicht rötlich' lässt sich parallel zum Deutschen als *không đo-đỏ* ausdrücken. Man kann aber auch *đo-không-đỏ* sagen - die Form für 'nicht' landet dabei in der Mitte dessen, was wir zunächst für ein Wort hielten.

Bis heute hat die Forschung zum Vietnamesischen keine Beschränkungen gefunden, die es verbieten, Wörter zu unterbrechen, oder anders gesagt, es sieht ganz so aus, als gäbe es in dieser Sprache gar keine Wörter in diesem Sinn. Die Einheit, die für das Vietnamesische relevant ist, ist die Silbe – Silben dürfen nicht unterbrochen werden. Das ist allerdings eine lautliche und nicht eine grammatische Einheit.

Ein weiteres Beispiel, wie sich Sprachen in ihren grammatischen Prinzipien unterscheiden können, kommt aus dem Bereich der Wortarten. Wortarten kann man sich als Anweisungen vorstellen, die bestimmen, wie ein Wort im Satzbau verwendet werden kann. Im Deutschen gibt es z.B. die Wortart Nomen. Beispiele für Nomen sind *Bauer, Gespräch, Tür*. Wenn man weiss, dass ein Wort zu dieser Wortart gehört, kann man daraus bereits sehr viel über sein Verhalten schliessen. So können sich z.B. alle Nomen mit einem Artikel verbinden (*der Bauer, das Gespräch, die Tür*) oder mit Präpositionen kombiniert werden (*von dem Bauern, im Gespräch, hinter der Tür*). Wortarten bestimmen auch, was nicht möglich ist: Nomen können z.B. nicht mit Endungen kombiniert werden, die Angaben über Zeit und Person machen. Solche Endungen sind Verben vorbehalten. Darum kann man sagen *du sprich-st*, aber nicht **du gespräch-st*.

So natürlich diese Art der «Arbeitsteilung» scheint – nicht alle Sprachen haben solche Wortarten. Ein Beispiel ist das Kharia, eine austroasiatische Sprache Nordindiens, entfernt mit dem Vietnamesischen verwandt (Peterson 2011). Diese Sprache hat z.B. nur ein Wort (*kayom*) für die Bedeutungen 'Gespräch' und 'sprechen, reden'. Dieses Wort kann mit einem Artikel kombiniert werden (*u kayom* 'das Gespräch'), aber gerade so gut auch mit einem Vergangenheitsmarker (*kayom-ki* 'er/sie sprach').

Das geht auch mit Wörtern, wo man es nicht unbedingt vermuten würde. *Aʔghrom* ist beispielsweise der Name einer Stadt in Orissa, Indien. Dieses Wort kann einerseits verwendet werden wie ein deutsches Nomen, also in Sätzen wie *Aʔghrom ist schön* oder *Ich wohne in Aʔghrom*. Genau wie *kayom* kann aber auch dieses Wort mit Markern wie *-ki* kombiniert werden (*Aʔghrom-ki*) und bezeichnet dann ein Ereignis wie z.B. die Benennung der Stadt bei deren Gründung ('es wurde zu Aʔghrom').

Diese Vielseitigkeit der Verwendbarkeit von Wörtern zieht sich im Kharia durch den kompletten Wortschatz. Jedes Wort kann auf die eine oder die andere Weise verwendet werden. Das ist ein fundamentaler Unterschied zu Sprachen wie Deutsch, Latein oder Englisch, wo vorgefertigte Wortarten eine wichtige Rolle spielen.

Ein letztes Beispiel dafür, auf wie tiefgreifende Weise sich Sprachen unterscheiden können, ist das Phänomen der Rekursion. Ein Prozess ist rekursiv, wenn er auf sein eigenes Ergebnis wieder angewendet werden kann. In der Sprache finden sich solche Prozesse z.B. häufig bei der Konstruktion von sogenannten Nominalphrasen (NPn), also Einheiten aus mehreren Wörtern, die sich im Satz wie ein Nomen verhalten, z.B. *ein Ast* oder *die zwei alten Männer*. Die Bauanleitung für solche NPn ermöglicht typischerweise den Einschluss weiterer NPn. Eine NP kann also aus einem einzelnen Nomen bestehen (NP → N), aber auch weitere NPn enthalten (NP → N, NP, wobei das Komma angibt, dass uns die Reihenfolge zunächst nicht interessiert). Das Symbol «NP» findet sich dann sowohl auf der linken als auch auf der rechten Seite der Regel – das macht sie rekursiv.

Ein Beispiel: der Ausdruck *das Gewehr* ist an sich schon eine vollständige NP nach der Regel NP → N. Wenn wir stattdessen NP → N, NP verwenden, können wir eine weitere NP einbauen, z.B. *das Gewehr des Sohnes*. Die NP *des Sohnes* kann ebenfalls eine weitere NP enthalten, z.B. *das Gewehr des Sohnes von Kooi* (ein Name). Im Deutschen ist diese Art der Rekursion theoretisch unbeschränkt, d.h. man kann, wenn man möchte, sehr lange und komplexe NPn bauen.

Bis vor nicht allzu langer Zeit dachte man, dass alle Sprachen diese Art von Rekursion erlauben. Das hat sich aber als falsch herausgestellt. Ein Beispiel ist das Pirahã (Everett 2009), dem auch aufgrund anderer Eigenschaften grosse Aufmerksamkeit in den Medien zuteil wurde. Pirahã ist eine kleine, mit keiner anderen verwandte Sprache, die im brasilianischen Amazonasgebiet gesprochen wird.

Pirahã hat eine Regel NP → N, POSS für die Konstruktion von NPn, wobei «POSS» für einen Besitzausdruck steht. Wie im Deutschen kann man auf Grundlage dieser Regel eine NP wie *kóʼoí hoáoíi* 'das Gewehr von Kooi' bauen. Es gibt aber keine Regel, die es ermöglicht, in eine NP eine weitere NP einzubauen – 'das Gewehr des Sohnes von Kooi' ist also nicht so einfach auszudrücken. Versucht man, eine entsprechende komplexe NP zu bauen, lehnen die Sprecher diese ab. Die Regel NP → N, POSS macht das unmittelbar klar, denn sie ist nicht rekursiv (keines der Elemente steht sowohl links als auch rechts vom Pfeil).

Nach allem, was wir gesehen haben – Sprachen ohne Wörter, ohne Wortarten, ohne Rekursion –, stellt sich die Frage, ob die Diversität von Sprache tatsächlich grenzenlos ist. Die klassische Antwort auf diese Frage, die in den letzten Jahrzehnten viel Aufmerksamkeit erfahren hat, ist seit den 1960er-Jahren: «Nein, es gibt klare Grenzen!» Diese Antwort wurde ursprünglich von Noam Chomsky formuliert. Chomsky postulierte die Existenz einer sogenannten Universalgrammatik, einer Sammlung von Prinzipien, die den Rahmen des Möglichen für alle Sprachen festlegen (Chomsky 1964, 2010).

Wie sehen universalgrammatische Prinzipien konkret aus? Ein zurzeit diskutierter Kandidat einer solchen Regel ist z.B. «Alle Sprachen haben rekursive Syntax.» Aber was machen wir dann mit dem Pirahã? Haben wir nicht gerade behauptet, diese Sprache hätte keine rekursive Syntax? Das allgemeine Prinzip lässt sich trotzdem retten. Man kann es leicht umformulieren und sagen, dass zwar alle Sprachen rekursive Syntax haben, dass es aber Sprachen gibt, in denen die Anzahl der Rekursionen beschränkt ist. Das Pirahã hätte dann wie das Deutsche eine Regel NP → N, NP, und nicht, wie zuerst angenommen die nicht-rekursive Regel NP → N, POSS. Aber man dürfte sie nur höchstens einmal anwenden, denn es ist ja so, dass Ausdrücke wie 'das Gewehr des Sohnes von Kooi' unmöglich sind und die entsprechende Bedeutung umschrieben werden muss (zum Beispiel: 'das Gewehr des Sohnes; ich meine den Sohn von Kooi'). Diese Lösung rettet unser universelles Prinzip, wenn es auch nicht mehr so elegant klingt.

Allerdings benötigen wir nun statt der Variable «Rekursion oder nicht» eine neue Variable «wieviel Rekursion?», um Sprachen vollständig beschreiben zu können. Das eigentliche Problem wird also durch die Umformulierung nur verschoben. Anstatt zu sagen, dass es Sprachen ohne Rekursion gibt, sagen wir nun, dass Rekursion in manchen Sprachen ganz anders aussieht als in anderen.

Ganz ähnlich sieht es bei der Frage nach der Universalität des Wortes aus. Hier könnte man sagen: Natürlich hat auch Vietnamesisch Wörter, nur sind sie ganz anders definiert als in anderen Sprachen. Im Vietnamesischen ist es z.B. erlaubt, in die Mitte eines Wortes etwas einzuschieben.

Es stellt sich dann allerdings die Frage, was der Begriff «Wort» überhaupt noch bedeutet, wenn er in jeder Sprache anders definiert ist.

Wenn es möglich ist, jedes Prinzip umzuformulieren – wie entscheidet man dann, ob tatsächlich alle Sprachen rekursive Syntax oder Wörter haben? Fragen wie diese mögen nach Haarspalterei klingen, werden aber heftig debattiert. Evidenz für die eine oder andere Formulierung muss dabei letztlich aus anderen Forschungsbereichen, ausserhalb der Linguistik, kommen; denn aus rein linguistischer Sicht ist die Frage meistens nicht zu entscheiden: das Pirahã kann man ebenso gut mit oder ohne Rekursion analysieren; das Vietnamesische ebenso gut mit oder ohne Wörter. Man mag die eine Analyse eleganter als die andere finden; den Daten gerecht werden sie auf jeden Fall. Wie können wir die Debatte mit einem Blick in andere Disziplinen auflösen?

Ein Ansatzpunkt bieten verhaltensbiologische Arbeiten, die nachweisen, dass Rekursion im Denken und in der Wahrnehmung charakteristisch für den Mensch ist und bei anderen Spezies nicht nachweisbar zu sein scheint. Auf dieser Grundlage könnte man argumentieren, dass zu erwarten ist, dass Rekursion als für den Menschen charakteristisches Prinzip auch im Pirahã vorhanden und lediglich von diversen Einschränkungen überlagert ist. Aber natürlich folgt dies nicht notwendig, denn nur weil etwas für das Denken und Wahrnehmen charakteristisch ist, muss es deswegen nicht unbedingt auch für die Grammatik relevant sein. Die ganze Frage ist darum nach wie vor hoch umstritten.

Evidenz wird manchmal auch aus der Spracherwerbsforschung zitiert, also der Erforschung, wie Kinder Sprache lernen. Hier geht man machmal mit Chomsky davon aus, dass gewisse universelle Regeln angeboren sind, dass also z.B. ein Kind, wenn es auf die Welt kommt, Regeln wie NP → N, NP bereits im Kopf hat und dass es nur deshalb überhaupt in der Lage ist, die Sprache seiner Eltern zu lernen. Auch die Forschung auf diesem Gebiet ist extrem kontrovers. Seit etwa zehn Jahren gibt es immer stärkere – oft geradezu erdrückende – Evidenz, dass Kinder auch ohne angeborene Grammatik Sprache lernen können (z.B. Tomasello 2003). Argumente aus dem Spracherwerb sind dann hinfällig für Fragen wie diejenige, ob alle Sprachen Rekursion haben (und man findet in der Literatur auch entsprechend wenig solche Argumente).

Gesamthaft kann festgestellt werden, dass die Frage einer Universalgrammatik nach wie vor ungeklärt ist und sich oft in theorie-internen Debatten erschöpft. Empirische Evidenz für oder gegen Universalgrammatik lässt sich sehr schwer erbringen, weder aus der Linguistik noch aus Nachbardisziplinen. Für viele Linguisten ist diese Situation darum höchst unbefriedigend geworden.

Neben der Forschung zur Universalgrammatik gibt es aber eine ganz andere Sichtweise auf die Grenzen der sprachlichen Diversität, die sich auf die Dynamik der Sprache konzentriert. Dieses Forschungsparadigma war in den letzten Jahrzehnten sehr erfolgreich und funktioniert – anders als die Forschung zur Universalgrammatik – nach dem Prinzip, Hypothesen aufzustellen, zu testen und zu falsifizieren. Es hat seine Wurzeln im 19. Jahrhundert, ist aber insbesondere seit den 1960er-Jahren aufgeblüht und verknüpft mit Namen wie Joseph Greenberg, der in Stanford (USA) lehrte, und in Europa besonders mit dem Schweizer Linguisten Hans-Jakob Seiler.

Wie sieht dieses Paradigma aus? Wie erwähnt stellt es die Dynamik der Sprache in den Mittelpunkt, d.h., es betrachtet Sprache in ihrer historischen Dimension, als ein veränderliches Gebilde. Solche Veränderungen finden laufend statt – wie wir selbst erleben, redet jede Generation anders als die vorige und gibt diese Änderungen weiter an die nächste, die sie wiederum erweitert. Wenn es eine Eigenschaft von Sprache gibt, die mit Sicherheit universell ist, ist es genau diese: in der Sprache ist nichts konstant ausser dem Wandel!

Wichtig ist, dass Veränderungen in der Sprache nicht zufällig sind, sondern unter dem systematischen Einfluss äusserer Faktoren stehen. Ich fasse diese Faktoren in zwei Hauptbereiche zusammen (Bickel, im Druck): kulturelle Faktoren und natürliche Faktoren. Hinter den kulturellen Faktoren steht, vereinfacht gesagt, das Bedürfnis, unsere Grammatik derjenigen von Menschen aus derselben sozialen Gruppe anzupassen. Wir werden gleich an einem Beispiel sehen, was das heisst. Natürliche Faktoren haben etwas mit den Rahmenbedingungen von Sprache zu tun: wie Sprache im Gehirn verarbeitet wird, wie wir kommunizieren, was wir sagen wollen. Diesen Bereich werden wir etwas später betrachten.

3 Grammatik und Kultur

Kulturelle Faktoren sind besonders relevant im Kontext von Sprachkontakt, d.h., wenn Menschen andere Sprachen als ihre eigene lernen oder mit solchen Sprachen in Berührung kommen. Das kann aus ganz verschiedenen Anlässen geschehen, z.B. durch Handel, Politik, Krieg oder einfach durch räumliche Nähe. Sprachkontakt führt häufig auch zu Sprachwechsel, d.h., Sprecher geben ihre eigene Sprache auf und lernen eine andere. Das erleben wir in der Schweiz seit Jahrzehnten am Beispiel des Rätoromanischen, das immer mehr Menschen zugunsten des Schweizerdeutschen aufgeben.

Sprachkontakt führt zur Kenntnis mehrerer Sprachen, zu Mehrsprachigkeit. Man hat die eigene Sprache, lernt eine neue und hat dann zwei im Kopf. Dabei lässt sich häufig beobachten, dass Menschen Strukturen aus einer Sprache in die andere übertragen, sei es in die, die sie zuerst gesprochen haben, oder in ihre Version der später gelernten Sprache. Solche übertragenen Strukturen können Mode werden und sich dauerhaft durchsetzen, und das im Verlaufe der Zeit, durch wiederholte Fälle des Sprachkontaktes und der Mehrsprachigkeit sogar über grosse Gebiete hinweg.

Eine der Regionen, für die solche Prozesse am besten erforscht sind, ist Europa. In Europa hat vor allem am Übergang zwischen Antike und Mittelalter, während der Zeit der Völkerwanderung, sehr viel Sprachkontakt und -wechsel stattgefunden. Die Kelten auf dem Festland haben z.B. ihre Sprachen zugunsten des Lateins aufgegeben. Das neuerworbene Latein stand später wiederum unter dem Einfluss germanischer Sprachen.

In dieser Zeit intensiven Sprachkontakts wurden viele Strukturen zwischen Sprachen kopiert. Eines der berühmtesten Beispiele hierfür ist das *haben*-Perfekt (Heine & Kuteva 2006). Im Deutschen können wir z.B. sagen *Ich habe gegessen*. Genau dieselbe Struktur findet sich auch im Französischen mit *J'ai mangé*. Warum benutzen beide Sprachen das Verb für 'haben', um eine Vergangenheitsform zu bilden? Diese Struktur stammt nicht aus älteren Sprachstufen – im frühen Althochdeutschen gab es sie genau so wenig wie im Latein. Wie ist sie also entstanden? Wahrscheinlich in der eben erwähnten Übergangszeit zwischen Antike und Mittelalter. Für das Deutsche ist die Entwicklung gut nachgewiesen: *Ich habe Wein im Keller versteckt* bedeutet zunächst, dass ich Wein besitze und dass dieser im Keller versteckt ist; später kommt die Nuance hinzu, dass ich selbst den Wein versteckt habe. Das *haben*-Perfekt ist einmalig auf der Welt. Die Karte in Abb. 5 zeigt, dass es sich ausschliesslich in Europa findet.

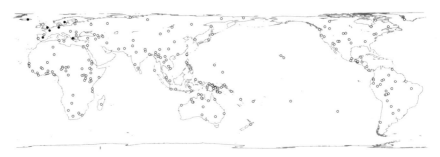

Abb. 5: Das *haben*-Perfekt (Dahl & Velupillai 2005).

Solche Regionen, die sich sprachlich von anderen abheben, nennt man in der Linguistik Sprachbünde. Sprachbünde gibt es an vielen Orten auf der ganzen Welt. Der Sprachbund Europa lässt sich auch statistisch belegen. Bei einem Test mit 270 Merkmalen – z.B. der Existenz des *haben*-Perfekts, aber auch vielen anderen von der Art, wie wir sie weiter oben gesehen haben – konnten wir feststellen, dass etwa 30% der Merkmale in Europa statistisch signifikant häufiger vorkommen als anderswo. Diese Ähnlichkeit ist nicht auf einen gemeinsamen Ursprung zurückzuführen, sondern auf intensiven Sprachkontakt in der Vergangenheit. (Natürlich haben die meisten europäischen Sprachen dennoch einen gemeinsamen Ursprung, der Ähnlichkeiten anderer Art zur Folge hat.)

Bei aller Besonderheit Europas sollte man bescheiden bleiben und sich bewusst darüber sein, dass Europa eigentlich nichts mehr als ein Appendix am Rand von Eurasien ist. Europa ist populationsgeschichtlich gesehen kein Kontinent, sondern lediglich der linke Rand der riesigen Region Eurasien. Es steht damit z.B. auf einer Stufe mit Südostasien, das sich am anderen Ende Eurasiens befindet. Eurasien hingegen ist aus populationsgeschichtlicher Sicht eine historische Einheit. Besonders im nördlichen Eurasien gab es viele gemeinsame historische Entwicklungen.

Diese Einheit sehen wir heute noch an der Verteilung von Sprachfamilien in Eurasien, die in Abb. 6 dargestellt ist. Als Sprachfamilie verstehen wir eine Gruppe von Sprachen, die von einer Ursprache abstammen und daher miteinander verwandt sind.

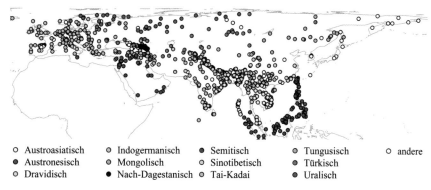

○ Austroasiatisch	○ Indogermanisch	● Semitisch	⊙ Tungusisch	○ andere
● Austronesisch	⊙ Mongolisch	○ Sinotibetisch	● Türkisch	
○ Dravidisch	● Nach-Dagestanisch	⊙ Tai-Kadai	● Uralisch	

Abb. 6: Sprachfamilien in Eurasien mit mehr als 10 Mitgliedern (Nichols et al. 2013).

Die uralische Familie zum Beispiel erstreckt sich über weite Regionen östlich des Urals bis nach Ungarn (Ungarisch) und Norwegen (Saamisch). Ein anderes Beispiel ist die türkische Familie. Die östlichste Sprache dieser Familie findet sich weit im Osten an der Pazifikküste, die westlichste ist das Türkisch der Türkei. Die türkischen Sprachen sind erst seit noch nicht viel mehr als tausend Jahren so weit verbreitet. Die mongolische Sprachfamilie erstreckt sich über ein riesiges Gebiet, von Sibirien bis zum Kaukasus, und auch Indogermanisch, die Familie, aus der z.B. das Deutsche stammt, nimmt eine grosse Fläche ein: Die östlichsten lebenden Vertreter finden sich in Nordostindien, der westlichste in Island. Die austroasiatische Familie, aus der wir vorhin Vietnamesisch und Kharia kennen gelernt haben, ist ebenfalls weit verbreitet, von Vietnam bis nach Indien. Wir finden also in Eurasien immer wieder Ausbreitungen über grosse, vornehmlich horizontale Flächen. Diese Ausbreitungen spiegeln in der Geschichte meist Eroberungszüge oder Bevölkerungsbewegungen über weite Entfernungen von Ost nach West wider.

Seit einigen Jahren wissen wir ausserdem, dass es ähnliche Bewegungen bereits in prähistorischer Zeit gegeben hat. Es gibt z.B. genetische Befunde, die zeigen, dass gewisse Varianten (Haplogruppen) in der Y-chromosomalen DNA ihren Ursprung in Südostasien haben und sich von dort nach Zentral- und Nordasien verbreitet haben, wobei sich eine Variante weiter über die Region von Ostsibirien bis nach Skandinavien ausgebreitet hat. Diese Entwicklung fand vor 14'000 bis 19'000 Jahren statt (Rootsi et al. 2007). Es sieht also ganz so aus, als seien die bekannten historischen Bewegungen nur die Fortsetzung eines uralten Musters von Ost-West-Wanderungen und damit einhergehenden wiederholten Sprachkontaktes (Nichols 1998).

Aus historischen Quellen wissen wir, dass die Menschen in Eurasien häufig nicht besonders loyal zu ihren Sprachen waren, sondern diese je nach politischer und wirtschaftlicher Lage immer wieder gewechselt haben. Zahlreiche Menschen im Kaukasus, die genetisch gesehen in diese Region gehören, haben z.B. erstaunlich schnell zum Aserbaidschanischen gewechselt, einer türkischen Sprache, die ursprünglich aus Sibirien in den Kaukasus gelangt ist (Nasidze et al. 2003). Andere Sprecher aus derselben Region haben das Armenische übernommen, eine indogermanische Sprache. Ein anderes, berühmtes Beispiel sind die Ungarn, die genetisch gesehen Europäer sind, aber eine uralische Sprache sprechen (Semino et al. 2000). Solcher Sprachwechsel bedeutet immer auch intensiven Sprachkontakt, so dass in Eurasien über eine sehr lange Zeit hinweg starke gegenseitige Beeinflussung anzunehmen ist.

Aber ist diese Beeinflussung tatsächlich sichtbar? Ja, denn seit einiger Zeit haben wir genug Daten, um sie direkt nachzuweisen. Ein bekanntes Beispiel ist z.B. die Verbreitung des Lautes [ü]. Denken Sie nicht an den Buchstaben, sondern an den Laut – Französisch hat z.B. auch ein [ü], wenn es auch anders geschrieben wird. Dieser Laut ist typisch für das nördliche Eurasien. Dort kommt er immer wieder vor, wohingegen er ausserhalb äusserst selten ist. Abb. 7 zeigt die Verbreitung von [ü] weltweit.

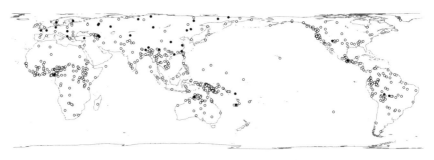

Abb. 7: Die Verbreitung von [ü] in den Sprachen der Welt (Maddieson 2005).

Ein anderes Beispiel: Eurasische Sprachen stellen typischerweise das Adjektiv vor das Bezugsnomen, wie in *grünes Haus*. Abb. 8 zeigt die Verbreitung dieses Merkmals. Die eurasischen Randgebiete —Südostasien und der Südwesten Europas (z.B. Französisch: *maison verte*) — stellen innerhalb dieses Areals Ausnahmen dar.

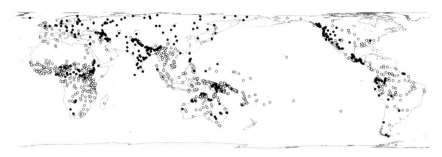

Abb. 8: Stellung von Adjektiv und Bezugsnomen in den Sprachen der Welt (Dryer 2005b).

Ein weiteres Merkmal, das sich in Eurasien überdurchschnittlich häufig findet, ist Kasus: *der, des, dem, den* usw. Die Karte in Abb. 9 zeigt, dass Eurasien weltweit eines der dominanten Gebiet für Kasus ist. Einen weiteren Brennpunkt stellt Australien dar. Typisch für Amerika hingegen sind Sprachen wie das Lakota, wo gar keine Kasus-Unterscheidungen gemacht werden, also z.B. *wičašha-ki thathą́ka-ki wąyą́ke*, wörtlich 'Mann-der Büffel-der sah', d.h. 'der Mann sah den Büffel' (Van Valin 1977).

Das letzte Beispiel, das ich ansprechen möchte, betrifft Verbmorphologie, also die Formen, die von Verben gebildet werden können. In Eurasien ist die Morphologie des Verbs meistens relativ einfach, d.h., das Verb ist relativ schnell abgehandelt. Das ist auf der Karte in Abb. 10 zu sehen. Helles Grau steht für relativ einfache Verbmorphologie. Je dunkler ein Punkt gefärbt ist, desto komplexer ist die Verbmorphologie der Sprache. Eurasien ist dabei – abgesehen von zwei bekannten Ausnahmeregionen, dem Kaukasus und dem Himalaya – heller gefärbt als andere Regionen. Auch abgesehen von dem visuellen Eindruck, den die Karte bietet, lässt sich statistisch zeigen, dass der Komplexitätsgrad der Verbmorphologie in Eurasien durchschnittlich signifikant niedriger ist als anderswo.

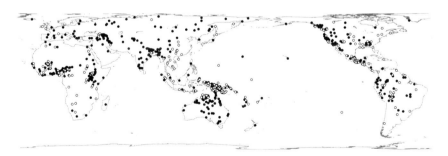

Abb. 9: Kasus in den Sprachen der Welt (Bickel, im Druck).

117

Hochgradig komplexe Verbmorphologie finden wir z.B. in den einheimischen Sprachen Amerikas. Im Wichita heisst etwa *ahriiriksta:ʔi:wa:tiusu:ku* (eine einzige Verbform!) soviel wie 'und ich habe erfahren, dass sie etwas zu erzählen pflegten.' (Mithun 1999). Ein anderes Beispiel kommt aus dem Chintang, einer Sprache, zu der ich selbst forsche: *nakhutticaihattibiri* bedeutet 'Sie könnte euch alles wegstehlen und es aufessen.' Diese Sprache wird im Himalaya gesprochen, einer der erwähnten Ausnahmeregionen innerhalb Eurasiens.

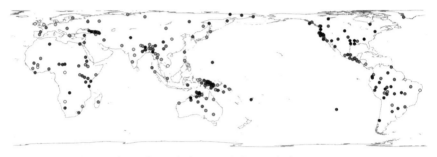

Abb. 10: Komplexität der Verbmorphologie (Bickel & Nichols 2005).

Wie im Fall von Europa oben haben wir auch für Eurasien statistisch überprüft, ob es sich tatsächlich vom Rest der Welt abhebt. Hierfür haben wir 312 Merkmale verwendet. Ergebnis war, dass 40% dieser Merkmale tatsächlich typisch für Eurasien sind.

4 Grammatik und Natur

Im letzten Abschnitt haben wir am Beispiel von Sprachkontakt und Sprachwechsel gesehen, wie die soziale und kulturelle Dynamik von Sprechern Sprachen prägen, ihre Entwicklung in bestimmte Bahnen lenken und die Vereinheitlichung von Strukturen zur Folge haben. Das ist eine wichtige Gruppe von Faktoren, die die theoretisch gigantische Diversität der Sprachen begrenzen. Daneben gibt es aber auch noch die erwähnten natürlichen Faktoren, auf die wir jetzt einen Blick werfen werden. Sprachen passen sich nämlich in ihrer Entwicklung nicht nur aneinander an, sondern auch an die Funktionsweise unserer Kommunikation und unseres Gehirns. Wie hat man sich das genau vorzustellen? Ich möchte das an einem Beispiel zeigen (Bickel, im Druck).

Es gibt viele Sprachen, in denen das Verb meistens am Ende des Satzes steht. Im Deutschen benutzen wir dieses Muster normalerweise nicht, ausser in Nebensätzen, wo das Verb immer am Schluss steht (z.B. *dass er kommt*). Für andere Sprachen ist dieses Muster hingegen viel weiter verbreitet. Im Latein steht das Verb z.B. sehr häufig am Satzende, und im Türkischen fast immer. Abb. 11 zeigt einen Überblick über diesen Aspekt der Wortstellung in den Sprachen der Welt – die schwarz markierten Sprachen bevorzugen die Stellung des Verbs am Satzende.

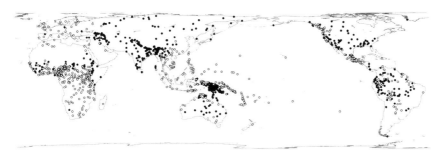

Abb. 11: Sprachen mit Verbletztstellung (Dryer 2005a).

Auf Türkisch könnte man z.B. einen Satz anfangen mit *dün* 'gestern' und *adam* 'ein Mann'. Man weiss dann noch nicht, welche Rolle der Mann spielt. Es könnte z.B. weitergehen mit *gördü* '(er) sah', dann würde das Ganze bedeuten 'Gestern sah ein Mann etwas/jemanden'. Man könnte aber auch fortfahren mit *gördüm* '(ich) sah', dann hiesse der Satz 'Gestern sah ich einen Mann'. Solange man das Verb nicht gehört hat, weiss man also nicht, ob der Mann Subjekt oder Objekt ist, ob er selbst sieht oder gesehen wird. Und sobald man das Verb hört, muss man eventuell korrigieren, was man sich bisher gedacht hat.

Da wäre es praktisch, einen Kasus zu haben, also ein Mittel, um den Mann eindeutig als Subjekt oder Objekt zu markieren. Tatsächlich gibt es im Türkischen einen Akkusativ (bei *adam* lautet die entsprechende Form *adamı*), der Objekte kennzeichnet. Diesen verwendet man aber nur, wenn man einen ganz bestimmten Referenten im Kopf hat, also *Dün adam-ı gördüm* 'Gestern sah ich einen (bestimmten) Mann'. Wenn man *adamı* hört, muss man nicht mehr raten, ob der Mann Subjekt oder Objekt ist.

Und das Hirn rät nicht gern – das verbraucht nämlich Energie und Zeit. Mittlerweile gibt es hierfür gute elektrophysiologische Evidenz. Über ein EEG kann man messen, an welchen Stellen bei der Verarbeitung eines Satzes Probleme und Unsicherheiten beim Verstehen eines Satzes auftreten. Zuerst ermittelt man den durchschnittlichen elektrischen Spannungsverlauf für einen Satz wie *Dün adamı gördüm*, wo der Mann klar als Objekt markiert ist. Dann tut man dasselbe für *Dün adam gördüm*, wo der Mann erst eindeutig als Objekt erkennbar wird, nachdem man das Verb gehört hat. Was sich dabei beobachten lässt, ist exemplarisch in Abb. 12 dargestellt (Demiral et al. 2008).

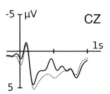

Abb. 12: Elektrophysiologische Signale bei markiertem und unmarkiertem Objekt im Türkischen, am Beispiel der durchschnittlichen Messung in einer zentralen Region (CZ) im Gehirn (Demiral et al. 2008).

Die durchgezogene Linie zeigt den Spannungsverlauf für den ersten Satz (Objekt markiert), die gepunktete Linie den für den zweiten Satz (Objekt unmarkiert). Wie zu sehen ist, schlägt die gepunktete Linie stärker nach unten (positiv) aus. Eine solche Abweichung vom normalen Verlauf weist auf folgendes hin: Wenn *adam* 'Mann' nicht als Objekt markiert ist, muss das Gehirn mehr arbeiten – es nimmt nämlich zunächst an, dass *adam* Subjekt ist, muss sich dann aber korrigieren, sobald das Verb erreicht wird.

Daraus kann man die Hypothese ableiten, dass Sprachen, die das Verb bevorzugt ans Satzende stellen, häufiger Kasus haben, weil sie so den Mehraufwand bei der Interpretation vermeiden können, der sich aus Doppeldeutigkeiten wie der in *Dün adam* ergibt. Vorhin hatten wir aber im Rahmen von kulturellen Faktoren auch schon über Kasus gesprochen und gesagt, dass dieses Phänomen infolge vielfachen Sprachkontaktes besonders häufig in Eurasien auftritt (vgl. Abb. 9 oben). Woher wissen wir nun, welcher Faktor relevant ist? Hat das Türkische Kasus, weil es in der Mitte Eurasiens gesprochen wird und immer wieder im Kontakt mit anderen Sprachen dieser Region stand, die ebenfalls Kasus haben? Oder hat es Kasus, weil es das Verb meistens ans Satzende stellt und so Doppeldeutigkeiten vermeiden kann?

Mit Hilfe neuer Methoden lässt sich diese Frage untersuchen. Diese Methoden sind gegenwärtig noch in der Diskussion, weil hinter ihnen komplexe statistische Fragen stecken. Ich stelle Ihnen trotzdem an dieser Stelle eine vor (Bickel, im Druck). Ausgangspunkt der Überlegung ist folgender: Nehmen wir an, wir finden eine Sprachfamilie vor, in der gegenwärtig ein bestimmtes Merkmal dominiert – z.B. könnte die Mehrzahl der Sprachen in der Familie Kasus haben, wie das bei den türkischen Sprachen der Fall ist. Diese Charakteristik könnte dann auf zwei verschiedene Weisen zustande gekommen sein. Entweder hatte bereits die Ursprache Kasus und die Einzelsprachen, die aus ihr hervorgegangen sind, haben dieses Merkmal zum Grossteil erhalten. Oder aber die Ursprache hatte keinen Kasus und die Mehrzahl der Einzelsprachen hat dieses Merkmal entwickelt, ob selbständig oder im Kontakt miteinander. In beiden Fällen können wir schlussfolgern, dass die Entwicklung hin zu Kasus wahrscheinlicher ist als die entgegengesetzte Entwicklung, denn im ersten Fall hat sich das entsprechende Merkmal der Ursprache über lange Zeit erhalten, während es sich im zweiten Fall entgegen der Beschaffenheit der Ursprache entwickelt und ausgebreitet hat. Am konkreten Beispiel vereinfacht gesagt: Wer Kasus hat, behält ihn, wer ihn noch nicht hat, schafft ihn sich an.

Wenn man nun aus vielen Sprachfamilien Daten zur Dominanz eines bestimmten Merkmals wie Kasus hat, kann man daraus Rückschlüsse über die Wahrscheinlichkeit der Entwicklung von Sprachen in die eine oder andere Richtung ziehen. Um abzuschätzen, ob in unserem konkreten Beispiel eher kulturelle oder natürliche Faktoren für die Entwicklung von Kasus verantwortlich waren, betrachten wir dieses Merkmal ausserdem sowohl in Sprachen innerhalb und ausserhalb Eurasiens als auch innerhalb und ausserhalb von Sprachen mit Verbletztstellung.

Das Ergebnis sehen Sie in Abb. 13. Die grauen Balken stehen für Sprachfamilien, die Kasus bevorzugen; die weissen Balken für Sprachfamilien, die Kasus abstossen.

Die Graphik zeigt, dass Sprachfamilien mit Verbletztstellung sehr viel häufiger Kasus bevorzugen als solche, die das Verb eher an eine andere Stelle stellen. Davon unabhängig stellen wir fest, dass Sprachen innerhalb Eurasiens sehr viel häufiger Kasus entwickeln als Sprachen ausserhalb. Beide Tendenzen sind statistisch signifikant und, ebenso wichtig, sie sind voneinander unabhängig: Sprachen mit Verbletztstellung entwickeln innerhalb wie ausserhalb Eurasiens mit höherer Wahrscheinlichkeit Kasus, und die gleiche Tendenz gilt in den eurasischen Sprachen unabhängig davon, wohin sie das Verb stellen. Die insgesamt höchste Präferenz für Kasus finden wir in den Sprachen, die Verbletztstellung haben *und* in Eurasien gesprochen werden.

Bezogen auf das Türkische können wir also nicht sagen, dass nur ein Faktor zu seiner gegenwärtigen Charakteristik beigetragen hat – vielmehr hat das Zusammenwirken beider Faktoren die Wahrscheinlichkeit des Erhalts von Kasus stark begünstigt.

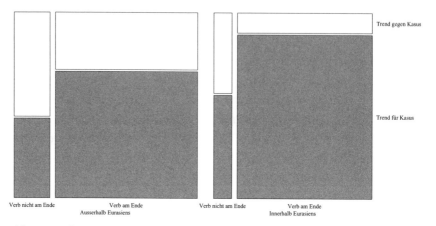

Abb. 13: Einfluss von Verbstellung und geographischer Region auf das Merkmal Kasus (Bickel, im Druck).

5 Schluss

Kommen wir zum Schluss. Wir haben gesehen, dass es in den Sprachen der Welt massive Variation gibt. Ich bin sogar der Meinung, dass wir die Diversität der Sprachen der Welt immer noch stark unterschätzen. Die Dokumentation unbekannter Sprachen führt immer wieder zur Entdeckung von Strukturen, von denen man bis zu dem Zeitpunkt dachte, sie seien unmöglich – weiter oben haben wir hierfür einige Beispiele gesehen. Von den etwa 7000 Sprachen, die auf der Welt noch gesprochen werden, ist vielleicht gerade einmal über die Hälfte genügend bekannt. Es gibt also noch viel zu tun, wenn wir die Diversität der Sprache wirklich ausloten wollen, und es warten noch viele Überraschungen und Entdeckungen auf uns.

Die Suche nach den Grenzen der Diversität wird von verschiedenen Forschungsrichtungen vorangetrieben. Die ältere Schule, die nach klaren Grenzen in Form von universellen Prinzipien sucht, zieht heute weniger Forscher an, weil die Evidenzlage häufig unklar ist und es kaum erlaubt zwischen alternativen Theorien zu entscheiden. Wir haben z.B. gesehen, dass man zwar Behauptungen wie «alle Sprachen haben Rekursion» oder «alle Sprachen haben Wörter» aufstellen kann, dass dies aber oft um den Preis einer Verschiebung des Problems geschieht – es ist dann nicht mehr wirklich klar, was «Rekursion» und «Wort» eigentlich bedeuten. Um solche Fragen wirklich lösen zu können, ist Evidenz von ausserhalb der Linguistik nötig, aber dort ist die Evidenz in der Regel ebenso ambig und unsicher wie in der Linguistik selbst.

Die Suche nach spezifischen Faktoren, die die Entwicklung von Diversität durch die Zeit beeinflussen und so statistische Tendenzen ergeben, ist dagegen momentan ein wichtiges und erfolgreiches Forschungsunternehmen. Diese Sichtweise ist auch deshalb besonders geeignet, um Diversität zu untersuchen, weil sie weniger kontroverse Annahmen macht. Wir haben gesehen, dass man Faktoren, die Diversität beeinflussen, in zwei Arten aufteilen kann: kulturelle Faktoren führen zur gegenseitigen Beeinflussung durch Sprachkontakt und zum Sprachwechsel, natürliche Faktoren verändern Sprachen so, dass sie besser zu unserer Kommunikation und zur Arbeitsweise des menschlichen Gehirns passen. Beide Faktoren können zusammenwirken, um gewisse Sprachcharakteristiken zu erzeugen und damit zu erklären, warum wir bestimmte sprachliche Strukturen genau dort finden, wo wir sie finden.

Anmerkung

[1] Ich bedanke mich bei Isabelle Egger und Robert Schikowski für die Transkription bzw. Edition dieses Vortrages.

Literatur

BICKEL, BALTHASAR. 1997. «*Spatial operations in deixis, cognition, and culture: where to orient oneself in Belhare*». In Nuyts, Jan; Pederson, Eric (Hrsg.). Language and conceptualization. Cambridge: Cambridge University Press, 46–83.

BICKEL, BALTHASAR; NICHOLS, JOHANNA. 2005. «*Inflectional synthesis of the verb*». In Haspelmath, Martin; Dryer, Matthew S.; Gil, David; Comrie, Bernard (Hrsg.). The World Atlas of Language Structures. Oxford: Oxford University Press, 94–97.

BICKEL, BALTHASAR. Im Druck. «*Distributional typology: statistical inquiries into the dynamics of linguistic diversity*». In Heine, Bernd; Narrog, Heiko (Hrsg.). The Oxford Handbook of Linguistic Analysis. Oxford: Oxford University Press.

CHOMSKY, NOAM. 1964. «*The logical basis of linguistic theory*». In Lunt, H. (Hrsg.). Proceedings of the Ninth International Congress of Linguistics. The Hague: Mouton, 914–978.

CHOMSKY, NOAM. 2010. «*Some simple evo devo theses: how true might they be for language?*» In Larson, Richard K.; Déprez, Viviane; Yamakido, Hiroko (Hrsg.). The evolution of human language: biolinguistic perspectives. Cambridge: Cambridge University Press, 45–62.

DAHL, ÖSTEN; VELUPILLAI, VIVEKA. 2005. «*Tense and aspect*». In Haspelmath, Martin; Dryer, Matthew S.; Gil, David; Comrie; Bernard (Hrsg.). The World Atlas of Language Structures. Oxford: Oxford University Press, 266–282.

DEMIRAL, ŞÜKRÜ BARIŞ; SCHLESEWSKY, MATTHIAS; BORNKESSEL-SCHLESEWSKY, INA. 2008. «*On the universality of language comprehension strategies: evidence from Turkish*». Cognition 106, 484–500.

DRYER, MATTHEW S. 2005a. «*Order of subject, object, and verb*». In Haspelmath, Martin; Dryer, Matthew S.; Gil, David; Comrie, Bernard (Hrsg.). The World Atlas of Language Structures. Oxford: Oxford University Press, 330–341.

DRYER, MATTHEW S. 2005b: «*Order of adjective and noun*». In Haspelmath, Martin; Dryer, Matthew S.; Gil, David; Comrie, Bernard (Hrsg.). The World Atlas of Language Structures. Oxford: Oxford University Press, 354–357.

EVERETT, DANIEL L. 2009. «*Pirahã culture and grammar: a response to some criticism*». Language 85, 405–442.

HAMMARSTRÖM, HARALD. 2012. *The language families of the world*. Leipzig: Manuskript am Max-Planck-Institut für Evulutionäre Anthropologie.

HEINE, BERND; KUTEVA, TANIA. 2006. *The changing languages of Europe*. Oxford: Oxford University Press.

MADDIESON, IAN. 2005. «*Front rounded vowels*». In Haspelmath, Martin; Dryer, Matthew S.; Gil, David; Comrie, Bernard (Hrsg.). The World Atlas of Language Structures. Oxford: Oxford University Press, 50–53.

MILLER, AMANDA L.; BRUGMAN, JOHANNA; SANDS, BONNY; NAMASEB, LEVI; EXTER, MATS; COLLINS, CHRIS. 2007. «*The sounds of N|uu: place and airstream contrasts*». Working Papers of the Cornell Phonetics Laboratory 16, 101–160.

MITHUN, MARIANNE. 1999. *The languages of Native North America*. Cambridge: Cambridge University Press.

NASIDZE, IVAN; SARKISIAN, TAMARA; KERIMOV, AZER; STONEKING, MARK. 2003. «*Testing hypotheses of language replacement in the Caucasus: evidence from the Y-chromosome*». Human Genetics 112, 255–261.

NICHOLS, JOHANNA. 1998. «*The Eurasian spread zone and the Indo-European dispersal*». In Blench, Roger; Spriggs, Matthew (Hrsg.). Archeology and language II: archeological data and linguistic hypotheses. London: Routledge, 220–266.

NICHOLS, JOHANNA; WITZLACK-MAKAREVICH, ALENA; BICKEL, BALTHASAR. 2013. The AUTOTYP genealogy and geography database: 2013 release. www.uzh.ch/spw/autotyp (25. Jun. 2013).

PEDERSON, ERIC; DANZIGER, EVE; WILKINS, DAVID; LEVINSON, STEPHEN; KITA, SOTARO; SENFT, GUNTER. 1998. «*Semantic typology and spatial conceptualization*». Language 74(3), 557–558.

PETERSON, JOHN. 2011. *A grammar of Kharia*. Leiden: Brill.

ROOTSI, SIIRI; ZHIVOTOVSKY, LEV A.; BALDOVIČ, MARIAN; KAYSER, MANFRED; KUTUEV, ILDUS A.; KHUSAINOVA, RITA; BERMISHEVA, MARINA A.; GUBINA, MARINA; FEDOROVA, SARDANA A.; ILUMÄE, ANNE-MAI; KHUSNUTDINOVA, ELZA K.; VOEVODA, MIKHAIL I.; OSIPOVA, LUDMILA P.; STONEKING, MARK; LIN, ALICE A.; FERAK, VLADIMIR; PARIK, JÜRI; KIVISILD, TOOMAS; UNDERHILL, PETER A.; VILLEMS, RICHARD. 2007. «*A counter-clockwise northern route of the Y-chromosome haplogroup N from Southeast Asia towards Europe*». European Journal of Human Genetics 15, 204–211.

SCHIERING, RENÉ; BICKEL, BALTHASAR; HILDEBRANDT, KRISTINE. 2010. «*The prosodic word is not universal, but emergent*». Journal of Linguistics 46, 657–709.

SEMINO, ORNELLA; PASSARINO, GIUSEPPE; QUINTANA-MURCI, LLUÍS; LIU, AIPING; BÉRES, JUDIT; CZEIZEL. ANDREAS; SANTACHIARA-BENERECETTI, SILVANA. 2000. *«MtDNA and Y chromosome polymorphisms in Hungary: inferences from the palaeolithic, neolithic and Uralic influences on the modern Hungarian gene pool»*. European Journal of Human Genetics 8, 339–346.

TOMASELLO, MICHAEL. 2003. *Constructing a Language: A Usage-Based Theory of Language Acquisition.* Cambridge: Harvard University Press.

TRAILL, ANTHONY. 1985. *Phonetic and phonological studies of !Xōō Bushman.* Hamburg: Buske.

VAN VALIN, ROBERT D., JR. 1977. *«Ergativity and the universality of subjects»*. Proceedings of the 13th Regional Meeting of the Chicago Linguistics Society, 689–705.

Walter Haas

Sprache in Variation – und warum sich die Deutschschweizer trotzdem verstehen

1 Ein Walliser in Zürich

Ein gutes Jahrzehnt vor der Reformation kam der frühere Ziegenhirt und spätere Humanist Thomas Platter (1499–1582) als Laufjunge oder «Schütz» des Studenten Paul Summermatter erstmals aus dem Wallis nach Zürich:

> «Kamen demnach gan Zürich. do wartet Paulus uff ettlich gsellen, die wollten mit uns in Missen ziechen. die will gieng ich gan heischen, [...] und wo ich in ein wirtzhuß kam, horten mich die lüt gären die Wallesser sprach reden und gaben mir gären.» (Platter 1989:18)

Auch 500 Jahre später soll es Zürcher geben, welche die Walliser Sprache gerne hören und für dieses Vergnügen sogar zu zahlen bereit sind. Uns interessiert aber Einfacheres: Platters Bericht handelt von einer Situation des Dialekt-Kontakts, die hierzulande über 500 Jahre alltäglich geblieben ist.

Die beteiligten Zürcher haben den Unterschied zwischen ihrer und der «Wallesser sprach» wahrgenommen, aber sie haben die Sprache dennoch verstanden, ohne sie vorher lernen zu müssen. Sonst wäre der kleine Bettler leer ausgegangen. Interessant ist ferner, dass die Zürcher die Varianten nicht nur festgestellt haben. Sie haben sie auch bewertet, indem sie die Sprache des Bettlers sympathisch fanden, und dies animierte sie prompt zu gesteigerter Freigiebigkeit.

Etwas später[1] trieb sich Thomas in Breslau herum, wo damals noch deutsch gesprochen wurde:

> «*Man gab mier ouch vast gären, drum das ich klein was, und ein Schwitzer; dan man hat die Schwitzer vast lieb, drumb man dan ein groß mittliden hat mit den Schwitzeren, das sy eben zu der zyt in der grossen Meilander schlacht übell gelitten hatten.*» (Platter 1989:23)

Vermutlich war es wieder die Sprache, an der man auch im fernen Breslau Platters Nationalität erkannte. Auf jeden Fall führt der Walliser die schlesische Freigiebigkeit auf die aktuelle Sympathie für die Schweizer zurück, die eben in der Schlacht von Marignano schwer gelitten hatten, und er erwähnt den *jö*-Effekt des sehr jungen Bettlers. Aber das Wichtigste war wiederum: Man hat sein Anliegen verstanden und *vast gären* «sehr gern» gegeben. Platter, der das halbe deutsche Reich durchwandert hatte, erinnert sich in seinem Lebensbericht an keinerlei Verständnisschwierigkeiten.

Dass man sich verstehen kann, auch wenn man nicht genau gleich spricht, wissen wir alle aus täglicher Erfahrung – bis uns die linguistischen Lehrbücher an dieser Selbstverständlichkeit irre werden lassen. Schon in den ersten Semestern haben wir gelernt, dass die Lautlehre auf minimalen Unterschieden beruhe: [ɔː] und [oː], in populärer Umschrift /òò/ und /oo/, sind zwei verschiedene Phoneme, weil sie die Minimalpaare /Ròòt/ ‚Rat‘ und /root/ ‚rot‘ unterscheiden – für mich. Für Basler oder Solothurner gäbe es hier nur éin Phonem: /Root root/. Für meine Sprache scheint der Unterschied zwischen /oo/ und /òò/ essenziell zu sein, für die der Basler nicht. Warum aber verstehen sie sich und mich trotzdem, und ich sie auch, wie ich auch die Zürcher verstehe, obwohl sie meinen /Ròòt/ als /Raat/ aussprechen? Und dass die Zürcher sagen /miir chömed/, die Luzerner /mier chömid/, die Berner /mier chöme/, das nehmen wir nicht einmal wahr. Doch für die Linguistik scheinen die Sprecher alles, die Hörer wenig zu bedeuten.

Die Unterschiede zwischen Platters Sprache und jener der Zürcher waren konstant auf zwei klar verschiedene Gruppen von Sprechern verteilt und damit mutmasslich auf zwei verschiedene Sprachsysteme, genau gleich wie der Unterschied zwischen *der Rat* und *le conseil*. Wenn wir so argumentieren, kann uns wenig davor bewahren, auch den konstanten Unterschied zwischen *Raat* und *Ròòt* als einen Unterschied zwischen zwei Sprachsystemen ansehen zu müssen, und die Folgerung zu tragen, wonach die neuhochdeutsche Schriftsprache mit ihrem *Rat* für die Sprecher von *Ròòt* eine Fremdsprache sei und umgekehrt. Weinreich (1954) hat vorgeschlagen, Systeme über sogenannte Diasysteme aufeinander zu beziehen, aber man kann sich vorstellen, wie schwierig die Konstruktion eines Diasystems nur schon für das Schweizerdeutsche würde, wo aufgrund der vielen Dialektunterschiede weit mehr als drei Systeme aufeinander bezogen werden müssten – vom Breslau-Fahrer Platter wollen wir gar nicht reden. Die strikten Ansichten der strikten Linguistik mit ihrer Vorliebe für klare Gegensätze sind begreiflich: Sie dienen der möglichst widerspruchsfreien, intersubjektiv akzeptablen linguistischen Analyse eines sprachlichen *outputs*. Aber sie dienen kaum der Erklärung der sprachlichen Realität, zu der auch der Hörer gehört, der problemlos verschiedene Dialekte *versteht*.

Deshalb habe ich mich verleiten lassen, für einmal versuchsweise den entgegengesetzten Blickwinkel einzunehmen: Warum verstehen sich Sprecher verschiedener Dialekte, obwohl sie das aufgrund der unterschiedlichen Systeme oder Kompetenzen gar nicht können dürften? Zu dieser Unvorsichtigkeit hat mich nicht zuletzt der Titel dieser Ringvorlesung verführt. Mein Vorhaben hat sich allerdings als schwieriger erwiesen, als vermutet, ich dürfte ihm nicht durchwegs gewachsen gewesen sein.

Denn was heisst schon *verstehen*? Das Wort ist auf unangenehme Art mehrdeutig: Wer eine «Sprache versteht», begreift, was mit ihren Ausdrücken gemeint wird. Wer russisch versteht, weiss z.B., dass ich mit *ja ni panimaju* das Gleiche meinen kann, wie wenn ich auf Deutsch sagen würde: «Ich verstehe Sie nicht.»

Ich habe allerdings den Verdacht, dass die Organisatoren dieser Ringvorlesung *Sprache verstehen* philosophischer verstanden wissen wollten, nämlich im Sinne von «begreifen, wie Sprache funktioniert». Wenn ich in diesem Sinne Sprache verstünde, dann würde ich die physikalischen und psychischen Vorgänge durchschauen, die mithilfe von Sprache im Kopf meines Gegenübers Vorstellungen entstehen lassen, die in etwa meinen Vorstellungen entsprechen, die ich durch mein Sprechen bei ihm entstehen lassen wollte. Falls Sie finden sollten, das sei kompliziert ausgedrückt, dann betrachten Sie sich einmal das folgende Schema:[2]

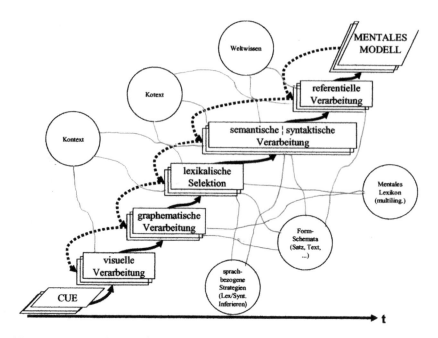

Abb. 1: Der Prozess des Verstehens nach Berthele 2007, 17: Rechtecke stehen für Prozesse, Kreise für beteiligte Wissensbestände. Die Zeitachse (t) und die übereinandergelegten Kästchen deuten die Dynamik des Prozesses an.

Das Modell stellt das Leseverstehen dar, könnte aber auch auf das Hörverstehen übertragen werden, wo allerdings noch härtere Anforderungen an Kurzzeitgedächtnis und Verarbeitungstempo gelten. In allen Fällen stellt sich «Sprache verstehen» als blitzschneller, aber doch in der Zeit verlaufender und höchst komplexer Prozess dar. Dabei werden ausgehend von Hinweisen im Signal (sogenannten *cues*) Hypothesen über das, was unser Partner mitteilen will, aufgestellt, geprüft, revidiert, akzeptiert oder verworfen. Solche Modelle sind wenigstens z.T. empirischer Überprüfung zugänglich, aber wir wissen trotzdem noch wenig über die konkreten Vorgänge beim Verstehen und noch weniger darüber, wie sie über die Dialektgrenzen hinaus funktionieren. Allerdings könnten in einem Verstehensmodell, das mit dauernden Revisionen der Bedeutungshypothesen rechnet, die bloss dialektalen Unterschiede viel weniger ins Gewicht fallen, sie dürften früh durch eine der Revisionen überwunden werden. Ich werde aber, meiner Aufgabe entsprechend, das Problem als Dialektologe angehen und nicht als Psycholinguist. Die Frage, der ich vor allem nachgehen möchte, lautet: Haben die Dialekte Eigenschaften, die das gegenseitige Verstehen erleichtern?

2 Sprachverwandtschaft

Wenn man die Sprecher selber fragt, warum sie die Dialekte der andern verstehen, dann würden sie wohl sagen: Weil Dialekte miteinander verwandt sind. *Verwandt* ist ein Begriff aus der Biologie. Auf Sprache übertragen meint er, dass sich verwandte Sprachen wie verwandte Menschen ähnlich sind: *Ròòt* neben *Raat*, und eben nicht *Ròòt* neben *conseil*. Zugleich suggeriert der Verwandtschaftsbegriff einen Grund für die Ähnlichkeit: Wie bei verwandten Menschen führen wir sie auf die Abstammung von gemeinsamen Vorfahren zurück. Spätestens hier beginnt die biologische Metapher allerdings noch gefährlicher zu hinken als sonst schon. Menschen stammen als Organismen über Zellverschmelzung von andern Organismen ab. Sprachen aber werden gelernt: sie sind keine Objekte oder Organismen, sondern tradiertes Wissen, das wir mit andern teilen.

Verwandte *Dialekte* sind Sprachen, die teilweise gleich, teilweise aber abweichend voneinander tradiert worden sind. Die Merkmale und Eigenschaften, die «gleich» überliefert wurden, stellen bereits eine wichtige Basis für das Verstehen zwischen Dialekten dar. Aber in allen Sprachgemeinschaften entstehen ständig Innovationen, Sprachformen, die von den traditionellen abweichen. Jeder Versprecher, jeder Flexionsfehler, jede unübliche Ausdrucksweise ist eine Innovation. Eine verschwindend kleine Zahl davon wird von andern aufgenommen und eventuell tradiert. Erst damit wird eine punktuelle *Innovation* zur permanenten *Neuerung* (Haas 1998:9). Wie etwas Individuelles und Punktuelles zu etwas Sozialem und Traditionellem werden kann, das ist das wirklich Geheimnisvolle am Sprachwandel. Und es ist geheimnisvoll vor allem deswegen, weil der Übergang sich der Beobachtung prinzipiell entzieht.[3] Denn dann, wenn Sie feststellen, dass gewisse Leute *eif* statt *eifach* sagen, ist der Übergang bereits geschehen.

Rational leichter nachvollziehbar als die Entstehung einer Neuerung scheint ihre Ausbreitung von einer Gruppe zu einer andern, bis sie schliesslich eine ganze grössere Gemeinschaft erreicht hat. Man sollte besser von der Annahme der Neuerung durch weitere Menschen sprechen: Denn die Übernehmenden sind die Aktiven in diesem Prozess, *sie* lernen die neue Sprachform und verwenden sie nun neben und später vielleicht anstelle der alten Sprachform. Aber auch in diesem Fall bleibt die Übernahme durch mehrere rätselhaft genug.

Wenn wir annehmen, Neuerungen würden von gewissen Sprechergruppen in ihre Sprachtradition aufgenommen, von andern Sprechergruppen aber abgelehnt, dann haben wir die Dialektspaltung, also die Entstehung von verwandten Dialekten, im Prinzip verstanden.

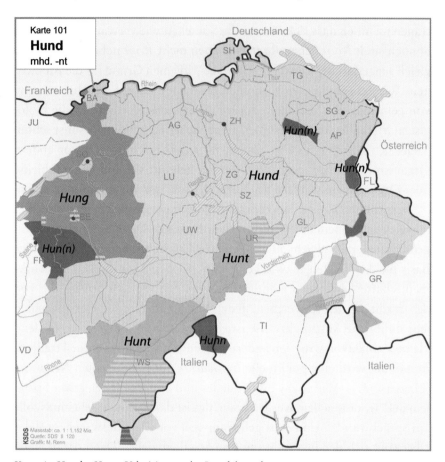

Karte 1: *Hund > Hung*. Velarisierung der Lautfolge *nd*

Es ist eine empirische Tatsache, dass Neuerungen in der Regel Sprechende erfassen, die in zusammenhängenden Regionen wohnen. Die Karte 1 zeigt den Wandel der schweizerdeutschen Lautgruppe /nd/ > /ŋ/ im Wort *Hund* (KSDS 101).[4] Der Wandel ist auf ein mittelbernisch-jurassisches *Gebiet* beschränkt, wie die Sprachgeografen sagen. Aber natürlich meinen sie: Der Wandel ist auf die Sprecher beschränkt, die in diesem Gebiet verwurzelt sind, oder weniger poetisch ausgedrückt: sozialisiert worden sind. Hinter der Gebietsbildung stecken die territoriale Verankerung des Menschen und damit verbundene grundlegende soziale und kommunikative

132

Muster, die auch durch Fernmeldetechniken und Bevölkerungsmobilität nicht ausser Kraft gesetzt werden (Herrgen 2005:299). Die direkte, alltägliche Interaktion zwischen Menschen, *face to face*, ist für die sprachliche Homogenisierung wichtiger als die Interaktion über ein Medium.

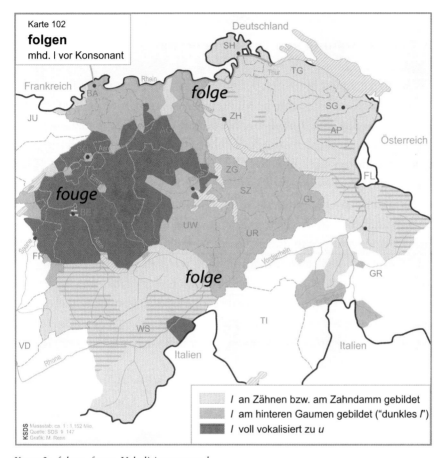

Karte 2: *folge > fouge*. Vokalisierung von *l*

Die Ausbreitung jeder Neuerung scheint je ihren eigenen Bedingungen zu folgen. Karte 2 zeigt den Wandel von /l/ > /w/ vor Konsonant, z.B. *folge > fouge* (KSDS 102). Die Erscheinung gilt in einem ähnlichen Gebiet, wie der Wandel von /nd/ > /ŋ/, hat aber weniger vom Jura erfasst, dafür mehr vom Mittelland.[5] Beide Wandel folgen dem «Gesetz» der Gebietsbildung, aber sie zeigen auch, dass zwei Neuerungen, selbst wenn sie im gleichen Gebiet verwurzelt sind, selten das genau gleiche Territorium abdecken, sogar dann nicht, wenn sie (wie diese beiden Neuerungen) ursprünglich auch die selbe Konnotation ländlicher Sprache trugen. Interessant ist

133

auch, dass der Wandel /nd/ > /ŋ/ heute zum Stehen gekommen scheint, während der Wandel /l/ > /w/ vor Konsonant sich weiterhin ausbreitet. Die Darstellung der Karten 1 und 2 beruht auf Erhebungen aus den 1940er-Jahren und ist heute überholt.

3 Die Entstehung von Dialektgebieten

Wenn man genauer hinblickt, dann stellt man fest, dass nicht nur soziale, sondern auch innersprachliche Merkmale einer Neuerung an der Gebietsbildung beteiligt sind, indem ihre Merkmale die Neuerung sozusagen zur Übernahme «empfehlen» oder aber eher «disqualifizieren». Ich versuche das an einem grossen Lautwandelkomplex anzudeuten (nach Haas 1978; 2010). Die schweizerdeutschen Dialekte unterscheiden sich unter vielem anderem in den Qualitäten der Kurzvokale. So fahren die Ostschweizer *Schlitte*, gehen dann ins *Bett*, nachdem sie ein Stück *Spèck* verzehrt haben.[6] Die Kurzvokale in diesen Wörtern sind geschlossener, «spitzer» als im Westen, wo sie offener ausgesprochen werden: *Schlétte, Bètt, Späck*.[7] Wenn wir die Lehrmeinung akzeptieren, im hohen Mittelalter hätten die Dialekte in ihren Lautverhältnissen stärker übereingestimmt, dann müssen die heutigen Vokalunterschiede durch Lautwandel hervorgebracht worden sein – durch Neuerungen, die nur in einem Teil des Gebiets akzeptiert und weiter tradiert worden sind.

Vorher habe ich von Einzelwörtern wie *Schlitte, Bett, Spèck* gesprochen, jetzt aber verallgemeinernd von *Vokalunterschieden*. Es war eine der grossen Entdeckungen des 19. Jahrhunderts, dass Lautwandel dazu tendieren, nicht *einen* Laut in *einem* Einzelwort zu ergreifen, sondern den *gleichen* Laut in (theoretisch) *allen* Wörtern, in denen er zu einer bestimmten Zeit vorkommt, also z.B. alle ahd. kurzen *i*, alle kurzen *e* usw. Der Lautwandel erfolgt also nach Regeln, die in vielen Fällen hochgradig gleichmässig wirken; man sprach geradezu von Lautgesetzen. Ein Wort wie *Schlitte* kann deshalb stellvertretend für die ganze Klasse der Wörter mit altem *i* stehen.

Damit sind aber die Regelmässigkeiten noch nicht erschöpft. Diejenigen, die *Schlitte* sagen, sagen auch *Füchs* und *Chuchi*,[8] diejenigen, die *Schlétte* sagen, sprechen auch *Föchs* und *Chóchi*.[9] Lautlich «benachbarte» Vokale, z.B. die *geschlossenen i, ü* und *u*, tendieren also dazu, *wenn* sie sich verändern, sich in *gleicher Weise* zu verändern: Wenn *i* zu *é* verändert wird, dann ist es wahrscheinlich, dass auch *ü* und *u* um eine Stufe offener werden, und dies wiederum in allen Wörtern, in denen sie vorkommen.[10]

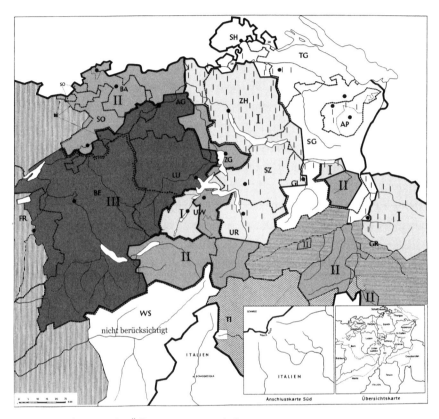

Karte 3: Ausbreitung der Öffnung von Kurzvokalen

Regelmässigkeiten dieser Art sind empirisch gut belegt. Über die Gründe dafür, warum das so ist, gibt es verschiedene Theorien. Einerseits scheint es Gründe zu geben, die in den Lauten selbst stecken, das heisst in ihrer Produktionsweise. So tendieren kurze Vokale dazu, im Laufe der Geschichte offener zu werden, /i > e, e > ɛ, ɛ > æ/. Dies wiederum beruht vermutlich darauf, dass die Artikulationsbewegungen bei Kurzvokalen weniger «extrem» ausgeführt werden.

Es besteht Grund zur Annahme, dass die altschweizerdeutschen Kurzvokale ursprünglich geschlossene Vokale waren, und dafür lassen sich aus der Sprachgeschichte Argumente beibringen. Das steht natürlich im Widerspruch zu dem, was ich eben behauptet habe, nämlich dass der

135

ideale Kurzvokal offen sei. Das aber ist eine Tendenz, kein Gesetz. Immerhin hat sich im Westen des Sprachgebiets die Tendenz durchgesetzt, dort sind die Kurzvokale (wie übrigens auch im Neuhochdeutschen) heute offen. Die offenen Kurzvokale des Westens sind also Neuerungen, die jener allgemeinen Tendenz von Kurzvokalen zur Öffnung folgen, und die von immer mehr Sprechern gegen Osten übernommen worden sind. Die Offenheit des Kurzvokals hat die Neuerung sozusagen zur Übernahme «empfohlen», da der ideale Kurzvokal offen sein sollte – nicht muss, denn diese Lauteigenschaften gelten nicht schicksalhaft zwangsläufig, das beweisen die Ostschweizer, die ganz gut mit ihren geschlossenen Kurzvokalen zu leben scheinen.

Denn in Wirklichkeit sind die Verhältnisse viel komplizierter. So scheinen auch Beziehungen zwischen den *Qualitäten* der Lang- und der Kurzvokale zu bestehen. Im Schweizerdeutschen entspricht in den Haupttonsilben jeder Reihe von Langvokalen prinzipiell eine Reihe von Kurzvokalen *gleicher* Qualität: wo es ein *langes* geschlossenes /iː/ gibt, etwa in *fyni* ‚feine‘, gibt es auch ein *kurzes* geschlossenes /i/, etwa in *Fini* ‚Mädchenname‘, und so durch die ganzen Reihen. Das ist in der Standardsprache nicht der Fall, dem langen *geschlossenen* /iː/ in *Wiesen* steht ein kurzes *offenes* /ɪ/ in *wissen* gegenüber. Im Schweizerdeutschen besteht offenbar die Tendenz, die beiden Teilsysteme symmetrisch zu organisieren, wobei es zu unterschiedlichen Lösungen kommen kann, je nachdem, welches Teilsystem führend ist.[11] Dieses Symmetriestreben liegt nicht mehr an den Lauten allein, sondern vorwiegend an den *Prinzipien*, nach welchen Lautsysteme von der menschlichen Kognition organisiert und gespeichert werden. Man hat hier von «phonologischen Bedingungen des Wandels» gesprochen. Dabei darf aber wiederum nicht vergessen werden, dass nicht das abstrakte Phonemsystem irgend etwas «tut», sondern die lebendigen Sprechenden, auch wenn sie sich dessen nicht bewusst sind.

Entscheidend für den Wandel der Sprache sind also die Übernahme einer Neuerung durch immer neue Sprecher und die Folgen dieses Prozesses für die Sprache. Die Veränderung der Kurzvokale begann im Westen des Sprachgebiets und wurde dann von immer mehr Sprechern übernommen, das heisst: gelernt. Während immer mehr Sprecher die Neuerung benutzten, wurde sie gleichzeitig auch innersprachlich verallgemeinert, das heisst, die gleiche Öffnung griff auf die benachbarten Vokale über. Man muss also mit einem Prozess der Ausbreitung *durch die Sprachgemeinschaft* und einem Prozess der Ausbreitung *durch das Sprachsystem* rechnen. Auch in der Ausbreitung durch das Sprachsystem war die Ursprungsregion führend, denn auch hier wurde die Neuerung ja ständig von neuen Sprechern übernommen, nämlich von den nachwachsenden Generationen.[12] Die Prozesse der Ausbreitung durch die Gemeinschaft und durch die Sprache sind über den Lernvorgang miteinander verbunden.

Gegen Osten des Sprachgebiets erscheint der Wandel immer eingeschränkter, er erfasste immer weniger Vokale – bis zu einer Grenze, hinter der er von den Sprechenden überhaupt nicht mehr aufgenommen wurde. Dieses Abflachen könnte zunächst durch die kürzere Zeit bedingt gewesen sein, die der Prozess in den Randgebieten zur Verfügung hatte: er kam hier einfach später an. Da wir es aber mit sehr alten Erscheinungen zu tun haben, kann das die heutigen Verhältnisse nicht erklären, denn der Wandel hätte ausreichend Zeit gehabt, das ganze Gebiet zu erfassen. Entscheidend müssen deshalb soziale Faktoren gewesen sein, die den verlaufenden Prozess während seines Verlaufs eingefroren haben. Anschliessend an die theoretisch-spekulative linguistische Verlaufsskizze müssten nun also zahlreiche soziolinguistische Fragen diskutiert werden: Welche Sprechergruppen waren bei den Veränderungen führend? Welche Faktoren bringen den Prozess zum Stehen, und warum geschieht dies genau an der politischen Ostgrenze des Kantons Zürich? Die Übereinstimmung von sprachlichen und politischen Grenzen über mehr oder weniger lange Teilstrecken kann recht häufig beobachtet werden.[13] Sie suggeriert einen Zusammenhang zwischen den beiden Arten von Grenzen. Bei alten Dialektveränderungen kennen wir die Einbettung des Wandels in die Gesellschaft zu wenig, um die soziolinguistischen Bedingungen auch nur ansatzweise rekonstruieren zu können. Die linguistischen Abläufe dagegen beruhen zum Teil auf physiologischen und kognitiven Regularitäten, deshalb kann man ihre Grundzüge durch den Vergleich mit zahllosen bezeugten Sprachveränderungen einigermassen plausibel rekonstruieren.

Meine Darstellung war kompliziert, obwohl ich sie stark vereinfacht habe, und sie beruht auf einer etwas altmodischen phonologischen Theorie. Das macht aber nicht viel aus, wenn ich nur den Hauptgedanken hätte vermitteln können, und dieser scheint mir gut gestützt: Lautveränderungen sind keine zufälligen, beliebigen Geschehnisse, sie folgen so etwas wie einem Streckenplan durch die Sprechergemeinschaft und durch das Sprachsystem. Die Etappen spiegeln sich in der geografischen Verbreitung und in der relativen Nachbarschaft der Neuerungen.

Deshalb sind auch die sprachlichen Beziehungen zwischen den Dialekten nicht zufällig, sondern werden durch systematische Entsprechungen zwischen den Dialekten und durch förmliche Implikationen reflektiert: Wo ich *Schlitte* sage, sagen die «Westlicheren» *Schlétte*, und ein Dialekt, in dem altes *i* zu *e* geworden ist, hat mit grosser Wahrscheinlichkeit auch den Wandel *e > è*. Und die Entsprechungen und Implikationen gelten, wie wir gesehen haben, gewöhnlich für ganze Teilsysteme. Diese Verhältnisse machen die Dialektsprecher, ob sie wollen oder nicht, zu vergleichenden Linguisten: Sie lernen, einen fremden lautlichen Ausdruck über die erkannten Regeln auf den *eigenen Ausdruck* zu beziehen. Eine wichtige Voraussetzung zum Verstehen «verwandter» Dialekte ist damit gegeben.

4 Am Anfang ist das Wort[14]

Die Frage ist nun, ob vergleichbare Regelmässigkeiten auch auf den höhern Ebenen der Sprache bestehen. Für die Pioniere der historischen Sprachwissenschaft, von Humboldt bis Grimm, war Sprachverwandtschaft in erster Linie über den Vergleich der Flexionsmorphologie zu ermitteln. Aber sie wussten auch, wie sehr der ständige Sprachwandel gerade die Flexion bedroht, bis sie etwa im modernen Englischen fast völlig verschwunden ist – ohne das Funktionieren der Sprache infrage zu stellen. Im Schweizerdeutschen ist die Morphologie etwas vielfältiger als im Englischen, aber auch hier scheint sie zum Verstehen wenig beizutragen. Das Beispiel der Konjugation habe ich schon kurz erwähnt. Auch die Tatsache, dass im Schweizerdeutschen allein das Verb *gehen* nach mindestens 150 verschiedenen Paradigmen konjugiert wird, führt kaum je zu Verständigungsproblemen (SDS 3, 62f.). Vergessen wir also die Flexion.

Wie steht es aber mit der Syntax? Der *Sprachatlas der deutschen Schweiz* umfasst über 1500 Karten, etwa zehn davon widmet er der *Syntax*. Diese stiefmütterliche Behandlung beruht auf der Annahme, dass verwandte Dialekte sich syntaktisch kaum unterscheiden. Ein viel differenzierteres Bild wird der neue syntaktische Atlas des Schweizerdeutschen zeigen, der hier in Zürich erarbeitet wird.

Die Syntax stand während Jahren im Mittelpunkt des linguistischen Interesses. Das ist nicht verwunderlich, denn die Syntax ist der «sprachlichste» Teil der Sprache. Die *Lautseite* der Sprache ist aufs Engste mit der physikalischen Welt verbunden. Auch die *Bedeutung* der Wörter ist letztlich auf die Welt um uns herum bezogen. Wenn ich jemandem die Bedeutung des Wortes *Tisch* andeuten will, dann kann ich auf einen echten Tisch zeigen und darauf vertrauen, dass meine Partnerin die nötigen Abstraktionen selber vornehmen wird, um zum *Typ* «Tisch» zu gelangen, unsere Kognition unterliegt ja den gleichen Gesetzen. Die *Syntax* dagegen hat wenig mit der Welt um uns herum zu tun. Warum muss es heissen *es regnet*, während man auf Italienisch einfach *piove* sagt?

Trotz ihrer «Sprachlichkeit» – für das alltägliche Verstehen spielt auch die Syntax eine wenig prominente Rolle, das haben etwa Kaiser und Peyer (2011) empirisch eindrücklich gezeigt. Die Sprechenden können sinnvolle Beziehungen zwischen sinnvollen Satzbestandteilen herstellen, und sie können dies gestützt auf ihr Weltwissen und aufgrund ihrer kognitiven Basisfähigkeiten: Sie können Gegenstände und Erfahrungen vergleichen, um Gleichheiten oder Unterschiede festzustellen; sie können sich im Raum zurechtfinden und Objekte einander räumlich zuordnen; sie können die Aufmerksamkeit auf Gegenstände fokussieren, unabhängig von ihrer realen Position; sie können Beziehungen zwischen Objekten erkennen oder herstellen; und sie können abstrahieren (Hentschel/Weydt 2003: 474ff.). Etwas provokativ ausgedrückt: Auf die Syntax sind wir eigentlich nur angewiesen, wenn wir meinen, «Absurdes» ausdrücken und verstehen zu sollen …

Wenn wir aber auch die Syntax weitgehend vergessen können, dann wird für das Verstehen die *Bedeutung* der Wörter zentral. Wenn wir die Wörter einer Äusserung verstehen, stellen wir aufgrund dieser *cues* fast zwanghaft und blitzschnell syntaktisch-semantische Beziehungen zwischen ihnen her. Vielleicht müssen wir sie später revidieren. Aber das müssen wir ja auf alle Fälle.

Wie ich versucht habe, klar zu machen, bieten für Sprecher, die auf Varianz eingestellt sind, alle jene Wörter kaum Verständnisprobleme, die sich bloss durch die systematische Lautvarianz zwischen den Dialekten voneinander unterscheiden. Echte Probleme beginnen mit den *Heterony-*

men, also mit jenen Ausdrücken, die zwar «das Gleiche» bedeuten, aber
von Dialekt zu Dialekt einen wesentlich andern Ausdruck aufweisen.
Gern zitiert werden die Wörter für die Ameise, von *Aameisse* bis *Wurm-
basle* – der Varianten sind so viele, dass man froh darüber ist, dass der
Sprachatlas der deutschen Schweiz die Formen nicht nur kartiert, sondern
auch auflistet (SDS 6, 229f.).

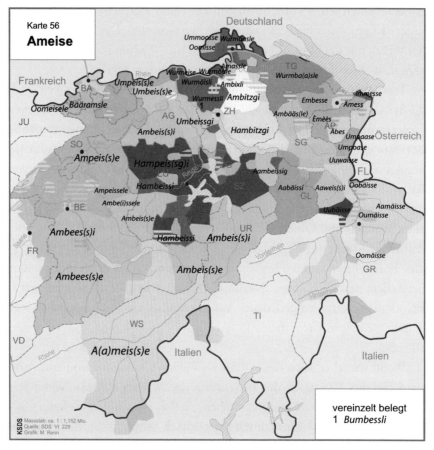

Karte 4: Ameise

Ich zeige in Karte 4 die einfachere Darstellung des *Kleinen Sprachatlas
der deutschen Schweiz* (KSDS 56). Aus der Vielfalt lassen sich zunächst
zwei Typen herausgreifen:

Typ 1:   X   +   (b)eisse/i   *Aameisse, Ambeissi* usw.
                                   Umpeissle, Uuweisse
Typ 2:   X   +   bitzgi   *Ambitzgi, Umbitzgi*

Die Bezeichnungen scheinen als «Komposita» aufgefasst zu werden. Deshalb können die Glieder der beiden Typen zu neuen Komposita zusammengefügt werden:

Wurmeisse
Wurmbitzgi

Ständig wirksam sind auch die spezifischen Lautverhältnisse eines Gebiets. Die nordschweizerische Verdumpfung von *â > òò* wandelt *Aameisse* in *Oòmeisse*, die nordostschweizerische Monophthongierung von *ei > aa* wandelt *Wurmeisle* in *Wurmaasle*. Diese regelmässigen Lautveränderungen ordnen die Differenzen in ein System lautlicher Entsprechungen ein, das die Sprechenden als Sprachvergleicher durchschauen.

Ich gebe zu, die Vielzahl der Ameisen-Ausdrücke erinnert an einen Ameisenhaufen – aber die meisten der scheinbar «unzähligen» Heteronyme sind über die beiden Grundwörter verständlich. Und auch hier sind gleiche Ausdrücke gebietsbildend, auch wenn die Gebiete manchmal recht klein sind. Die Vielzahl der Ausdrücke behindert die Verständigung nicht nur, denn sie führt auch dazu, dass die Sprechenden zwangsläufig mehrere davon kennenlernen. Typenhaftigkeit, wiederkehrende Grundbestandteile und systematische Lautentsprechungen erleichtern das Verständnis – und erlaubten dem *Kleinen Sprachatlas der deutschen Schweiz* eine relativ einfache Ameisen-Karte.

Die Heteronyme für ‚Ameise‘ verdanken ihre Existenz einem spielerischen Umgang mit der Lautform. Andere Heteronymen-Familien verdanken sie einem etwas raffinierteren Spiel mit Form *und* Inhalt. Karte 5 stellt die Ausdrücke für das «Gerstenkorn am Auge» dar (SDS 4, 53), für jene Entzündung der Drüsen des Augenlids, die mir aus Kindertagen in schmerzhafter Erinnerung ist, und die der Arzt auf Lateinisch als *Hordéolum* bezeichnet.

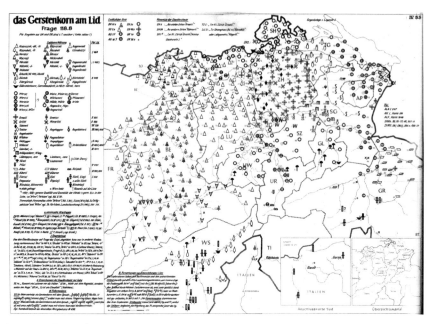

Karte 5: ‚Gerstenkorn am Auge‘

Die beeindruckende Zahl von Ausdrücken zerfällt in grössere Bezeichnungstypen; die zwei wichtigsten mit den wichtigsten Vertretern sind:

1. Typ ‚Schaden der Haut‘: *Eissi, Toorn, Bibeli, Wäre*
2. Typ ‚Mädchenname‘: *Uurseli, Greetli, Margriitli, Töchterli.*

Die Mitglieder des ersten Typs ‚Schaden der Haut‘ schliessen an weiter verbreitete Bezeichnungen für Hautschäden an. Oft werden diese Bezeichnungen verdeutlicht durch Kompositumsbildungen (*Augeneiss, Augewäre* usw.). Sowohl der Anschluss an andere Apellativa wie auch die Komposition tragen zum Verständnis der Heteronyme bei.

Der zweite Typ ‚Mädchenname‘ erhält seinen innern Zusammenhang eben dadurch, dass hier Bezeichnungen für Mädchen auf eine Krankheit übertragen werden. Schuld daran ist keine frauenfeindliche Tendenz, sondern das westliche Heteronym *Urseli*. Dabei handelt es sich um eine Entlehnung aus dem Französischen, wo das ‚Gerstenkorn am Auge‘ *orgelet* heisst. Wir haben es mit einem Diminutiv zu einem Wort zu tun, das den wirklichen Samen der Gerste bezeichnete und auf die Augenentzündung übertragen wurde, weil diese in Grösse und Form einem Gerstenkorn gleicht. Das hohe Alter der Metapher geht daraus hervor, dass das lateinische *hordéolum,* auf welches das französische Wort zurückgeht, ebenfalls schon das Gerstenkorn *und* die Augenlidentzündung bezeichnen konnte und es bei den Ärzten immer noch tut. Frz. *orgelet* wurde ins Schweizerdeutsche übernommen, aber nur mit der Bedeutung ‚Gerstenkorn am Auge‘. Die fremde Lautform wurde «volksetymologisch» an den Namen *Urseli* ‚Klein Ursula‘ angeglichen. Die ursprüngliche Metapher wurde damit aufgelöst, andererseits wurde der Ausdruck *Urseli* mehrdeutig.[15] Im Hochdeutschen dagegen wurde das lateinische Wort übersetzt als *Gerstenkorn* und die Metapher mitimportiert.

Wie der Reim wirkt auch die Volksetymologie über die blosse Lautung: Der Quellenausdruck *orgelet* klingt ähnlich wie *Urseli,* und *Urseli* ist geeignet als Zielausdruck, weil damit im Schweizerdeutschen eine Bedeutung verbunden ist: *Urseli* ist sinnvoll, *orgelet* nicht. Und *orgelet* ist mit seinem [ʒ] für einen Alemannen erst noch schwer aussprechbar. Erstaunlicherweise stört es die Sprechenden nicht, dass *Urseli* ‚Gerstenkorn am Auge‘ und *Urseli* ‚Mädchenname‘ auf der Bedeutungsseite absolut nichts miteinander zu tun haben – das ist für volksetymologische Paare üblich und kommt sehr häufig vor.[16] Beide Wörter haben zwar bedeutungsmässig nichts miteinander zu tun, aber beide *haben* eine Bedeutung. Wie bei metaphorischen und metonymischen Bezeichnungen scheinen die Sprechenden zwischen den Termen volksetymologischer Paare eine Beziehung der «Uneigentlichkeit» zu akzeptieren. Während aber bei Metonymen und Metaphern Quellen- und Zielausdruck über *inhaltliche* Beziehungen sinnvoll miteinander verbunden sind, genügt es bei volksetymologischen Paaren, dass sie ähnlich klingen. Die inhaltlichen Beziehungen dürfen geradezu grotesk abwegig wirken; ein besonders schönes Beispiel dafür bieten wieder die Bezeichnungen für die Ameise, die im Schwarzbubenland und im Laufental *Bääramsle* genannt wird.

Doch kehren wir zum *Urseli* zurück. Mit zunehmendem Abstand zur Sprachgrenze wurde *Ursula* durch *Margrit* oder *Griitli* und sogar durch das Appellativ *Töchteli* ersetzt. Auch das ist vielleicht ein Sprachspiel, aber wie alle Spiele nicht regellos. Die Sprecher hielten sich an die Regel, dass die «uneigentlichen» Bezeichnungen für das ‚Gerstenkorn am Auge‘ der Klasse der Bezeichnungen für Mädchen angehören sollten. Diese inhaltliche Regel ist zwar semantisch sinnlos, aber sie ist funktional: sie schränkt die grenzenlose Wucherung von Bezeichnungen für jene Augenkrankheit ein. Auch bei *Ambützgi* und Konsorten ist die Wucherung der Formen domestiziert worden, dort aber durch Bedingungen an die lautliche Seite des Zeichens.

Die klassische Dialektgeografie würde sich bei der *Urseli*-Karte in erster Linie für die historische Deutung interessieren. In den Alpen und in der Ostschweiz erscheinen die alten germanischen Bezeichnungen für einen Hautschaden; der französische Mädchen-Typ hat diese Bezeichnungen von Westen her an die Ränder gedrängt. Diese dialektologische Deutung ist vermutlich richtig, aber sie trägt zum Problem des Dialektverstehens nichts bei. Für das Verstehen wichtig ist, dass ausdrucksseitige und inhaltliche Beziehungen zwischen Heteronymen konstruiert wurden. Bei den Spielformen von *Ameise* bestehen die Beziehungen in ausdrucksseitigen Ähnlichkeiten, bei *Urseli* und *Greetli* handelt es sich um inhaltliche Beziehungen, selbst wenn sie absurd scheinen mögen. Sie schaffen Muster, Typen, Kategorien oder «Eselsbrücken», nach denen sich das scheinbar willkürliche Gewimmel der Bezeichnungen für die Sprechenden ordnen und damit besser «durchschauen» lässt.

5 Verstehen können ist verstehen wollen

Auch Sie haben hoffentlich etwas durchschaut: Meine Ausführungen waren tendenziös. Es ging mir darum, die Dialektdifferenz nicht als Tohuwabohu, sondern als zumindest teilweise systematisierbares Gefüge aufzufassen. Was systematisierbar ist, ist leichter durchschaubar, besser verstehbar.

Sie werden aber auch bemerkt haben, dass ich vorwiegend mit *vereinzelten* sprachlichen Elementen argumentiert habe, mit Lauten und Wörtern. Das passt zwar ins Schema der meisten populären Diskussionen über die Dialektverschiedenheit. Aber es ist, wie diese Diskussionen selber, ausgesprochen naiv – vor allem wenn Sie an das Verstehensmodell denken.

Dieses Modell ist, wie gesagt, auf das Lesen ausgerichtet und vernachlässigt deshalb vieles, was dann in der Interaktion wichtig würde. Für Thomas Platters Sprachkompetenz war z.B. wichtig, dass er den Weg von Grächen nach Breslau zu Fuss zurückgelegt hatte, mit all den unzähligen lehrreichen Interaktionen mit unzähligen Menschen, deren verwandte Sprachen stets voneinander abwichen, aber nicht ohne System und jeweils immer nur wenig: Hinter Platters Verstehen lag ein langer Lernprozess. Und für das Gelingen der Interaktion war die gesamte Situation wichtig, in der Thomas dem Bettel nachging, nicht bloss der Wortschatz.

Am wichtigsten aber war, dass Thomas verstehen *musste* und die andern verstehen *wollten*. Es gibt kein Verständnis, wenn man nicht verstehen will, dafür ist der Verstehensprozess viel zu kompliziert und setzt viel zu viel Eigenarbeit der Verstehenden voraus. Im ganzen Bericht Thomas Platters über seine Wanderung nach Breslau und zurück ist nie von Verstehensproblemen die Rede – mit einer Ausnahme. Eines Tages beschloss der Student, dem Thomas dienen musste,

> «wier weltend ein mall heim zien, dan wier waren in fünff iaren nit heim gsin. zugen also heim in Walleß. do konden mich mine frind schier nit mer verstan, sprachen: ‹Unsers Tomlin red so tieff,[17] das in schier niemantz verstan kann.› dan diewill ich iung was, hatt ich von ieglicher sprach etzwas gelärnet, do ich die will gsin was.» Platter (1989:27)

Nicht in Zürich oder Breslau stösst der Walliser auf Verständnisprobleme, sondern zu Hause bei den Verwandten. Thomas führt das auf die fremden Ausdrucksweisen zurück, die er in der Fremde aufgeschnappt hatte. Aber wenn es den Fremden gelungen war, den Walliser trotz seiner fremden Ausdrucksweise zu verstehen, hätte das den Verwandten trotz der fremden Einsprengsel um so eher gelingen sollen. Ich behaupte, dass es *deswegen* nicht reibungslos gelang, weil die Verwandten die Reibung wollten. Sie verlangten von einem der ihren, dass er sich ausdrücke wie sie, jede Abweichung irritierte sie: Dass ihn «fast niemand verstehen konnte» ist der polemische Ausdruck ihrer Irritation. Thomas war in Verdacht geraten, die erwarteten sprachlichen *acts of identity* zu verweigern (Le Page/Tabouret-Keller 2006: Kap. 6). Dies ist ein bekanntes Motiv in Heimkehrer-Erzählungen seit dem mittelalterlichen Meier Helmbrecht, der jene *acts* allerdings wirklich und absichtlich verweigert hat, mit den entsprechenden negativen Folgen.

6 Verstehen und produzieren

Damit wechsle ich vom Verstehen kurz zum Produzieren zurück. Ich versuchte plausibel zu machen, dass und warum dialektale Unterschiede durchaus kein unüberwindliches kommunikatives Problem darstellen. Da fragt es sich nun aber, warum die Sprechenden die verstandenen Varianten so zurückhaltend in ihre aktive Kompetenz aufnehmen, warum sie, die passiv mit grosser Varianz umzugehen verstehen, nicht endlich

145

eine ebenso variantenreiche Sprache auch zu sprechen beginnen. Selbst in *unsers Tomlins* Sprache haben sich die fremden Bestandteile ohne Zweifel in Grenzen gehalten. Das ist schon deshalb anzunehmen, weil er weite Strecken seiner Wanderungen mit Genossen aus dem Wallis zurückgelegt hatte.

Kinder, die ihre Erstsprache erwerben, eignen sich ihre Modelle mit grosser Kopiergenauigkeit an. Kommunikativ wäre eine solche Treue nicht nötig, da die Menschen ja eben mit Varianz umzugehen verstehen. Aber wenn wir den Spracherwerb von den Kindern her sehen, von «unten her» sozusagen – was bleibt ihnen anderes übrig als treue Kopie? Zum einen sind sie auf ihre ersten Modelle fixiert, nicht nur sprachlich. Zum andern können sie («von unten her») noch nicht einschätzen, welche Unterschiede relevant sind. Die genaue Nachahmung des Modells scheint der sicherste Weg zum Erwerb.

Später werden die Gruppen der Gleichaltrigen zu Modellen, Sprechen der Ortssprache wird zu einem *act of identity* über die Verständigungsfunktion hinaus. Wir können uns vorstellen, dass das Sprachkönnen eines Dialektsprechers um ein Kernsystem der erst- und ortssprachlichen Kompetenz herum aufgebaut ist. An das Kernsystem hält man sich beim Sprechen, es ist sozusagen auch körperlich eingeschliffen. Von ihm aus können mehr oder weniger regelhafte Beziehungen zu verwandten Sprachsystemen aufgebaut werden, die man beim Verstehen einsetzt.

Ein Problem für die Theorie ist die Eruierung des prototypischen Systems. Das strukturalistische Vorgehen beruht auf der Maxime: «Beachte die Unterschiede beim Sprechen, denn jeder Unterschied könnte ein neues System begründen!» Da der Unterschiede kein Ende ist, wird die sprachliche Realität in eine unendliche Menge autonomer «Fremdsprachen» zerlegt. Das entgegengesetzte Vorgehen, das wir als kommunikativ bezeichnen könnten, beruht auf der Maxime: «Vernachlässige die Unterschiede, so lange das Verständnis funktioniert!» Diese Maxime wirft grosse Mengen deutlich unterschiedener Varietäten in eine einzige zusammen, deren Grenzen völlig offen sind: Verstehen ist ja offenbar von Grächen bis Breslau möglich.

Die Linguistik ist einer Sprachsituation, wie sie in der deutschen Schweiz funktioniert, nicht wirklich gewachsen. Recht besehen ist sie keiner tatsächlich existierenden Sprachsituation gewachsen, denn die

Dialekte zeigen nur besonders scharf konturiert, was überall gilt: Die einheitliche Sprache gibt es nicht, kann es nicht geben, braucht es nicht zu geben und darf es nicht geben. Wir sind keine simplen *speaker-hearer*, eher janusartige Wesen aus einem monolingualen Sprecher und einem polyglotten Hörer, und da der Sprecher ebenfalls tatsächlich polyglott werden kann, können wir zum Multi-Janus werden.

Vor 1760 wusste man, dass *das* Deutsche eine platonische Idee war, die man anstreben, aber kaum «verwirklichen» konnte. Diese Einstellung genügte, um das gegenseitige Verständnis zu sichern. Dann aber setzte sich im entsetzlich prinzipiellen 19. Jahrhundert das Trugbild der einheitlichen Sprache auch bei den Linguisten durch, und seither sprechen die Menschen nicht mehr alle verschieden, sondern alle falsch, weil niemand die einheitliche Sprache kann.

Eine etwas realistischere und sozialverträglichere Sicht des Standards kündigen in jüngster Zeit Bemühungen um die nationalen Varianten der deutschen Standardsprache an, von *äufnen* bis *Marille* (vgl. Schmidlin 2011). Gleichzeitig werden universell die Dialekte zurückgedrängt. An ihre Stelle tritt aber nicht ein einheitlicher Standard, sondern ein Spektrum von Regionalsprachen und Regionalakzenten (Schmidt/Herrgen 2011: 66). Denn die einheitliche Sprache kann offenbar nicht alle Funktionen von Sprache erfüllen.

In diesem Umfeld erscheint die Sprachsituation der deutschen Schweiz mit ihren noch immer ausgeprägten Dialekten archaisch und postmodern zugleich. Postmodern (oder frühneuzeitlich …) ist die Toleranz gegenüber einer grossen sprachlichen Variation. Aber für jene, die dazugehören wollen, gilt durchaus nicht, dass *anything goes*. Es «gehen» nur jene Formen, die in einer Beziehung der dialektologischen Familienähnlichkeit zueinander stehen *könnten*. Und dies wiederum stützt die «archaische» Seite des Deutschschweizer Spracharrangements, da dadurch dialektale Formen bevorzugt werden.

Anmerkungen

1   Aufgrund der von Thomas angezogenen Schlacht von Marignano (1515) muss er in Breslau gut 15 Jahre alt gewesen sein. Über die Unschärfe der Zeit- und Ortsangaben in Platters Jugenderinnerungen vgl. Le Roy Ladurie (1989:40).

2   Berthele (2007) wurde im Rahmen des Projekts EuroComGerm entwickelt, das die leichtere Erschliessbarkeit der Bedeutung zwischen verwandten Sprachen didaktisch zu nutzen versucht (das Modell S. 17). Für Sprecher verwandter Dialekte gehören entsprechende Verfahren zur Kompetenz (oder zur Routine), und dies ist eines der Argumente dafür, dass zwischen Dialekten und zugehöriger Standardsprache ein *grundlegend* anderes Verhältnis besteht als zwischen «Fremdsprachen». Vgl. dazu Haas (2004).

3   Nach den Überlegungen des schottischen Philosophen Adam Smith (1723–1790) handelt es sich hier um gesellschaftliche Prozesse, die wie von einer «unsichtbaren Hand» geführt zwangsläufig zu einem bestimmten Resultat führen, das von den Handelnden nicht intendiert wird, es ist eine nicht intendierte Folge einer Menge intendierter Handlungen. Das Modell wurde von Keller (1994) auf den Sprachwandel übertragen.

4   Die Karte beruht auf SDS 2, 120. – Zum Phänomen: Baumgartner (1940:77–81).

5   Die Karte beruht auf SDS 2, 147. – Zum Phänomen: Christen (1988).

6   In phonetischer Schrift: /ǯlit:ə bɛt ǯbɛkx/.

7   In phonetischer Schrift: /ǯlet:ə bɛt ǯb̥ækx/.

8   In phonetischer Schrift: /ɣyxs (ɣyks) xuxɪ/.

9   In phonetischer Schrift: /ɣøxs xoxɪ/.

10   Eine englisch beschriftete Version dieser Karte findet sich in Haas (2010:652).

11   Die Ostschweizer leben deswegen gut mit ihren geschlossenen Kurzvokalen, weil die ererbten offenen Langvokale in ihren Mundarten früh geschlossen worden waren und damit über die Symmetrie die geschlossene Qualität der Kurzvokale stützten, ja über die mhd. Qualität hinaus weiter schlossen («spitzer» machten). Die westlichen Mundarten dagegen haben die offenen Langvokale bis heute beibehalten, was über die Tendenz zur Symmetrie die Öffnung der Kurzvokale befördert hat. Zu den historischen und systematischen Einzelheiten vgl. Haas (1978).

12   Die ersten generativen Erklärungsversuche des Sprachwandels (vgl. etwa King 1969:92 u.ö.) nahmen dagegen an, dass ein Wandel gegenüber der Ursprungsregion zwangsläufig *allgemeiner* werde, je weiter er sich von ihr entferne. Man vergass, dass sich die Neuerung während der Ausbreitungszeit auch am Ursprungsort «ausbreitet», durch die Weitergabe an ständig neue Generationen.

13   Die Erklärung des Verlaufs von Dialektgrenzen durch aussersprachliche soziokulturelle Grenzen bildete das Kernstück der traditionellen Sprachgeografie.

14   Der Titel ist nicht blasphemisch gemeint. Er trägt dem Umstand Rechnung, dass die kognitive Grammatik die Semantik (auch des Einzelworts) als zentral betrachtet: «The foundational point is simply that language is all about meaning» (Geeraerts 2006:3). Im traditionellen Strukturalismus galt die Bedeutung geradezu als aussersprachlich, die Bedeutung der Wörter fiel zusammen mit einer wissenschaftlichen Definition oder Beschreibung des Gemeinten, vgl. Bloomfield (1933:139).

15   Diese Deutung findet sich schon 1885 im Idiotikon 1: Sp. 468. Zu den lautlichen Einzelheiten: Steiner (1921:113, 494). Ins Deutsche entlehnt wurde vermutlich ein standardnaher französischer Ausdruck, da die Patois stärker abweichende Lautformen aufweisen.

16   Ein weiteres Beispiel auf der gleichen Karte ist *Wächter* in Einsiedeln, Oberägeri und Menzingen, offensichtlich eine Umdeutung von *Wäre* (SDS 4, 53: SZ 7, ZG 7, 8). Der Nachteil von *Wäre* liegt nicht in der Aussprache, wie bei *orgelet*, sondern in seiner Mehrdeutigkeit, da das Wort vor dem Hautschaden auch ein ekelhaftes Ungeziefer bezeichnet. Nichtsdestotrotz: Die beiden Bedeutungen des «neuen» *Wächter,* ,Hautschaden' und ,Wächter', haben nichts miteinander zu tun.

17   Die Deutung von *tieff* ist im Zusammenhang semantisch kaum problematisch, aber es handelt sich offenbar um ein *hapax legomenon*: Das Idiotikon 12, 615 kennt nur diese einzige Platter-Stelle und schlägt als Bedeutung ,tiefsinnig, dunkel' vor.

Literatur

Baumgartner, Heinrich. 1940. *Stadtmundart / Stadt- und Landmundart*. Bern: Lang.

Berthele, Raphael. 2007. *«Zum Prozess des Verstehens und Erschliessens»*. In Hufeisen, Britta; Marx, Nicole (eds.). EuroComGerm – Die sieben Siebe: Germanische Sprachen lesen lernen. Aachen: Shaker, 14–26.

Bloomfield, Leonard. 1933. *Language*. New York: Holt Rinehart and Winston.

Christen, Helen. 1988. *Sprachliche Variation in der deutschsprachigen Schweiz, dargestellt am Beispiel der l-Vokalisierung in der Gemeinde Knutwil und in der Stadt Luzern*. Wiesbaden: Steiner.

Geeraerts, Dirk (ed.). 2006. *Cognitive Linguistics*. Basic Readings. Berlin: Mouton de Gruyter.

Haas, Walter. 1978. *Sprachwandel und Sprachgeographie*. Untersuchungen zur Dialektverschiedenheit am Beispiele der schweizerdeutschen Vokalsysteme. Wiesbaden: Steiner.

Haas, Walter. 1998. *«Ansätze zu einer Theorie des Sprachwandels auf lautlicher Ebene»*. In Besch, Werner et al. (eds.). Sprachgeschichte. Ein Handbuch zur Geschichte der deutschen Sprache und ihrer Erforschung. 1. Teilband. 2., vollständig neu bearbeitete und erweiterte Auflage. Berlin, New York: de Gruyter, 836–850.

Haas, Walter. 2004. *«Die Sprachsituation der deutschen Schweiz und das Konzept der Diglossie»*. In Christen, Helen (ed.). Dialekt, Regiolekt und Standardsprache im sozialen und zeitlichen Raum. Wien: Edition Praesens, 81–110.

Haas, Walter. 2010. *«A study on areal diffusion»*. In Auer, Peter; Schmidt, Jürgen Erich (eds.). Language and Space. An International Handbook of Linguistic Variation. Vol. 1: Theories and Methods. Berlin: De Gruyter Mouton, 649–667.

Hentschel, Elke; Weydt, Harald. 2003. *Handbuch der deutschen Grammatik*. Berlin: de Gruyter.

Herrgen, Joachim. 2005. *«Sprachgeographie und Optimalitätstheorie. Am Beispiel der t-Tilgung in Auslaut-Clustern des Deutschen»*. Zeitschrift für Dialektologie und Linguistik 72, 278–317.

Idiotikon = Staub, Fritz et al. 1885–. *Schweizerisches Idiotikon – Wörterbuch der Schweizerdeutschen Sprache*. 16 Bände. Frauenfeld: Huber.

Kaiser, Irmtraud; Peyer, Elisabeth. 2011. *Grammatikalische Schwierigkeiten beim Lesen in Deutsch als Fremdsprache*. Eine empirische Untersuchung. Hohengehren: Schneider Verlag.

Keller, Rudi. 1994. *Sprachwandel*. Von der unsichtbaren Hand in der Sprache. (2. Auflage). Tübingen: Francke.

King, Robert D. 1969. *Historical Linguistics and Generative Grammar*. Englewood Cliffs: Prentice Hall.

KSDS = Christen, Helen; Glaser, Elvira; Friedli, Matthias. 2010. *Kleiner Sprachatlas der deutschen Schweiz*. Frauenfeld: Huber.

Le Page, R[obert] P.; Tabouret-Keller, Andrée. 1985. *Acts of Identity*. Creole-based approaches to language and ethnicity. Cambridge: Cambridge University Press. [Reprint: Fernelmont: E.M.E. 2006].

Le Roy Ladurie, Emanuel. 1998. *Eine Welt im Umbruch*. Der Aufstieg der Familie Platter im Zeitalter der Renaissance und Reformation. Stuttgart: Klett-Cotta.

Platter, Thomas. 1989. *Hirtenknabe Handwerker Humanist*. Die Selbstbiographie 1499–1582. Nördlingen: Greno.

Schmidlin, Regula. 2011. *Die Vielfalt des Deutschen: Standard und Variation*. Gebrauch, Einschätzung und Kodifizierung einer plurizentrischen Sprache. Berlin: De Gruyter.

Schmidt, Jürgen Erich; Herrgen, Joachim. 2011. *Sprachdynamik*. Eine Einführung in die moderne Regionalsprachforschung. Berlin: Schmidt.

SDS = HOTZENKÖCHERLE, RUDOLF ET AL. 1962–1997. *Sprachatlas der deutschen Schweiz.* Bern: Francke.

STEINER, E[MIL]. 1921. *Die französischen Lehnwörter in den alemannischen Mundarten der Schweiz.* Wien: Holzhausen; Basel: Wepf, Schwabe.

WEINREICH, URIEL. 1954. *«Is a structural dialectology possible?»* Word 10, 388–400.

Christoph Uehlinger

Babel, Pfingsten – und Rassentheorien: religiöse Bewertungen von Sprachenvielfalt und ihre Nachwirkungen

> «Les domaines que le savant se propose d'explorer ne sont jamais, dans les sciences humaines, des terres vierges, mais des continents dont la carte est déjà dressée par la tradition et que la pensée religieuse a depuis longtemps parcourus en en fixant les voies d'accès et les itinéraires.»

> Jean-Pierre Vernant (Préface zu Olender 1989:9)

Einleitung

Dass eine universitäre Ringvorlesung zum Thema «Sprache(n) verstehen» einen Vortrag vorsieht, der nach dem Zusammenhang von Sprache(n) und Religion, genauer nach religiösen Bewertungen von Sprachenvielfalt fragt, ist nicht selbstverständlich. Doch dürfte die «babylonische Sprachverwirrung» als kulturelle Chiffre auch noch im 21. Jahrhundert vielen Menschen in Westeuropa geläufig sein, selbst wenn man sie vielleicht nicht mehr aus der Bibel, sondern eher aus dem salopp-metaphorischen Sprachgebrauch moderner Massenmedien kennt. Wann immer in unseren Breitengraden von Verständigungsproblemen aufgrund unterschiedlicher Sprachen, Sprachspiele oder Positionen die Rede ist, wird gerne auf diese Chiffre zurückgegriffen – in der Regel ohne weitere Erläuterung, was zeigt, dass sie – nicht zuletzt dank ihrer Langlebigkeit im Medium der Malerei und der Karikatur (Minkowski 1960; Albrecht 1999) – im westeuropäischen Metaphernhaushalt lebendig geblieben ist.

Ihren Ursprung hat die Metapher in einer biblischen Erzählung (Genesis [fortan: Gen] 11,1-9), deren Ort unter den ersten Kapiteln des ersten Buchs der Bibel, am Übergang von der sogenannten Urgeschichte (Gen 1–11) zur Erzvätergeschichte (Gen 12–50), ein wesentlicher Grund für ihre Bekanntheit (gerade als Bildungsgut) sein dürfte. Dieser Text steht auch im Zentrum des vorliegenden Beitrags – nicht, weil er die einzige, geschweige denn die bedeutendste religiöse Stellungnahme zum Problem menschlicher Vielsprachigkeit darstellen würde, sondern weil diese stark normativ besetzte Ätiologie der Sprachenvielfalt, die mit der Annahme einer einstigen Ursprache zu operieren scheint, die westliche Religions-, Kultur- und Wissensgeschichte von der Antike bis in die Gegenwart beschäftigt und beeinflusst hat. Diesem grossen Bogen, der sich bis zu modernen Rassentheorien spannt, möchte ich im begrenzten Rahmen dieses Beitrags nachgehen. Dabei soll auch deutlich werden, wie sehr ein bestimmtes religiöses Erbe in der europäischen Religions- und Geistesgeschichte selbst unter mehr oder weniger säkularen Bedingungen und in Institutionen, die sich von der Religion gänzlich emanzipiert zu haben wähnen, nachwirken konnte und kann.

Gegenstand dieses Beitrags wird *nicht* die Frage nach ähnlichen oder andersartigen Vorstellungen von einstiger Ursprache und Erklärungen sekundärer Sprachenvervielfältigung in anderen Mythologien und Religionen sein (vgl. Borst 1957–1963, bes. Bd. 1; Staal 1979; Uehlinger 1990:429–434). Doch sei zumindest darauf hingewiesen, dass die Überzeugung, in der Welt des Anfangs hätten Götter wie Menschen dieselbe Sprache gesprochen, eine der Standardannahmen verschiedenster Mythologien zu sein scheint. Aus naheliegenden Gründen nehmen die Tradenten solcher Mythen oft an, die Ursprache sei eben jene gewesen, die sie selbst für ihre eigene rituelle Kommunikation mit den Göttern verwenden. Schriftkulturen, die mit schriftlich verfassten «Offenbarungen» rechnen, pflegen die Sprache, in der jene ergangen sein sollen, in der Regel mit einer in himmlischen Sphären gesprochenen Idealsprache, deshalb oft auch gerne mit der postulierten Ursprache, zu identifizieren. Verfügen sie über ein historisches Bewusstsein, das zwischen Ursprache, Offenbarungssprache und gegebenenfalls Ritualsprache unterscheidet, stellt diese Differenz in der Regel ein Problem dar, das auf unterschiedliche Weise thematisiert, diskursiv bearbeitet und legitimiert wird. Je nach Problemlage muss dann entweder die besondere Dignität der Offenbarungssprache oder die Genese und Legitimität von Übersetzungen begründet werden.

Ich beschränke mich im Folgenden auf *einen* bestimmten *Strang* religionskultureller Bewertung von ursprünglicher Einheitsprache und sekundärer Genese von Sprachenvielfalt: den Strang, der vom antiken Mesopotamien über biblische, erst hebräisch-jüdische bzw. alttestamentliche, dann neutestamentliche bzw. christliche Texte und Vorstellungen in die europäische Religions- und Wissensgeschichte führt und an dessen vorläufigem Endpunkt wir selbst uns gerade befinden. Diesen Strang dürfen wir uns nicht als eindeutig gerichteten Vektor vorstellen; von einem «Strang» wird überhaupt nur im Sinne dessen die Rede sein können, was man in Anlehnung an Michel Foucault einen *Diskurs* nennen könnte. (Einen anderen Strang hat mit Blick auf die Karriere des indischen Sanskrit Sheldon Pollock 2009 in einem meisterhaften Überblick nachgezeichnet und dabei immer wieder auch bemerkenswerte Parallelen zur Karriere des Lateinischen skizziert.)

Der Übersichtlichkeit halber reduziere ich meine Darstellung auf *vier Stationen*:

1. eine erste Station im Mesopotamien des frühen 2. Jahrtausends v. u. Z., woher die m. W. älteste literarische Reflexion von ursprünglicher Spracheinheit und sekundärer Sprachenvielfalt stammt;
2. eine zweite Station in der biblischen Urgeschichte, in deren Kontext die zwischen dem 7. und 5. Jahrhundert v. u. Z. entstandene judäische bzw. frühjüdische Erzählung von der babylonischen Sprachvermengung (Gen 11,1–9) überliefert ist;
3. eine dritte Station in der neutestamentlichen Apostelgeschichte, deren Erzählung über das sogenannte «Pfingstwunder» (Apostelgeschichte [fortan: Apg] 2) einige bemerkenswerte Akzentverschiebungen vornimmt;
4. eine vierte, europäisch-neuzeitliche Station, an der wir uns mit der Krise der biblischen Repräsentationen von Ursprache und Sprachenvielfalt im 18. und 19. Jahrhundert und der Erfindung vermeintlicher Alternativen befassen werden.

Der Blick auf einen mesopotamischen Text soll zeigen, dass die biblische Thematisierung der Spannung von (postulierter) Einheitsprache und

Sprachenvielfalt keineswegs die älteste, wohl aber eine historisch besonders wirkmächtige Stimme repräsentiert.

Als roter Faden zieht sich durch den Beitrag eine *Prämisse*: dass Religion immer auch mit *Wissen* (bestimmten Wissensbeständen, bestimmten Modi, diese zu pflegen und als kollektives Gedächtnis zu tradieren) zu tun hat, weshalb Religionsgeschichte und Wissensgeschichte (bis hin zur Wissenschaftsgeschichte) eng ineinander verflochten sind; sowie eine *These*, dass nicht zuletzt wegen dieser Verflechtung von Religion und Wissen *Mythen* eine Nachhaltigkeit entfalten können, die jene anderer Wissensformen und Wissensinhalte (auch und gerade der modernen Wissenschaft) nicht selten übertrifft. Womit auch gesagt ist, dass ich die Materialien, die im Folgenden besprochen werden sollen, in erster Linie als nichts anderes denn als *Mythen* verstehe, *ad hoc* definiert als *narrativ verdichtete Reflexionen mit grundlegendem, normativem Orientierungsanspruch*.

1 Eine altorientalische Reflexion über eine Ursprache und sekundäre Sprachenvielfalt

Die erste Station führt uns ins antike Mesopotamien, genauer in die ca. 180 km südöstlich von Bagdad gelegene altbabylonische Stadt Nippur. Archäologen der University of Pennsylvania stiessen dort in den 1890er-Jahren auf Reste einer Gelehrtenbibliothek aus dem frühen 2. Jahrtausend v. u. Z. Nicht weniger als 19 Tafeln und Fragmente aus Nippur bezeugen die in sumerischer Sprache verfasste epische Dichtung «Enmerkara und der Herr von Arata», die Darstellung eines Streitgesprächs zwischen Enmerkara, dem König von Uruk, und seinem Rivalen, dem anonym bleibenden König einer nicht genau lokalisierbaren Stadt namens Arata, in ferner Frühzeit unmittelbar nach der grossen (Sint-)Flut. Der Passus Z. 136–155 wird seit seiner ersten Entzifferung durch den amerikanischen Assyriologen Samuel Noah Kramer (1897–1990) als Parallele und Vorläufer der biblischen Erzählung von der Sprachverwirrung betrachtet (vgl. Klein 1997; 2000). Kramer veröffentlichte seine erstmalige Bekanntmachung des Abschnitts bezeichnenderweise unter dem Titel «Man's Golden Age: A Sumerian Parallel to Genesis XI. 1» (1943); später sprach er gar von «The ‹Babel of Tongues›: A Sumerian Version» (1968). Da alle bekannten Textvertreter (neben den genannten aus Nippur noch zwei Tafeln aus Ur, eine aus Kisch und eine unbekannter Herkunft) in die altbabylonische Zeit (18.–16. Jh. v. u. Z.) datieren, das epische Streitgespräch danach offenbar nicht mehr weiter überliefert wurde und die Gemeinsamkeiten mit der biblischen Erzählung, wie wir noch sehen werden, recht oberflächlicher Natur sind, ist ein traditionsgeschichtlicher Zusammenhang aber auszuschliessen. Der Text interessiert uns deshalb nicht als Vorläufer, erst recht nicht als «Version» einer biblischen Erzählung, sondern als eigenständige Dichtung und älteste schriftlich erhaltene Reflexion über eine einstige Ursprache.

Der einschlägige Passus lautet in der (hier von mir geringfügig glossierten) Übersetzung von Catherine Mittermayer (2009:123):

ELA 136-155

I	136	Damals (u_4-ba) gab es weder Schlange noch Skorpion,
	137	weder Hyäne noch Löwe,
	138	weder Hund noch Wolf.
	139	Es existierte nicht Furcht, nicht Schrecken,
	140	und die Menschen (lú-lu$_7$) hatten keinerlei Feind.
II	141	Damals (u_4-ba) wandten sich (sowohl) die Gebiete Subur und Ḫamazi
	142	(als auch) die mit (ineinander) übersetzbarer (eigentlich: konvertierbarer) Sprache (eme ḫa-mun): Sumer, «Der grosse Berg der fürstlichen Normen»,
	143	Akkad, das Land, das zur Zierde gereicht,
	144	und das Gebiet der Ĝardu, wo man auf üppigen Weiden ruht,
	145	(also) Himmel und Erde in ihrer Gesamtheit, (sämtliche) Völker, für die gut gesorgt wird,
	146	in einer einzigen Sprache (eme AŠ am$_3$) an Enlil.
III	147	Damals (u_4-ba), bis dass (wegen) der Wettstreite zwischen Stadtherren, Fürsten und Königen,
	148	Enki (wegen) der Wettstreite zwischen Stadtherren, Fürsten und Königen,
	149	(wegen) solcher Wettstreite zwischen Stadtherren, Fürsten und Königen –
	150	Enki, der Herr des Überflusses, der Wahres äussert,
	151	der kluge Herr, der das Land (Sumer) beobachtet,
	152	der Anführer der Götter,
	153	zur Weisheit berufen, der Herr von Eridu,
	154	ihr fremdartige Sprachen (eme kúr-kúr) in den Mund gelegt hatte,
	155	war die Sprache der Menschheit eine einzige gewesen (eme nam-lú-lu$_7$ AŠ ì-me-àm).

Der Passus wird in der Fachliteratur oft unter der Überschrift «Beschwörung des Nudimmud» verhandelt. Die Wendung bezieht sich in Z. 134–135 auf eine zu rezitierende Dichtung, wobei Nudimmud ein Beiname des Gottes Enki ist, der in Z. 147ff. als wichtiger Protagonist auftritt. Man hat deshalb angenommen (so auch Uehlinger 1990: 409–429), die oben zitierten Zeilen würden eben diese «Beschwörung» (Mittermayer 2009: 74–76 präferiert für den sumerischen Begriff *nam-šub* die Übersetzung «schicksalweisendes Lied») wiedergeben. Nach Jacobus van Dijk (1970: 304f.), dem Jacob Klein (1997: 86*–88*; 2000: 572–574) und Mittermayer folgen, geben unsere Zeilen aber «nicht den Inhalt des zuvor genannten Namšub des Nudimmud wieder, sondern stellen einen Einschub dar, der vom Erzähler an das Publikum gerichtet ist. In diesem erklärt er, wie es möglich war, dass Enmerkara und der Herr von Arata in derselben Sprache miteinander kommunizieren konnten» (Mittermayer 2005: 242; für die Deutung des ganzen Passus in Auseinandersetzung mit verschiedenen Alternativen vgl. ebd. 57–62).

Der zitierte Passus ist durch das dreimalige «damals» in drei ungleich lange Sinnabschnitte gegliedert; jeder Abschnitt endet «mit einer Schlüsselzeile, die eine Art Fazit des jeweiligen Abschnitts darstellt» (Mittermayer 2005:58). Abschnitt I schildert eine ideale Frühzeit, die durch die Abwesenheit jeglicher die Menschen bedrohenden Gefahr gekennzeichnet ist. In ihr soll, so Abschnitt II, nicht nur in der Tierwelt, sondern auch unter Menschen grösstmögliche Harmonie geherrscht haben, was sich u.a. in der gemeinsamen Anerkennung ein und desselben höchsten Gottes (Enlil) – es geht hier weder um Monolatrie noch um Monotheismus! – durch alle Menschen in ein und derselben Sprache ausdrückte. Diese ursprünglich einzige Sprache der Menschheit (Z. 155) soll dann aber laut Abschnitt III dadurch nachhaltig gestört worden sein, dass ein anderer Gott (Enki, genealogisch ein Bruder Enlils) den Menschen fremdartige Sprachen in den Mund legte.

Nicht ganz klar ist auf den ersten Blick, ob Enkis Intervention mit einer gewissen Rivalität gegenüber Enlil zusammenhängt; traditionsgeschichtlich und «theologisch» wäre dies nicht überraschend, bietet die mesopotamische Mythologie doch zahlreiche Beispiele für gegensätzliche oder konkurrierende Haltungen und Verhaltensweisen des Intelligentesten gegenüber dem Mächtigsten unter den grossen Göttern. Eine der Wirkungen der Intervention Enkis muss gewesen sein, dass fortan nicht mehr die ganze Menschheit sich in *einer* Sprache an Enlil wenden konnte, dessen

Anerkennung somit eingeschränkt und damit gemindert wurde. Allerdings ist von einer Rivalität zwischen den göttlichen Brüdern an keiner anderen Stelle des Epos die Rede. Expliziter scheint der Text Enkis Intervention durch den Wettstreit zwischen «Stadtherren, Fürsten und Königen», also eine Rivalität auf der Ebene der Menschen, motivieren zu wollen. Ob Enki mit seiner Intervention diesen Wettstreit unter Menschen verursachen und eventuell befördern oder ob er eher einen bereits bestehenden Wettstreit befrieden, disziplinieren, ja vielleicht entscheiden wollte, lässt sich nicht eindeutig beantworten. Sowohl textimmanent als auch im Blick auf den weiteren Ko-Text sind unterschiedliche Deutungen möglich. Mittermayer will in dem vom Epos als Ganzem entfalteten Streitgespräch zwischen Enmerkar und dem Herrn von Arata eben einen solchen Wettstreit zwischen Stadtherren erkennen (2005: 244). Die Intervention Enkis hätte dann die Wirkung gehabt, dass fremde Herrscher wie der von Arata ihren Anspruch auf Ranggleichheit nicht mehr in der Sprache des Königs von Uruk hätten artikulieren können – mit anderen Worten, die Intervention Enkis hätte der Konsolidierung der kulturellen Suprematie Uruks gedient.

In unserem Zusammenhang sind einige Beobachtungen taxonomischer Art von vorrangigem Interesse: Der Text unterscheidet zwischen einer Situation *vor* und einer Situation *nach* der Intervention Enkis; Erstere ist durch Einsprachigkeit (Z. 146, 155), Letztere durch Verschiedensprachigkeit gekennzeichnet. Einsprachigkeit herrschte in mythischer Urzeit («damals», so die übliche Deutung von u$_4$-b a «an jenem Tag») bzw. in der fernen Frühzeit Enmerkars und des Herrn von Arata (so die Deutung von Mittermayer). Die Einsprachigkeit wird tendenziell positiv qualifiziert, die Verschiedensprachigkeit nuanciert beurteilt: In der durch Sprachgemeinschaften charakterisierten Welt des Erzählers gibt es «fremdartige Sprachen» (e m e k ú r-k ú r, Z. 154), wobei dem Begriff k ú r ein Aspekt nicht nur des Anderen, sondern auch des Feindlichen eignet; aber nicht alle Sprachen sind gleichermassen «fremdartig», denn es gibt solche, die gleichsam «konvertierbar» (Z. 142: e m e ḫ a - m u n) sind, und andere, die dies offenbar nicht sind. Was ist mit dieser «Konvertibilität» gemeint? Mittermayer gibt die semantisch schwer zu verstehende Formulierung ḫ a - m u n mit «übersetzbar» wieder; doch scheint mir diese Deutung zum einen die Übersetzungfähigkeiten antiker Schreiber (und ihre Fähigkeit, in einem Narrationszusammenhang wie dem hier gegebenen Übersetzbarkeit zu denken) zu unterschätzen, zum andern aber den Grad der linguistischen Metareflexion dieser Schreiber zu überschätzen. Näher liegt meines Erachtens eine Interpretation, die neben der gesprochenen auch die geschriebene Sprache und den kulturgeschichtlich belegbaren Sachverhalt mit einbezieht, dass manche altorientalische Sprachen – und zwar insbesondere das agglutinierende Sumerisch und das flektierende Akkadisch (vgl. Z. 142–143), zwei Sprachen, die morphologisch kaum unterschiedlicher sein könnten – mit derselben (Keil-)Schrift wiedergegeben wurden, was für andere Sprachen damals entweder nicht möglich schien oder aus bestimmten Gründen nie getan wurde. Welch beträchtlichen kulturellen Kapitalvorteil die Schrifterfindung zur Zeit Enmerkaras für Uruk bedeutete, thematisiert die Dichtung in einer eigenen Episode (Z. 500–506).

Dass der sumerisch verfasste Text, dessen narrativer Kern in die Ur III-Zeit (21. Jh. v. u. Z.), d.h. in die sogenannte «neu-sumerische Renaissance» zurückgehen könnte, im Rahmen eines ausgesprochen «sumerozentrischen», d.h. auf das sumerische Uruk fokussierten Weltbilds formuliert ist, ist offensichtlich. So wird man annehmen dürfen, dass der Verfasser die einstige Ursprache der Menschheit mit seiner eigenen Literatur- und Ritualsprache, eben der sumerischen, identifizierte. Verstehe ich recht, hätte Enkis Intervention eine Situation gradueller Verschiedensprachigkeit hervorgebracht, bei der die Sprache der Bewohner von Akkad und der Ĝardu eine Form bekam, die mit dem Sumerischen «konvertierbar» blieb, wogegen andere Sprachen (wie die der Bewohner von Subur und Ḫamazi, Z. 141) sich fortan durch einen höheren, nicht überwindbaren Grad der Andersartigkeit vom Sumerischen unterschieden.

Aus der Sicht der modernen Sprachwissenschaft ist bemerkenswert, dass hier – wenn meine Interpretation zutrifft – Nähe bzw. Ferne von Sprachen nicht morphologisch, sondern in Bezug auf ihre Affinität zu einem bestimmten Schriftsystem klassifiziert werden.[1] Der Sprachhistoriker kann hinzufügen, dass die schrittweise Erweiterung, schliesslich Ersetzung der Keilschrift durch die westsemitische Alphabetschrift im Laufe des 2. und 1. Jahrtausends v. u. Z. zwar zur Repräsentation einer ungleich grösseren Anzahl von (morphologisch einander näher oder ferner stehenden) Sprachen führte, diese Erweiterung aber mit der Privilegierung tatsächlich gesprochener Partikulärsprachen einherging, was im Endeffekt den Niedergang der gelehrten Beschäftigung sowohl mit dem Sumerischen als auch mit der Keilschrift nach sich zog. Die vom Verfasser des Enmerkar-Epos als einstige Ursprache der Menschheit vorgestellte Sprache ist deshalb kurz nach der Zeitenwende zusammen mit der Keilschrift, ihrem exklusiven Darstellungsmedium, funktionslos geworden und untergegangen (Brown 2008).

2 Ein Mythos zwischen Konstruktion und Rezeption: Genesis 11,1–9

Anders als die Erzählung von Enmerkara und dem Herrn von Arata, deren Verfasser sich mit einer Handvoll verschiedener Sprachen konfrontiert sieht, thematisiert die biblische Erzählung vom Bau einer Stadt und eines Turms in der Ebene von Schinear ein Geschehen, bei dem eine göttliche Intervention zur *Vermengung* von Sprache(n), damit zur Unmöglichkeit der Kommunikation und schliesslich zur *Zerstreuung* aller Völker über die ganze Erdoberfläche geführt haben soll. Ich habe der neun Verse kurzen Erzählung, ihrer möglichen Genese und Rezeption von der Antike bis heute vor längerer Zeit eine umfängliche Monografie gewidmet (Uehlinger 1990), die hier nicht zusammenzufassen ist. Ebenso wenig soll hier die Aufnahme, Kritik oder Ablehnung der damals vertretenen Thesen durch andere (vgl. jüngst Gerhards 2013 und Sherman 2013 mit weiterer Sekundärliteratur) referiert, erst recht nicht dazu Stellung genommen werden. Im vorliegenden Zusammenhang interessiert nur, wie der (oder die) biblische(n) Verfasser das Verhältnis von ursprünglicher Einheit der Menschheit und anschliessender Sprachenvielfalt darstellte(n) und bewertete(n) und wie seine (ihre) Darstellung in der frühjüdischen Tradition verstanden und mit der Vorstellung einer zeitlichen und ontologischen Priorität der hebräischen Sprache verbunden wurde.

Zuvor aber sollen in einem kurzen synchronen Durchgang einige Beobachtungen zur Frage gesammelt werden, welcher Stellenwert der Sprache im biblischen Mythos von den Anfängen der Welt und der Frühgeschichte der Menschheit beigemessen wird.

2.1 Vor und nach Babel

Gen 1 (–2,4a) bietet als Erstes eine Erzählung von der Entstehung (Erschaffung) der Welt und der Menschheit. Die in dieser Erzählung geschilderte Schöpfung besteht bekanntlich aus verschiedenen «Werken», die durch göttliche Anordnung entstehen und mit göttlicher Billigung für «gut» oder «sehr gut» befunden werden: Elohim («Gottheit») spricht: «Es sei/werde/entstehe X», und X tritt ins Bestehen; Elohim sieht, dass X *gut* ist; Elohim unterscheidet X von Y (z.B. «Licht» von «Finsternis»); und er benennt das Geschaffene («er nannte X … Y», z.B. das Licht «Tag», die Finsternis «Nacht»). Das letztere Element der Benennung erscheint nur an den ersten beiden Schöpfungstagen; danach liegt der Akzent mehr auf Funktionszuweisungen und (bei Wassertieren, Vögeln und Menschen) der Verleihung von Segen, der das Gedeihen der betreffenden Grössen fördern soll. Sprache spielt in dieser Erzählung eine gewichtige Rolle: Es ist Elohims gesprochene Anordnung, die zur Entstehung der jeweiligen «Werke» führt; und es wird eine exakte Korrespondenz zwischen der Anordnung, dem Gewollten und dem Entstandenen angenommen. Elohims Sprache liefert der von ihm gewollten Schöpfung somit gleichsam die Grundstruktur.

Auch in der daran anschliessenden Erzählung von der Erschaffung des Menschen und seiner Frau (*Gen 2,4b–3,20*) spielt Sprache eine wichtige, nun allerdings vom Menschen her gedachte Rolle: Der erste Teil des Kapitels schildert die Erschaffung eines Menschen (*'adam*) und dessen Beauftragung mit der Pflege eines Gartens. In V. 18 stellt «Yahwe Elohim» fest, es sei «nicht gut», wenn der Mensch allein bleibe – ein interessanter Kontrast zu den uneingeschränkt positiven Billigungsformeln des vorangehenden Kapitels. Um der Einsamkeit des Menschen Abhilfe zu schaffen, bildet Yahwe Elohim deshalb allerhand Tiere, die er dem Menschen zuführt, damit dieser sie benenne. Am jeweiligen Namen würde (auch) erkennbar, ob das betreffende Geschöpf die Einsamkeit des Menschen heilen könnte: Die Erzählung spielt hier durchaus reizvoll mit dem Gedanken, dass Menschen und (manche) Tiere in gewisser Weise miteinander kommunizieren können. Kein einziges der Tiere (die vom Erzähler einzeln nicht genannt werden) wird allerdings als «dem Menschen entsprechendes Gegenüber» validiert, weshalb Yahwe Elohim zu einem anderen Verfahren greift. Aus einem Teil des (vorübergehend narkotisierten) Menschen bildet er eine zweite Menschgestalt, die der Mensch sogleich enthusiastisch als «Knochen von meinem Knochen, Fleisch von meinem Fleisch» begrüsst und kommentiert: «*'iššâ* (Frau bzw. «Männin») soll sie heissen, weil sie vom *'iš* (Mann) genommen wurde» (2,23). In 3,20 wird der Mann (der nun sexuell differenziert Mann ist und bleibt, aber nach wie vor als «Mensch» bezeichnet werden wird) dieser Frau dann einen eigentlichen Namen geben: «Der Mensch nannte den Namen seiner Frau *ḥawwâ*, denn sie wurde die Mutter alles Lebendigen (*'em kål-ḥay*).» Sprache erscheint in dieser Erzählung somit als dem Menschen gegebenes Mittel, die Welt, *insofern sie zu ihm in Beziehung steht*, durch Benennung zu ordnen. Diesem Zweck dienen auch diverse Ätiologien, mit denen in

160

den anschliessenden Kapiteln die Namen weiterer Personen oder anderer Sachverhalte mit Bedeutung versehen werden.

Für unsere Fragestellung besonders einschlägig und taxonomisch interessant ist die sogenannte «Völkertafel» in *Gen 10*, welche die Menschheit nach der Flut in (je nach Version) 70 oder 72 namentlich unterscheidbare Einheiten gliedert. Das Gliederungsprinzip ist vordergründig genealogisch, insofern die nachsintflutliche Menschheit insgesamt von Noach bzw. seinen drei Söhnen hergeleitet wird. Hinter den drei Namen Sem, Ham und Japhet lassen sich unschwer die dem Mittelmeer zugewandten Kontinente Asien, Afrika und Europa erkennen. Die drei Grossgruppen Sem, Ham und Japhet werden je nach Region unterschiedlich differenziert, bis in die zweite, dritte oder vierte Generation untergliedert und die Darstellung jeder Grossgruppe mit dem bilanzierenden Schlusssatz resümiert:

«Dies sind die Söhne von X (Jafet, Ham oder Sem),
entsprechend ihren Sippen (*lə=mišpaḥotām*),
entsprechend ihren Sprachen/Zungen (*li=l(ə)šonotām*),
in ihren Ländern (*bə=ʼarṣotām*),
in ihren Völkerschaften (*bə=gôyehæm*).» (Gen 10,5.20.11)

Der Verfasser dieser Liste nahm also an, die Menschheit lasse sich nach vier in der Regel konvergierenden Kriterien klassifizieren: Verwandtschaft, Sprache, Territorium und «Volk» (wobei er in erster Linie an eine politisch zusammengehörige Einheit gedacht haben dürfte).

V. 32 beschliesst das Kapitel als Ganzes mit leichter terminologischer Variation: «Dies sind die Sippen (*mišpaḥot*) der Söhne Noachs gemäss ihren Geschlechterfolgen (*lə=tôlədotām*) unter ihren Völkerschaften (*bə=gôyehæm*). Von ihnen zweigten sich ab die Völkerschaften (*ha=goyîm*) auf der Erde (*bā=ʼāræṣ*) nach der Flut.» Es fällt auf, dass die Differenzierung nach Sprachen in diesem Resümee nicht mehr vorkommt. Dies könnte damit zusammenhängen, dass der Vers nicht nur die Völkertafel abschliesst, sondern auch zur anschliessenden «Turmbauerzählung» überleitet. Diese folgt also einerseits auf die grosse Genealogie der Völkertafel; sie wird andererseits fortgesetzt durch eine weitere Genealogie, die noch einmal beim Stammvater Sem einsetzt, nun aber nur eine, von Arpachschad über Schelach, Eber und Peleg laufende Abstammungslinie verfolgen und über Letzteren hinaus bis zum Stammvater Abram bzw. dem Tod seines Vaters weiterspinnen wird (Gen 11,10–29).

Im Anschluss hieran wird Abra(ha)m von Yahwe aufgefordert, aus seinem «Land» (*'æræṣ*), seiner «Verwandtschaft» (*môlædæt*) und seinem «Vaterhaus» (*bêt-'ab*) auszuziehen. Yahwe, heisst es, wolle ihn zu einem «grossen Volk» (*gôy gādôl*) machen, durch das alle «Sippen des Erdkreises» (*kol mišpaḥot ha-'ădāmâ*) Segen erlangen würden. Die terminologische Konsistenz wird nur dadurch gestört, dass dem Kriterium der Sprache hier keinerlei Bedeutung mehr zuzukommen scheint – sei es, dass es durch die Sprachverwirrung zu Babel gleichsam disqualifiziert wurde, sei es, dass die nun folgende Erzvätergeschichte den Nachkommen Abra-(ha)ms ohnehin nur eine einzige Partikulärsprache zuschreibt, d.h. die trotz genealogischer Verwandtschaft und gemeinsamer Familiengeschichte anzunehmenden Sprachdifferenzen wenn überhaupt, dann allenfalls auf der Ebene von Dialektdifferenzen klassifiziert hätte. Dia- und Idiolekte sind kein Thema der Familiengeschichte Abra(ha)ms.

2.2 Babel

Der einschlägige Text lautet in Anlehnung an die Übersetzung der Zürcher Bibel (wiederum leicht glossiert: diskutable Übersetzungen sind *kursive* wiedergegeben, das Tetragramm YHWH wird als Gottesname «Yahwe», nicht mit «HERR», aufgelöst):

Gen 11

1 *Alle Bewohner der Erde* (*kål-hā='āræṣ*, wörtlich: «die ganze Erde», «alle Welt») aber hatten eine *Sprache* (wörtlich: «eine Lippe», *śāfā 'æḥat*) und *ein und dieselben Worte* (*dəvārîm 'ăḥādîm*).

2 Als sie nun von Osten aufbrachen, fanden sie eine Ebene im Land Schinar und liessen sich dort nieder.

3 Und sie sagten zueinander: «Auf, wir wollen Ziegel formen und sie hart brennen.» So diente ihnen der Ziegel als Baustein, und der Asphalt diente ihnen als Mörtel.

4 Und sie sagten: «Auf, wir wollen eine Stadt bauen und einen Turm, dessen Spitze bis an den Himmel reicht, und uns so einen Namen machen, damit wir uns nicht über die ganze Erde zerstreuen.»

5 Da stieg Yahwe herab, um die Stadt zu besehen und den Turm, die die Menschen bauten.

6 Und Yahwe sprach: «Sieh, alle sind ein Volk und haben *eine Sprache* (‹Lippe›). Und dies ist erst der Anfang ihres Tuns. Nun wird ihnen nichts mehr unmöglich sein, was immer sie sich zu tun vornehmen.

7 Auf, lasst uns hinabsteigen und dort ihre *Sprache* (‹Lippe›) *verwirren* (*nābəlâ*, von *BLL*), dass keiner mehr die Sprache (‹Lippe›) des andern versteht.»

8 Und Yahwe zerstreute sie von dort über die ganze Erde, und sie liessen davon ab, die Stadt zu bauen.

9 Darum nannte man sie Babel, denn dort hat Yahwe *die Sprache aller Bewohner der Erde* (wörtlich: «die Lippe der ganzen Erde») verwirrt, und von dort hat Yahwe sie über die ganze Erde zerstreut.

Wer von der Völkertafel (Gen 10) herkommt, ist überrascht, war dort doch eben noch von der Gliederung der nachsintflutlichen Menschheit in zahlreiche Sprachen die Rede (s.o.). Lesen wir den Anschluss synchron – und nur das scheint im vorliegenden Zusammenhang sinnvoll –, lässt sich die «Turmbauerzählung» kaum anders denn als Rückblende in die Zeit unmittelbar nach dem Ende der Sintflut bzw. nach dem Tod Noachs verstehen, geht sie doch offenbar von einer weder genealogisch noch sprachlich, weder territorial noch politisch ausdifferenzierten Weltbevölkerung aus. Diese soll von Osten aufgebrochen sein und sich in der mesopotamischen Tiefebene niedergelassen haben.

Im Blick auf die Sprachenthematik sind zwei Dinge hervorzuheben. Erstens verwendet die Erzählung nicht denselben Begriff für Sprache wie zuvor die Völkertafel. War dort von *ləšonôt*, wörtlich «Zungen» im Plural, die Rede, so hier von *śāfâ*, wörtlich «Lippe», im Singular. Taxonomisch betrachtet, könnte man *śāfâ* als Oberbegriff für Sprache als solche verstehen, die sich in eine Vielzahl von einzelnen Partikulärsprachen (*ləšonôt*) teilen wird. Gen 11 ist oft genauso verstanden worden, bringt jedoch eben dies nicht mit der wünschbaren terminologischen Deutlichkeit zum Ausdruck. *śāfâ* «Lippe» kann, muss aber nicht «Sprache», geschweige denn ein bestimmtes Idiom, bezeichnen und wird vielleicht besser als «Rede, Redeweise» übersetzt (für Einzelheiten vgl. Uehlinger 1990:345–350; dem Problem wird in der jüngeren Fachliteratur erstaunlich wenig Aufmerksamkeit gewidmet). Zweitens ist der in der Hebräischen Bibel nahezu singuläre Gebrauch der Kardinalzahl «eins» (*'æḥād*) im Plural und als attributives Adjektiv zu *dəvārîm* (ZB «Worte»; semantisch neutraler wäre «Wörter») bemerkenswert. Ich verstehe ihn so, dass der Text annimmt, die (noch undifferenzierte, *eine*) Menschheit habe damals mit «einerlei», «identischen» bzw. gleichförmigen Wörtern gesprochen (Uehlinger 1990:350–354). Dies wird zunächst bedeuten, dass die Menschen damals nach Vorstellung des Erzählers mühelos miteinander kommunizieren konnten, eben weil sie alle dieselben Wörter und überdies einen relativ beschränkten Wortschatz verwendeten. Literaturwissenschaftlich etwas subtiler kann man im anschliessenden Erzählverlauf eine zugespitzte Inszenierung von Sprechverhalten und Sprachkompetenz erkennen (Uehlinger 1990:310–312, 360–372): Laut V. 3a sollen die Menschen gesagt haben: «Wohlan! Ziegeln wir Ziegel (*nilbənâ ləbenîm*) und brennen wir zu Brand (*niśrəfâ li=ś(ə)refâ*)!» Hier wird die Abhängigkeit der Wortbedeutung von einer Wortwurzel, in diesem Fall *LBN* bzw. *BNH* und *ŚRP*), zur Gestaltung sogenannter *figurae etymologicae* genutzt. Dass wir es mit einem sprachbewussten Erzähler zu tun haben, zeigt auch V. 3b, der mit paronomastischen Wortspielen operiert, die im Deutschen leider kaum adäquat wiedergegeben werden können: «Es diente ihnen *ha=ləbenâ lə='ābæn* (*LBN/'BN*: ‹Ziegel als Stein›) und *ha=ḥemār ... la=ḥomær* (*ḤMR*: ‹Bitumen als Lehmmörtel›)». Dieselbe Stilfigur werden wir in V. 9 wiederfinden, dort eingesetzt zur ätiologischen Erklärung des Stadtnamens Babel: «Deshalb heisst ihr Name *bāvæl*, weil Yahwe dort die Lippe der ganzen Erde vermengte (*bālal*).»

Lesen wir an dieser Stelle genau: Die Sprachthematik ist, wie man immer gesehen hat, in dieser kurzen Erzählung nur eines unter mehreren Themen, die in dieser ausserordentlich prägnanten Erzählung eine narrative Transformation erfahren. Andere Themen und Motive sind

– dasjenige der *räumlichen Konzentration* an einem Ort – nach dem Auszug aus der Arche verständlich, aber für unseren Erzähler auf längere Sicht nicht sinnvoll;
– das Thema des *Bauens* einer *Stadt* und eines *Turms*, ein Thema, das die Erzählung merkwürdig elliptisch behandelt (die Stadt wird unvollendet bleiben; wie verhielt es sich mit dem Turm? – eine Zerstörung hat erst die jüngere Rezeptionsgeschichte hinzugedichtet);
– das Motiv des «*Sich-einen-Namen-Machen*»: was mag es bedeuten, wenn die ganze Menschheit sich einen Namen machen, d.h. Ruhm erwerben will (dient das «Machen eines Namens» doch in aller Regel dem Anliegen einiger, sich aus einer Menge herauszuheben und von andern erinnert zu werden)?
– über dem Ganzen steht das ebenso offenkundige wie in mancher Hinsicht rätselhafte Thema einer *Konkurrenz* zwischen Himmel und Erde, der Gottheit Yahwe und den in Babel Bauenden, dem Einen und den Vielen, einem Gott und «*einem* Volk» (*'am 'æḥad*);

– schliesslich problematisiert der Text einen Zusammenhang zwischen realem Bauen und virtuellem *Planen*, der kaum anders als intertextuell (mit Bezug auf Gen 3,22) verstanden werden kann und einen Bogen zurück zur Paradieserzählung spannt.

Die Achse der Erzählung und ihrer Transformationen liegt in V. 5, die Yahwe hinabsteigen und das Bauvorhaben betrachten lässt: Kein Zweifel, dies ist Mythologie, nicht aus jahrhundertealter Tradition gewonnen, sondern konstruiert – es gibt in der mesopotamischen Mythologie bzw. Epik keine einzige literarische Parallele zu dieser Erzählung. Wir müssen es uns an dieser Stelle versagen, diesen Themen und Transformationen im Einzelnen nachzugehen (vgl. dazu Uehlinger 1990: bes. Kap. 3). Nur darauf sei hingewiesen, dass zu diesen Themen ebenso viele narrative Leerstellen gehören, die in der Geschichte der Deutungen, Nacherzählungen, Inszenierungen und Kommentierungen nach und nach gefüllt worden sind (hierzu Uehlinger 1990: Teil A und jüngst Sherman 2013).

Zwei Feststellungen sind in unserem Zusammenhang jedoch nachzutragen. Erstens: Was in Gen 11 mit der Sprache geschieht, hat nichts mit der Ausdifferenzierung einer «Lippe» in viele verschiedene «Zungen» zu tun. Im Gegenteil: Die göttliche Intervention besteht in einem «*Vermengen*» (BLL, etymologisch geradezu: «*Durchkneten*») der «*einen* Rede», die doch schon anfänglich nur wenig differenziert war. Die antiken Interpreten (die von der [griech.] *syn-chysis* bzw. der [lat.] *con-fusio*, nicht etwa der *di-visio linguarum* sprachen!) haben das sehr genau verstanden: Das Bauprojekt scheitert, weil der göttliche Eingriff die Rede der Menschen *durcheinander* bringt, d.h. noch mehr *entdifferenziert*, als sie es vorher schon war. In Begriffen wie «babbeln» (dt.), «to babble» (engl.) oder «balbutier» (frz.) lebt dieser Gedanke bis heute fort, in der Exegese von Gen 11 wird er meist ignoriert bzw. der Idee einer Entstehung vieler verschiedener Sprachen untergeordnet. Und zweitens: Es besteht im Ausgang der Erzählung eine recht offensichtliche *Spannung* zwischen der *Vermengung* der Rede einerseits und der *Zerstreuung* der Menschen andererseits, abstrakt gesprochen zwischen linguistischer *Entdifferenzierung* und räumlicher *Ausdifferenzierung*. Diese konzeptionelle Spannung ist in der Geschichte der Rezeption und Interpretation von Gen 11 zunehmend in den Hintergrund getreten, weil man – angeleitet durch Gen 10 – mit der Zerstreuung der Völker dann auch die Idee der Vervielfachung von (Partikulär-)Sprachen verband. Die Erzählung selbst sagt hierzu freilich kein Wort. Synchron kann die beiden Kapitel höchstens so miteinander harmonisieren, wer (die Chronologik der beiden Kapitel umkehrend) folgende zeitliche Sequenz annimmt:

1. artikulierte, aber nur begrenzt differenzierte Ur- bzw. Ausgangssprache
2. Vermengung und Entdifferenzierung
3. Zerstreuung über die drei Kontinente
4. Ausdifferenzierung verschiedener regionaler Partikulärsprachen.

2.3 Die «Sprache des Heiligtums»

War aber die Harmonisierung der beiden Kapitel erst einmal vollzogen, musste auch die semantische Differenz von *śāfâ* «Lippe» und *lāšôn/ləšonôt* «Zunge(n)» an Gewicht und Bedeutung einbüssen. So ist es nur folgerichtig, wenn frühjüdisch-rabbinische Interpreten die Frage stellen, welche (Partikulär-)Sprache die nachsintflutlich-frühgeschichtliche Menschheit wohl gesprochen haben mochte, und darauf – in einem Diskurshorizont, der die Tora als absolut normativ versteht, wenig überraschend – eine eindeutige Antwort wissen: Die Ursprache der Menschheit muss Hebräisch gewesen sein, eben jene Sprache, in der die Tora überliefert ist, in der wie alle ur- und frühgeschichtlichen Akteure auch die Bauleute von Babel miteinander kommunizierten, in der schon der Ur-Mensch die Tiere und seine Frau benannt und in der Elohim selbst die Entstehung der Welt angeordnet hatte. Diese Position dürfte erstmals im 2. Jahrhundert v. u. Z. in Absetzung von hellenistischen Überlegenheitsansprüchen formuliert worden sein (Rubin 1998:312f.). Die frühjüdische (Eshel/Stone 1993) und die rabbinische Literatur nennen diese Sprache nicht einfach «Hebräisch», sondern «Sprache des Heiligen» (*lāšon ha-qôdæš*) oder «Sprache des Heiligtums» (*ləšon bêt ha-qôdæš*, aram. *lišan bayt qodšâ*, d.h. sowohl des einstigen wie des himmlischen Tempels). Gemeint ist die Sprache, die in der Sphäre des «Heiligen» (d.h. Gottes selbst) gesprochen wird.

> «Und es war die ganze Erde *eine* Sprache und *eine* Rede und *ein* Sinn, denn sie sprachen in der Sprache des Heiligtums, in der die Welt von Anfang an erschaffen worden war.» (Fragmententargum zu Gen 11,1; vgl. Uehlinger 1990:38f.)

Zwei Rabbinen des 3. Jahrhunderts u. Z. debattierten laut Jerusalemer Talmud über die Spannung zwischen Gen 10 (der Völkertafel) und Gen 11,1:

> «Der eine (R. Eleazar b. Pedat) sagte, sie hätten (schon damals) in (allen) 70 Sprachen gesprochen (einander aber dennoch bzw. gerade deshalb verstanden). Der andere (R. Jochanan) sagte, sie hätten in der Sprache des Einzigen der Welt gesprochen, (d.h.) in der Sprache des Heiligtums.» (jMeg 1,9–10 = 71b; vgl. Uehlinger 1990:64)

Die Identifikation der Ursprache der Menschen mit dem Hebräischen galt jüdischen, christlichen und teilweise auch islamischen Gelehrten trotz gelegentlicher Bestreitungen jahrhundertelang als nahezu selbstverständlich. Angefochten wurde sie manchmal aus philosophisch-theologischen Gründen (Gregor von Nyssa [c. 334–395] wollte Gott nicht auf eine einzelne Sprache verpflichtet bzw. beschränkt sehen und verstand Sprachen als auf rein menschlicher Übereinkunft beruhend), manchmal aber auch aus Gründen historischer Plausibilität und identitärer Abgrenzung, Letzteres insbesondere von syrischen Kirchenvätern, die um das Alter der mesopotamischen Zivilisation und des Aramäischen als interregionaler Verkehrssprache wussten und Letzterem (bzw. dem damit verwandten Syrischen) deshalb höheres Alter zumassen. Natürlich war auch den Syrern bekannt, dass die alttestamentlichen Schriften ursprünglich auf Hebräisch verfasst worden waren; sie unterschieden aber zwischen der Ursprache der Schöpfung und einer adressatenbezogenen Offenbarungssprache (Rubin 1998:322–330). Unter muslimischen Autoren finden sich sowohl Stimmen, die das Syrische als Ursprache anerkennen, als auch solche, die als primordial nur das Arabische, die Sprache des Korans, denken wollen (ebd. 330–333; vgl. auch Atanasiu 2001).

Die aus der Bibel und ihrer Interpretation begründete Mehrheitsannahme, das Hebräische sei die Ursprache gewesen, ging bei nicht-jüdischen Autoren freilich nicht zwingend mit einem besonderen Interesse *an* dieser Sprache einher. Der Hauptgrund dafür dürfte sein, dass sich die christliche Religion zwar zunächst als Sonderbewegung aus der jüdischen entwickelte, aber schon im 1. Jahrhundert u. Z. eine strategische Öffnung hin zu vorwiegend Griechisch sprechenden «Heiden» vollzog. Der Erfolg der frühchristlichen Mission im Mittelmeerraum hängt nicht nur mit der Relativierung von Ethnie und Ritualgesetzen, sondern wesentlich auch mit der Privilegierung des Griechischen als der damals wichtigsten Verkehrs- und

Bildungssprache des Mittelmeerraums zusammen. Nicht nur das Neue, auch das Alte Testament und d. h. die ganze Bibel wurden von den Christen des Westens seit dem 2. Jahrhundert und bis zur Renaissance fast nur auf Griechisch oder Lateinisch gelesen. Augustinus (354–430) war sich zwar der Priorität des Hebräischen als Ursprache der Menschheit bewusst (*De Civitate Dei* XVI 11,1ff.; Borst 1958:398ff.), plädierte aber für die religiöse Gleichwertigkeit («Inspiriertheit») der griechischen Bibel. Und die Vulgata des Hieronymus (347–420) war zwar – anders als ihre lateinischen Vorgängerinnen – aus dem Hebräischen übersetzt worden; doch hatte ihre kirchenamtliche Autorisierung zur Folge, dass der hebräische Vorlagetext des Alten Testaments fortan entbehrlich und nur noch innerhalb des Judentums als eigentlich jüdisches Sondergut gepflegt wurde.

Jenseits der beiden primären Verbreitungsräume (Mittelmeerraum und Mesopotamien) wurden sowohl für die Übermittlung «heiliger Schriften» als auch für die Liturgie zahlreiche lokale Partikulärsprachen (von Äthiopisch bis Georgisch) verwendet. So ging mit der Spaltung von Juden und Christen und der Auffächerung der Letzteren in verschiedene Christentümer auch eine Vervielfachung der Bibel- und Liturgiesprachen einher, die ihrerseits den Boden für die koranische Idee einer neuen Offenbarung in arabischer Sprache bereitete. Das Hebräische fristete jahrhundertelang eine Sonderexistenz als exklusive Sakralsprache der Juden. Erst ab dem Spätmittelalter sollten im Zuge des zunehmenden Interesses christlicher Gelehrter an der jüdischen Kabbala Diskurse über das Hebräische als Ursprache der Menschheit eine Renaissance erleben. Wir werden darauf zurückkommen.

3 Christliche Mythologie zwischen Sprachpluralismus und universalem Geltungsanspruch

Religionsgemeinschaften, die sich – wie Christen, Muslime, Mormonen usw. – als Zweit- oder Drittberufene verstehen, pflegen, wenn sie überhaupt eine bestimmte Sprache privilegieren, der Sprache, in der sie selbst die Offenbarung übermitteln und kommentieren, mehr Bedeutung zuzumessen als der einstigen Ursprache der Menschheit. Das gilt in besonderer Weise von den Christen, die sich anders als Juden und Muslime meist mehr für Verkehrs- und Missionssprachen als für eine einzige Sprache der Offenbarung, erst recht die Ursprache interessierten. Diese Offenheit für die vielen Sprachen der Oikoumene zeigt sich schon in einem der Gründungsdokumente des Urchristentums, der vom Verfasser des lukanischen Doppelwerks (Evangelium und Apostelgeschichte) erzählten Geschichte vom sogenannten «Pfingstwunder».

Apg 2

1 Als nun die Zeit erfüllt und der Tag des Pfingstfestes gekommen war, waren sie alle beisammen an einem Ort. 2 Da entstand auf einmal vom Himmel her ein Brausen, wie wenn ein heftiger Sturm daherfährt, und erfüllte das ganze Haus, in dem sie sassen; 3 und es erschienen ihnen Zungen wie von Feuer, die sich zerteilten, und auf jeden von ihnen liess eine sich nieder. 4 Und sie wurden alle erfüllt von heiligem Geist und begannen, verschiedene Sprachen (*heterais glôssais*) zu reden, wie der Geist es ihnen eingab. 5 In Jerusalem aber wohnten Juden, fromme Männer aus allen Völkern unter dem Himmel. 6 Als nun jenes Tosen entstand, strömte die Menge zusammen, und sie waren verstört, denn jeder hörte sie in seinem eigenen Dialekt (*tè‹ idía‹ dialéktô‹*) reden. 7 Sie waren fassungslos und sagten völlig verwundert: «Sind das nicht alles Galiläer, die da reden? 8 Wie kommt es, dass jeder von uns sie seinen eigenen Dialekt reden hört? 9 Parther und Meder und Elamiter, Bewohner von Mesopotamien, von Judäa und Kappadokien, von Pontus und der Provinz Asia, 10 von Phrygien und Pamphylien, von Ägypten und dem kyrenischen Libyen, und in der Stadt weilende Römer, 11 Juden und Proselyten, Kreter und Araber – wir alle hören sie in unseren Sprachen (*tais hèmetérais glôssais*) von den grossen Taten Gottes reden.» 12 Sie waren fassungslos, und ratlos fragte einer den andern: Was soll das bedeuten? 13 Andere aber spotteten und sagten: «Die sind voll süssen Weins.»

Dass diese Erzählung intertextuelle Bezüge zu Gen 11 aufweist (die in der hier gebotenen Übersetzung gesperrt wiedergegeben sind), ist offensichtlich. Ebenso wenig überrascht, dass das Herstellen von Zusammenhängen zwischen den beiden Texten seit der zweiten Hälfte des 4. Jahrhunderts – als sich das Christentum als Staatsreligion des Römischen Reichs etablierte – und bis heute zum Standardrepertoire christlicher Pfingsthomilien gehört. Der Zusammenhang wird in der Regel so konstruiert, dass durch das neue Bekenntnis die Sprachverwirrung «geheilt», ja gewissermassen aufgehoben worden sei: nicht in dem Sinne, dass die Menschheit seit Pfingsten wieder eine einzige Sprache sprechen würde; vielmehr sei mit dem neuen Bekenntnis eine neue Wahrheit offenbar geworden, welche die Christenheit (und letztlich die ganze Menschheit) dank des Zutuns des «Heiligen Geistes» dadurch zu einen vermöge, dass ein jeder sie in seiner eigenen Sprache zu verstehen vermöge.

Die Vielfalt der Sprachen wird in dieser Deutung nicht durch eine (ohnehin schwer vorstellbare) Wiederherstellung einer einstigen Hegemonialsprache überwunden, sondern mit den (behaupteten) Mitteln universaler Verständlichkeit (mithin: Übersetzbarkeit) des Bekenntnisses und dadurch erzielbarer Einmütigkeit optimiert. Ob der Text phänomenologisch die Glossolalie im Blick hat oder ob man wie Umberto Eco eher an «eine Art mystische Simultanübersetzungsanlage» denkt (1997:355), Sinn der Gegenüberstellung ist es jedenfalls, eine durch den christlichen Glauben bewirkte Bewegung oder Veränderung zu betonen, frei nach Johannes Chrysostomos (gest. 407): von der «bösen Einstimmigkeit» der Menschheit zur Homophonie, Harmonie und Gleichgesinntheit (*homonoia*) der in ein und demselben Bekenntnis vereinten Gläubigen.

Dabei hat man gerne übersehen, dass der Verfasser der Apostelgeschichte von *Juden* aus aller Welt schrieb, die sich in Jerusalem als Pilger aufhielten. Auch hat man aus dem Text vor allem die Idee der Universalisierbarkeit der Botschaft herausgelesen, seine zumindest theoretischen Implikationen für die vor diesem Hintergrund schwer begründbare Hegemonie einer einzelnen Kirchensprache dagegen eher unterdrückt. Der pfingstliche Gründungstext hat verschiedene Kirchen (allen voran die Römisch-Katholische bis zum II. Vatikanischen Konzil, aber auch diverse Regional- und erst recht Nationalkirchen) keineswegs daran gehindert, eine einzelne Sprache zur liturgisch und theologisch normativen und d.h. prioritären zu erheben. Folgenreicher war der Sprung von der einen Sprache zu der einen Überzeugung in der Kirchengeschichte aber insofern, als – gleichsam bei Tage und ohne süssen Wein betrachtet – mit zunehmender Sprachenvielfalt auch der Inhalt des Bekenntnisses leichter variieren konnte. Das Auseinanderfallen der Christenheit in (selbsterklärte) Orthodoxe und Heterodoxe oder gar Häretiker hatte oft nur am Rande sprachliche Gründe; meist waren es soziale, philosophisch-doktrinale und kulturelle Differenzen und Spannungen, verbunden mit der generell zunehmenden Komplexität interregionaler Kommunikation, die zu Kirchenspaltungen und gegenseitigen Anathema führten. Doch ist es nicht abwegig anzunehmen, dass eine Situation der nicht nur zwangsläufig erlittenen, sondern in Apg 2 geradezu programmatisch legitimierten Sprachenvielfalt den Kontrollapparat einer Kirchenverwaltung vor ungleich grössere Herausforderungen stellte und stellt, als wenn die religiöse Wahrheit in einer einzigen Normsprache formuliert werden kann.

So liefert die Erzählung vom Pfingstwunder Christen nicht nur die Ätiologie einer neuen, dank göttlicher Geisteinwirkung die Grenzen der Partikulärsprachen transzendierenden Kommunikationsgemeinschaft, sondern zugleich eine Art Utopie dessen, was im Anfang (nicht der Schöpfung, sondern) der eigenen religiösen Bewegung der Fall gewesen sein mochte, im Laufe der Geschichte aber wieder verloren ging und erst in einer mehr oder weniger fernen Zukunft (sei es der selbst gestalteten oder der vom wiederkehrenden Christus erwarteten) wieder Wirklichkeit werden könnte. Zugleich war die Idee der universalen Homonoia geboren, die allzu leicht in den Anspruch auf kulturelle und politische Hegemonie umschlagen kann. Sie ist in der europäischen und globalen Religionsgeschichte in unzähligen Varianten konkretisiert worden – religiösen wie säkularen (universale Erklärung der Menschenrechte, Völkerbund, Europäische Gemeinschaft…), immer wieder einmal auch von sprachlichen Leitansprüchen (bis hin zu Debatten um die angemessenen Sprachen internationaler Diplomatie) oder aber der Suche nach einer vollkommenen Universalsprache begleitet (zu Letzterem Eco 1997 [2002]). So steht im kulturellen Bewusstsein (um nicht zu sagen: der Mythologie) v.a. der beiden vom westlichen Christentum am stärksten geprägten Kontinente (Europa und Nordamerika) die Weltgeschichte seit Babel und Pfingsten unter einer grundlegenden Spannung – zwischen einer einst verlorenen und einer künftig wieder zu erlangenden, universalen Einheit.

4 «Semitisch» vs. «Indo-Arisch»: Krise und Persistenz des Mythos in der europäischen Neuzeit

Wie ist es zu erklären, dass sich christliche Gelehrte im «Abendland» v.a. seit der Renaissance erneut für die Frage nach der «Ursprache» als einer Art Bindeglied zwischen Gott und seiner Schöpfung zu interessieren begannen? Wir können die Antwort auf diese Frage hier nicht entfalten, nur (mit Verweis auf Borst 1957–1963; Olender 1989; Eco 1997 [2002]) an ein paar Weichenstellungen in der europäischen Wissensgeschichte erinnern.

Eine erste hängt mit der Rehabilitation und dem Siegeszug der – nicht allein, aber wesentlich über die arabische Philosophie nach Westeuropa vermittelten – aristotelischen Logik gegenüber der platonischen Ideenphilosophie zusammen. Sie hatte zur Folge, dass europäische Gelehrte seit der mittleren Scholastik, in Auseinandersetzung mit muslimischen und jüdischen Philosophen und dem sogenannten Nominalismus, nicht nur allgemein dem Verhältnis von Sprache und Wirklichkeit, sondern auch der konkreten Gestalt einzelner Sprachen und ihrer Bedeutung für Wissen und Wissenschaft (als der Denkform, die nebst dem Wahren auch das Wirkliche exakt abzubilden imstande sein sollte) mehr Aufmerksamkeit schenkten als zuvor. Eine der in diesem Zusammenhang zu klärenden philosophischen Hauptfragen betrifft das Problem der *adaequatio* von Sache und Begriff. So sehr den meisten der christlichen Philosophen des Westens die lateinische Sprache als die philosophisch leistungsfähigste erschien (ja fast zwangsläufig erscheinen musste), so sehr war man sich doch bewusst, dass Gott die Welt nicht auf Lateinisch erschaffen hatte.

Eine zweite Weichenstellung hängt mit dem seit der Renaissance zunehmenden Interesse auch christlicher Autoren für die jüdische Kabbala zusammen (Schmidt-Biggemann 2012): Hatte die jüdische Tradition im Wettbewerb der Offenbarungssprachen immer schon den Bonus des Erstlings für sich beanspruchen können, so erfanden muslimische und christliche Autoren im Mittelalter gute Gründe, warum man zwischen der Sprache Gottes, einer Art «generativen Matrix» der Wirklichkeit (Eco 1997 [2002]: 60), einem latenten Sprachvermögen, das Gott und Menschen gemeinsam haben, und der partikulären Sprache Adams und seiner Nachkommen, erst recht der Nachkommen Sems und Abrahams zu unterscheiden habe. Jüdische Gelehrte konnten diesen Argumenten aus Gründen metaphysischer Logik nicht leicht widerstehen, entwickelten aber innerhalb der eigenen Tradition eine Theorie, die zwischen dem Hebräischen, der vordergründigen Sprache der Tora, und jener hintergründigen Matrix zu unterscheiden bereit war, die Sprachgestalt der Tora aber gleichwohl als notwendiges und privilegiertes Medium verstanden, um mit Hilfe kabbalistischer Verfahren wie der Gematrie, dem Notarikon und der Permutation die göttlichen Geheimnisse entschlüsseln, ja sie zur Entschlüsselung zwingen und mit sprachmystischen Mitteln göttliche Wirklichkeit gar hervorbringen zu können. In der Zeit der Renaissance und des Humanismus konnten und wollten Gelehrte es sich kaum mehr leisten, das, was im Hochmittelalter noch als Häresie abgetan worden war, zu ignorieren. «Nichts ist faszinierender als eine geheime Weisheit. Man weiss, dass sie existiert, aber man kennt sie nicht, und folglich muss sie überaus tief sein.» (Eco 1997 [2002]: 27) So breit das Spektrum der Motive war (von genuiner Grammatik über

Philosophie und Theologie bis zu Numerologie und neuplatonischer Hermetik), so unverzichtbar erschien vielen Gelehrten des 15. und 16. Jahrhunderts doch das Studium der hebräischen Sprache als des Mittels, die erste Offenbarung des biblischen Gottes besser zu verstehen. «Man geht nicht nur zum Original zurück, sondern man tut es in der Überzeugung, dass dieses Original in der einzigen Sprache geschrieben worden ist, die dank ihrer Heiligkeit die von ihr beförderte Wahrheit adäquat auszudrücken vermag.» (Eco 1997 [2002]: 86) Den Gestus des Hieronymus wiederaufnehmend, griffen die Reformatoren hinter Vulgata und Septuaginta zurück, rückten die *hebraica veritas* in den Vordergrund und beförderten so diese epochale Wende ihrerseits.

Zugleich erhielten mit der Reformation aber auch die volkssprachlichen Bibelübersetzungen ihre letzte Legitimation, was wiederum die Entwicklung partikulärsprachlicher Ambitionen ebenso wie der Philologien enorm beförderte. Am intellektuellen Horizont der frühneuzeitlichen Gelehrten ging schliesslich die Frage nach dem Zusammenhang von Sprache und Nation auf. Mit ihr stellte sich nicht nur das antiquarische Problem der historischen Entwicklung, die von der einstigen Ursprache zu den diversen Volkssprachen, insbesondere der jeweils eigenen, geführt haben mochte, sondern auch (und noch einmal, aber unter anderen Vorzeichen) die normativ aufgeladene Frage, welches die wahre Genealogie der Sprachen und welche der erhaltenen Sprachen die leistungsfähigste sei. Dabei standen nicht nur grössere Unmittelbarkeit und/oder Rezeptivität zum Göttlichen auf dem Spiel, sondern ebenso sehr die Fähigkeit, eine Welt zu erklären und zu beherrschen, die sich am Übergang vom 15. zum 16. Jahrhundert nach Amerika und Asien geöffnet hatte und sich damit auch sprachlich von noch grösserer Komplexität erwies.

Diese letzte hier zu behandelnde Wende unseres Themas ab dem 17. Jahrhundert hat Maurice Olender in seiner Studie *Les langues du paradis* (1989) magistral rekonstruiert (vgl. auch Eco 1997 [2002]: Kap. 5). Sie hängt wesentlich mit der schrittweise verbesserten Kenntnis indischer Sprachen, insbesondere des Sanskrit zusammen. Missionare und Reisende hatten aus Indien seit dem 16. Jahrhundert nebst unzähligen Ethnographica auch Informationen über indische Sprachen, nicht zuletzt die Sprachen des Veda, nach Europa vermittelt. William Jones (1746–1794) schloss 1786 aus ersten systematischen Beobachtungen zum Gleichklang mancher Wörter mit solchen europäischer Sprachen (insbesondere Griechisch und Latein, daneben Gotisch, Keltisch und Persisch), die indischen und europäischen Sprachen müssten auf eine gemeinsame Quellsprache zurückgehen. Diese These wurde in der europäischen Gelehrtenwelt schnell rezipiert. Der beiden Zweigen zugrunde liegende Vorfahre konnte (und kann) zwar nur hypothetisch rekonstruiert werden, doch warf die These ganz neues Licht auf Fragen, die bislang im Wesentlichen vom biblischen Geschichtsbild her betrachtet worden waren, wie eben diejenige nach der ältesten Sprache der Menschen oder auch nach dem Ort des Paradieses. Johann Gottfried Herder (1744–1803) hielt das Hebräische immer noch für eine der älteren Töchter der menschlichen Ursprache, identifizierte aber einen der vier im Paradies entspringenden Flüsse mit dem Ganges und war geneigt, die von Jones postulierte indo-europäische Quellsprache als der wirklichen Ursprache sehr nahestehend zu betrachten. Neben die Idee der Gleichrangigkeit sollte bald einmal die der Konkurrenz im Ringen um die grössere Ursprünglichkeit treten. Friedrich von Schlegel (1772–1829) plädierte 1808 für die Priorität der indischen Sprache und Weisheit gegenüber der semitischen Offenbarung. Da sich im Zeitalter des entstehenden Nationalismus mit der Idee der Sprachgemeinschaft auch die der Nation und des dieser innewohnenden «Volkscharakters» verband, zudem mit Revolution und Aufklärung diejenige der Emanzipation von kirchlich-religiöser Bevormundung, bot die These einer indo-europäischen Ursprache und die Rekonstruktion ihrer bis zu den modernen europäischen Sprachen führenden Genealogie die Möglichkeit, dem biblischen Mythos eine modernere, wissenschaftlich fundierte Alternative entgegenzusetzen. «Il semblait qu'un nouveau paradis terrestre eût été retrouvé sous les couches fossiles du langage», notierte der französisch-jüdische Philologe Salomon Reinach (1858–1932) mit unverhohlener Skepsis in seiner Skizze zur Historiografie der arischen Ursprünge (1892: 19; vgl. Olender 1989: 26).

Dass diese Metapher Geologie, Paläontologie, Sprachgeschichte und Mythos vermischt, ist kein Zufall (Olender 1989: 24, 167–171; Naumann/Plank 1992). Die vergleichende Sprachwissenschaft, bald auch die vergleichende Religionswissenschaft klassifizierten zu jener Zeit ihre Gegenstände ganz nach dem Vorbild von Botanikern, Biologen und Geologen im Horizont des sich um die Mitte des 19. Jahrhunderts formierenden Evolutionsparadigmas. Die Nähe zur Biologie führte dazu, dass manche Gelehrte der Genealogie der Sprachen nicht nur dasjenige der Völker, sondern auch das Konzept menschlicher Rassen assoziierten. So lieferten das Evolutionsparadigma und die vergleichende Sprachwissenschaft gemeinsam das begriffliche Fundament für die Unterscheidung einer «semitischen» von einer «arischen» Rasse – «un couple fonctionnel aux dimensions providentielles» (Olender 1989: 46).

Zu den bedeutenden Protagonisten und Promotoren der «arischen» Weisheit im 19. Jahrhundert gehörte auch Friedrich Max Müller (1823–1900), Sanskritforscher, Indogermanist und Begründer der Vergleichenden Religionswissenschaft. Der heutige Religionswissenschaftler kann nicht umhin, einen ambivalenten Aspekt der Genealogie auch der eigenen Disziplin kurz anzusprechen. Ging bei Müller das Interesse an der vergleichenden Erforschung aller Religionen, nicht nur des Christentums und seiner engsten Verwandten, nur mit einem relativ harmlosen Antiklerikalismus oder Laizismus einher (Olender 1989: 157–176), so konstruierten andere Gelehrte aus der These der «indo-arischen» Priorität eine Heilsgeschichte, die letztendlich der Überwindung einer zivilisatorischen Kränkung dienen sollte.

Dem französischen Orientalisten (Joseph-)Ernest Renan (1823–1892) bot die sprachwissenschaftlich, gleichsam säkular fundierte Genealogie die Möglichkeit, die Bevorzugung der semitischen Offenbarungslinie nicht nur in der biblischen, sondern auch in der arabisch-islamischen Historiografie und Mythologie zu korrigieren und durch eine neue Heilsgeschichte zu überwinden, deren Ursprung im alten Indien und deren Telos im modernen Europa lag. Mit dem einen Pol der Menschheit, dem Semitischen, assoziierte Renan zivilisatorische Defizienz, Archaismus und Immobilismus, mit dem andern Pol, dem Arischen, hingegen Abstraktionsvermögen, Philosophie und komplexe Metaphysik, Dynamik und Fortschrittsfähigkeit. Die im Vergleich scheinbar grössere Nähe zwischen dem Arabischen und den alten semitischen Sprachen als zwischen dem Vedischen und den modernen europäischen Sprachen nahm er als Indiz für das Beharrungsvermögen und die Uniformität des Semitischen einerseits im Gegensatz zum dynamischen Evolutionspotenzial des Indo-Europäischen bzw. Arischen andererseits. Den Schlussstein der Theorie bildete die Vorstellung vom europäischen Christentum als einer providenziellen Synthese *beider* Offenbarungslinien im Hinblick auf eine offene, in der europäischen Fortschrittsgeschichte kulminierende Gegenwart und Zukunft. «Au fond», schrieb Renan in den frühen 1860er-Jahren in sein Notizbuch, «Jésus n'a rien de Juif», und anderswo: «La continuation du judaïsme n'est pas [le] christianisme mais [l']islamisme» (zit. bei Olender 1989: 134f.). Europäische Christen sind deshalb nach Renan «Sémites par filiation spirituelle, Aryens par vocation historique»; ihre fortschreitende Vervollkommnung des Christentums «doit consister à s'éloigner de plus en plus du judaïsme pour faire prédominer dans son sein le génie de la race indo-européenne» (*L'avenir religieux des sociétés modernes*, 1860, 240; zit. nach Olender 1989: 136).

Konstruierte Renan eine Spannung zwischen Herkunft und Zukunft, die es ihm erlaubte, die biblisch-christliche Ätiologie sowohl zu übernehmen als auch zu überwinden, so waren andere geneigt, das Christliche noch sehr viel weiter auf die Seite des Indo-Europäischen bzw. Arischen zu schlagen. Olender zitiert den Sanskritisten und Religionswissenschaftler Émile-Louis Burnouf (1821–1907), der 1870 schrieb:

> «Le christianisme est dans son ensemble une doctrine âryenne et il y a comme religion presque rien à démêler avec le judaïsme. [...] c'est dans les hymnes du Vêda et non dans la Bible que nous devons chercher la source primordiale de notre religion» (*La Science des religions*, 1870, 120, 217; zit. nach Olender 1989: 136, Anm. 46).

In dieser Sichtweise liefert das Indo-Europäische nicht nur den endgeschichtlichen Horizont, sondern auch die primordiale Fundierung einer weltgeschichtlich überlegenen europäischen Zivilisation und ihrer christlichen Religion. Eine von Voltaire nicht zuletzt angesichts hinduistischer Göttertriaden bereits 1775 in einem Brief an Friedrich II. formulierte Intuition («Il m'a paru évident que notre sainte religion chrétienne est uniquement (*sic*) fondée sur l'antique religion de Brama», zit. nach Olender 1989: 136) schien ihre pseudowissenschaftliche Bestätigung und Fundierung gefunden zu haben.

5 Ausblick

Im epochenübergreifenden Rückblick fällt auf, dass die mesopotamische und die jüdische Tradition sich v.a. mit der Thematisierung einer ursprünglichen Spracheinheit in der Frühgeschichte der Menschheit befasst zu haben scheinen und als ethnozentrische Konzeptionen prinzipiell davon ausgingen, dass diese Ursprache mit der eigenen *lingua sacra* identisch gewesen sein dürfte. Das sich ausdrücklich als an alle Völker gerichtete, also universale Heilsbotschaft verstehende Christentum dagegen relativierte sowohl die eine Ursprache als auch die heilsgeschichtliche

Priorität einer bestimmten Partikulärsprache und legte mehr Gewicht auf verheissene und zu schaffende Homophonie bzw. Gleichgesinntheit (Homonoia) in einem geistlich-religiösen, spirituellen Sinn. Die Entdeckung «neuer» alter Sprachen in Indien schliesslich stellte europäische Gelehrte der Neuzeit nicht nur vor die Herausforderung, komplexere sprachhistorische Taxonomien und Genealogien als die in der Bibel überlieferte zu rekonstruieren, sondern eröffnete ihnen auch die Möglichkeit, die biblische und die moderne Genealogie in ein zivilisationsgeschichtliches Konkurrenzverhältnis zueinander zu setzen. In dem Masse, in dem die biblische Genealogie als eine Legende neben andern gesehen, historisiert und entzaubert werden konnte, schufen mehr oder weniger einflussreiche europäische Orientalisten einen alternativen Mythos (Eco 1997 [2002]: 114 spricht treffend von einem «Mythenwechsel»), der die europäische Zivilisation als Erbin, Synthese und Vollenderin *beider* Linien erscheinen liess.

Die Konsequenzen dieser Gegenüberstellung von Osten gegen Osten, des dekadenten Orients gegen das faszinierende Indien, in Rassenideologien des 20. Jahrhunderts nachzuzeichnen, ist hier nicht der Ort. Der Gedanke daran möge immerhin als Hinweis darauf dienen, wie sehr vermeintlich überholte Mythen in die modernen Wissenschaften hineinwirken und dort – und sei es im Gestus anti-mythologischer Emanzipation – zur Ausbildung neuer, mitunter fataler Mythen führen können.

Anmerkung

[1] Meinem Kollegen Wolfgang Behr verdanke ich den Hinweis, dass sich dies im mittelalterlichen China nicht anders verhalten habe.

Literatur

ALBRECHT, STEPHAN. 1999. «*Der Turm zu Babel als bildlicher Mythos. Malerei – Graphik – Architektur*». In Renger, Johannes (Hrsg.). Babylon: Focus mesopotamischer Geschichte, Wiege früher Gelehrsamkeit, Mythos in der Moderne (Colloquien der Deutschen Orient-Gesellschaft 2). Wiesbaden: Harrassowitz, 553–574.

ATANASIU, VLAD. 2001. «*5170 marches jusqu'à Dieu. Traditions musulmanes relatives à la tour de Babel et à la confusion des langues*». Annales islamologiques 35, 1–16.

BORST, ARNO. 1957–1963. *Der Turmbau von Babel. Geschichte der Meinungen über Ursprung und Vielfalt der Sprachen und Völker*. München: Deutscher Taschenbuch Verlag.

BROWN, DAVID. 2008. «*Increasingly Redundant: The Growing Obsolescence of the Cuneiform Script in Babylonia from 539 BC*». In Baines, John; Bennet, John; Houston, Stephen (Hrsg.). The Disappearance of Writing Systems. Perspectives on Literacy and Communication. Oxford: Equinox, 73–101 (mit einem Postskript von Jerrold Cooper, ebd. 103–108).

ECO, UMBERTO. 1997 [2002]. *Die Suche nach der vollkommenen Sprache.* 3. Auflage. München: Deutscher Taschenbuch Verlag.

ESHEL, ESTHER; STONE, MICHAEL E. 1993. «*The Holy Language at the End of the Days in Light of a New Fragment Found at Qumran*». Tarbiz 62, 169–178.

GERHARDS, MEIK. 2013. Conditio humana. Studien zum Gilgameschepos und zu Texten der biblischen Urgeschichte am Beispiel von Gen 2–3 und 11,1–9. Neukirchen-Vluyn: Neukirchener Theologie.

KLEIN, JACOB. 1997. «*The Origin and Development of Languages on Earth: The Sumerian versus the Biblical View*». In Eichler, Barry L.; Tigay, Jeffrey H.; Cogan, Mordechai (Hrsg.). Tehillah le-Moshe. Biblical and Judaic Studies in Honor of Moshe Greeenberg. Winona Lake, IN: Eisenbrauns, 77*–92*.

KLEIN, JACOB. 2000. «*The So-called ‹Spell of Nudimmud› (ELA 134–155): A Re-examination*». In Graziani, Simonetta (ed.). Studi sul Vicino Oriente antico dedicati alla memoria di Luigi Cagni. Bd. 2. Napoli: Istituto Universitario Orientale, 563–584.

KRAMER, SAMUEL NOAH. 1943. «*Man's Golden Age: A Sumerian Parallel to Genesis XI. 1*». Journal of the American Oriental Society 63, 191–194.

KRAMER, SAMUEL NOAH. 1968. «*The ‹Babel of Tongues›: A Sumerian Version*». Journal of the American Oriental Society 88, 108–111.

MINKOWSKI, HELMUT. 1960. Aus dem Nebel der Vergangenheit steigt der Turm zu Babel. Bilder aus 1000 Jahren. Berlin: Rembrandt.

MITTERMAYER, CATHERINE. 2009. Enmerkara und der Herr von Aratta. Ein ungleicher Wettstreit. Fribourg: Academic Press / Göttingen: Vandenhoeck & Ruprecht.

NAUMANN, BERND; PLANK, FRANS (HRSG.). 1992. Language and Earth: Elective Affinities between the Emerging Sciences of Linguistics and Geology. Amsterdam/Philadelphia: J. Benjamins.

OLENDER, MAURICE. 1989. Les langues du paradis. Aryens et sémites, un couple providentiel. Paris: Gallimard – Seuil.

POLLOCK, SHELDON. 2006. The Language of the Gods in the World of Men. Sanskrit, Culture, and Power in Premodern India. Berkeley/Los Angeles/London: University of California Press.

REINACH, SALOMON. 1892. L'origine des Aryens. Histoire d'une controverse. Paris: Ernest Leroux.

RUBIN, MILKA. 1998. «*The Language of Creation or the Primordial Language: A Case of Cultural Polemics in Antiquity*». Journal of Jewish Studies 49, 306–333.

SCHMIDT-BIGGEMANN, WILHELM. 2012. Geschichte der christlichen Kabbala. Bd. 1: 15. und 16. Jahrhundert. Stuttgart/Bad Cannstatt: Frommann-Holzboog.

SHERMAN, PHILLIP MICHAEL. 2013. Babel's Tower Translated. Genesis 11 and Ancient Jewish Interpretation. Leiden/Boston: Brill.

STAAL, FRITS. 1979. «*Oriental Ideas on the Origin of Language*». Journal of the American Oriental Society 99, 1–14.

UEHLINGER, CHRISTOPH. 1990. Weltreich und «eine Rede». Eine neue Deutung der sog. «Turmbauerzählung» (Gen 11,1–9) (Orbis Biblicus et Orientalis, 101). Freiburg Schweiz: Universitätsverlag / Göttingen: Vandenhoeck & Ruprecht.

VAN DIJK, JACOBUS. 1970. «*La ‹ confusion des langues ›, note sur le lexique et sur la morphologie d'Enmerkar, 147–155*». Orientalia N.S. 39, 302–310.

Cornelius Weiller

Das Zweischleifenmodell zum Verständnis der Sprachorganisation im Gehirn und Aphasie

Einleitung

Ich möchte mit der Beschreibung eines Bildes beginnen (siehe Abb. 1). Es zeigt, was in Zeitschriften oder wissenschaftlichen Handbüchern über die Organisation des Gehirns und der Sprachverarbeitung geschrieben steht.

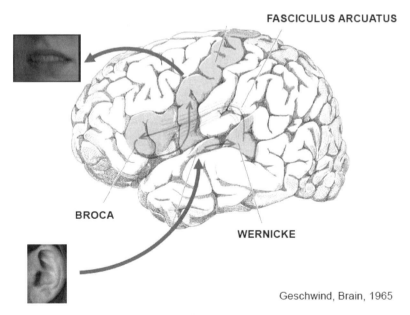

Abb. 1: Darstellung des Gehirns mit den für Sprache relevanten Arealen nach Geschwind (1965).

In dieser Abbildung, die auf den US-amerikanischen Neurologen und Neurowissenschaftler Norman Geschwind zurückgeht, wird sehr gut dargestellt, dass das akustische Signal zuerst in den akustischen Kortex geleitet, dann im posterioren Schläfenlappen (dem sogenannten Wernicke-Sprachzentrum) verarbeitet und weiter über den Fasciculus Arcuatus – einem mächtigen Fasertrakt– in den vorderen Teil des Gehirns (Broca-Zentrum) geleitet wird. Dort wird ein Artikulationsplan vorbereitet, der es ermöglicht, etwas auszusprechen. Dieses System erlaubt uns beispielsweise, Ausdrücke wie *superkalifragilistikexpialigetisch* nachzusprechen. Sobald aber eine Frage beantwortet werden soll, wie zum Beispiel: *Herr Weiller, warum kommen Sie bei dem schlechten Wetter mit dem Auto von Freiburg nach Zürich, wo die Zugverbindungen doch so gut sind?*, reicht der Fasciculus Arcuatus nicht mehr aus. Trotzdem findet sich dieses Modell nach wie vor in jedem Lehrbuch vertreten. Wir werden zeigen, dass die Annahme nur eines Verarbeitungsweges im Gehirn nicht ausreicht, um Sprache und Sprachverarbeitung bzw. -produktion zu erklären.

1 Alte und neue Wege zum Verständnis der Funktionsweise des Gehirns

Es ist verblüffend, dass die Annahme, es gäbe nur einen Verarbeitungsweg im Gehirn, immer noch so weit verbreitet ist. Meines Erachtens findet diese Vorstellung ihren Ursprung bei dem deutschen Neurologen und Psychiater Carl Wernicke, der als Doktorand zum ersten Mal ein erstaunlich modernes Modell von Sprachverarbeitung erstellte (Wernicke 1874). Er nahm an, dass es nur zwei Sprachzentren im Gehirn gäbe, sofern überhaupt Zentren für Sprache im Gehirn existierten. Dabei handele es sich einerseits um das Wernicke- und andererseits um das Broca-Zentrum, wobei Wernicke diese Zentren schon damals eher als Kreuzungspunkte denn als Zentren angesehen hat. Wernicke nahm an, dass alle Sprachfunktionen durch die Interaktion dieser beiden Gebiete kontrolliert werden. In seiner ursprünglichen Beschreibung sprach er häufig von zwei verschiedenen Wegen, wobei er aber nur einen definierte und in seinem ersten und berühmten Modell aufzeigte.

Der deutsche Mediziner und Neurologe Ludwig Lichtheim ging zu einem späteren Zeitpunkt von einem weiteren Verarbeitungsweg aus

(Lichtheim 1885). Er unterschied zwischen einem auditiven und einem motorischen Gebiet, die durch einen direkten Pfad miteinander verbunden sind. Dieser direkte Weg ermöglicht das Nachsprechen. Sobald man aber kreativ nachdenken möchte, braucht man Konzeptwissen und nicht einzig ein motorisches Imitieren von Lauten oder Silben. Wernicke baute diese Ideen in seine späteren Schemata ein. Im Hinblick auf die oben genannte Aussage über den Weg nach Zürich bedeutet das Folgendes: Man muss wissen, dass die Strassen im Winter, aufgrund des Eises, glatt sind. Man muss wissen, dass es eine schnelle Zugverbindung von Freiburg nach Zürich gibt, die man benutzen könnte. Diese Konzepte sind überall im Gehirn verteilt und nicht in einem Zentrum konzentriert. Es gibt somit für Sprachproduktion im Sinne von Sprachlaute bilden, also Sprechen, zwei Möglichkeiten: Man kann automatisch, einfach ohne nachzudenken, nachsprechen, oder man kann beim Sprechen denken oder auch spontan Gedanken äussern. Um etwas nachsprechen zu können, benötigen wir nur einen Weg.

Ein Beispiel: An der Universität Freiburg gibt es ein Forschungszentrum für Sprachwissenschaft, welches «Hermann-Paul-Centrum für Linguistik», abgekürzt *HPCL*, heisst. Als Mediziner denke ich aber automatisch an *HPLC (High performance liquid chromatography)*, ein Verfahren, mit dem man Proteine isolieren kann. Wenn ich laut *HPLC* sage, benutze ich den ersten sprachlichen Verarbeitungspfad in meinem Gehirn. Wenn ich aber nachdenken muss, dass das C vor dem L kommt, benutze ich den zweiten sprachlichen Verarbeitungspfad. Es gibt also verschiedene Wege der Produktion und Verarbeitung von Informationen.

2 Wichtige Befunde und Wirken von Carl Wernicke

Carl Wernicke hat die beiden Zentren (Broca-Zentrum und Wernicke-Zentrum) beschrieben und ihre Funktion definiert. Des Weiteren postulierte er, dass es eine Verbindungsbahn brauche, damit die Interaktion zwischen beiden Gebieten stattfinden kann. Als guter Schüler seines Lehrers Theodor Meynert, eines deutsch-österreichischen Psychiaters und Neuroanatomen, nahm er an, dass diese Verbindungsbahn hinter der Inselrinde sitzt. Die Inselrinde ist ein stammesgeschichtlich alter Kortex, der in den Tiefen des Gehirns verborgen ist.

Der wirklich originellen Idee von Meynert zufolge faltet sich das Gehirn während der Entwicklung um die Inselrinde. Aufgrund der permanent stammesgeschichtlich angewachsenen Gehirngrösse, von Amphibien bis zum Menschen hin, hat die Faltung des Gehirns (Gyrifizierung) zugenommen. Durch diese vermehrte Furchenbildung entstand eine Art «Schlucht» in der Grosshirnrinde, die Sylvische Fissur (sulcus lateralis). Um diese Sylvische Fissur herum entstanden die beschriebenen Verbindungen in Form mächtiger Fasertrakte aus weisser Substanz.

Wernicke versuchte aufgrund seines theoretischen Konstrukts von zwei Sprachzentren mit verschiedenen Verbindungswegen verschiedene Sprachstörungen vorherzusagen. Dabei entdeckte er eine (theoretische) Sprachstörung, die sogenannte «Leitungsaphasie», welche er auf die Durchtrennung der Hauptverbindung zwischen dem vorderen und hinteren «Sprachzentrum» zurückführte.

Das Entstehen einer solchen Leitungsaphasie muss man sich folgendermassen vorstellen: Sofern ein akustisches Signal in das auditorische System gelangt, wird der Klang z.B. eines Wortes dort abgespeichert. Weiter vorne, im Broca-Areal, sind die Sprachbewegungsbilder abgelegt, welche die Motorik steuern, wenn Sprache artikuliert wird. Wenn also der Ausdruck *superkalifragilistikexpialigetisch* ausgesprochen wird, wird das dazugehörige motorische Programm aktiviert. Ist die Verbindung der beiden Zentren im Gehirn beeinträchtigt, sind zwar die Klangbilder und die motorischen Programme vorhanden, aber die Verbindung zwischen beiden funktioniert nicht. Wernicke zufolge müsste daraus eine Sprachproduktionsstörung resultieren. In diesem Fall kann produzierte Sprache nicht unmittelbar mit dem Klangbild abgeglichen werden, sondern erst dann, wenn die bereits produzierte Sprache gehört wird. Es kann also nicht vor der eigentlichen Artikulation erkannt werden, ob ein Klangbild korrekt ist, weil kein direkter Abgleich stattfinden kann. Die Folge dieses inexistenten Abgleichs sind sogenannte Paraphasien. Zum Beispiel wird *Kliche* anstelle von *Kirche* ausgesprochen. Das Sprachverständnis selbst bleibt aber durchaus erhalten.

3 Kritik an Wernickes Konzepten durch andere Lehrmeinungen

Sigmund Freud war diesbezüglich anderer Meinung. Er postulierte, dass die Verbindung von Tonperzeption und Tonproduktion für die Funktion der sprachlichen Wiedergabe elementar sei. Von dieser Annahme ausgehend kann die Leitungsaphasie als eine Fehlfunktion der Wiedergabe von Sprache gesehen werden. Des Weiteren war Freud der Meinung, dass es eine isolierte Störung des Nachsprechens nicht geben könne, da dies die Unfähigkeit zur Verwendung korrekter Sprache bedingen würde. Mittels dieser Argumente kritisierte man die Ideen von Wernicke. Die Diskussion, welche sprachrelevanten Regionen über wie viele und welche Verbindungen miteinander verknüpft sind, dauert bis heute an (Weiller et al. 2011). Meynert und Wernicke haben, wie bereits erwähnt, der Inselrinde und deren Verbindungen eine zentrale Rolle im Sprachnetzwerk zugeschrieben, während andere Forscher wie von Monakow, Charcot und Dejerine (vgl. Weiller et al. 2011) meinten, eine andere, dorsale Verbindung (Fasciculus Arcuatus) und nicht der untere ventrale Pfad seien für lautsprachliche Funktionen entscheidend.

Wenn man die jüngeren Publikationen bis 2000 betrachtet, findet man nur noch den dorsalen Weg beschrieben, also wiederum nur einen einzigen Weg, dem bereits Geschwind herausragende Bedeutung beigemessen hatte. Der Fasciculus Arcuatus war für Geschwind wichtig, weil dieser auch mit dem Gyrus Angularis im posterioren Schläfenlappen verknüpft ist. Im Gyrus Angularis sah Geschwind die Zentrale für Sprachverarbeitung. Gemäss Geschwind findet dort die Integration von Informationen statt.

Der amerikanische Neurologe und Schüler Geschwinds Randall Benson (cf. Benson et al. 1973) betonte, dass die beiden Gebiete, das Broca- und das Wernicke-Areal, unabhängig voneinander funktionieren. Meines Erachtens kann dies nun so nicht sein. Sprachproduktion und Sprachverarbeitung – wie alle anderen kognitiven Funktionen – sind nicht in einem bestimmten Bereich des Gehirns lokalisiert, sondern aktivieren viele Gebiete auf dem Kortex und in subkortikalen Kernen, zum Beispiel in den Stamm- oder Basalganglien. Diese Funktionen werden durch sogenannte Netzwerke strukturiert. Im Gehirn arbeiten verschiedene, zum Teil weit voneinander entfernte Gebiete zusammen. Diese kann man Zentren nennen – obwohl dies nicht unbedingt eine gute Bezeichnung ist –, und Verbindungen zwischen den Zentren gewährleisten den Austausch und Abgleich von Informationen.

Das Broca-Areal (das vordere «Sprachzentrum») und das Wernicke-Zentrum (hinteres «Sprachzentrum») sind also nicht voneinander unabhängig, sondern interagieren miteinander bei Sprachproduktion und Sprachverarbeitung. Wenn die Verbindung zwischen den beiden Zentren unterbrochen wird, hat das Wernicke-Zentrum keinen Einfluss mehr auf das Broca-Zentrum und umgekehrt. Die Areale arbeiten dann anders, was bedeutet, dass ein neuer Phänotyp, also ein ganz neuer Erscheinungstyp, entsteht. Bezüglich Patienten mit bestimmten Symptomen bedeutet dies, dass nicht nur eine Funktion ausfällt, sondern dass das ganze Gehirn anders arbeitet und auch Kompensationsstrategien einsetzt. Es ist also nicht möglich, vom Erscheinungsbild des Patienten darauf zurückzuschliessen, wie das Gehirn arbeiten würde, wenn eine bestimmte Verletzung, eine Läsion, nicht in dieser Form vorhanden wäre.

Die sogenannten «Sprachzentren» sind also nicht unabhängig voneinander. Übrigens betonte schon Sigmund Freud (1891), dass es keine Zentren im Gehirn gäbe, sondern dass alle kognitiven Funktionen im Gehirn verteilt seien. Die sogenannten Zentren seien nur Punkte, an denen viele Fasern zusammenlaufen. Funktionen sind also nicht einzelnen Regionen oder Verbindungen zuzuordnen. Wie Sigmund Freud ebenfalls bereits behauptete, sind auch domänenspezifische kognitive Vorgänge, die etwa den linguistischen Beschreibungsebenen wie Syntax, Semantik und Phonologie zuzuordnen wären, nicht exklusiv anatomischen Strukturen zuzuordnen. Nichtsdestotrotz wird dies immer noch in vielen Publikationen heutzutage in diesem Sinne beschrieben. Vielleicht stimmt es auch, dass die beschreibenden Ebenen der Linguistik in Funktionsmodellen der menschlichen Sprache, wie die Phonologie (System der bedeutungsunterscheidenden Lautereignisse), die Syntax (System der Kombination sprachlicher Elemente) und die Semantik (System der Interpretation sprachlicher Ausdrücke), nicht analog zu den Vorgängen im menschlichen Gehirn sind. Demnach könnte man eine linguistische Beschreibungsebene wie die Semantik nicht ohne Weiteres im Gehirn verorten, weil das Gehirn keine Repräsentation von «Semantik» im technischen Sinne hat.

4 Struktur und Dynamik des dorsalen und ventralen Weges

Allerdings kann man festhalten, dass alle psychologischen und auch linguistischen Modelle von Anfang an davon ausgingen, dass es mehr als einen Verarbeitungs- und Produktionspfad für Sprechen im Gehirn gibt. Es gibt immer mindestens einen Pfad für das Nachsprechen und einen zweiten «kognitiven» Weg, so wie Wernicke dies schon früher beschrieb. Es gibt heutzutage Modelle, die versuchen, den verschiedenen Hirngebieten Funktionen zuzuordnen. Im Folgenden werde ich näher erläutern, wie dies mit bildgebenden Methoden der Magnetresonanztomographie (MRT) untersuchbar ist.

Wie die US-amerikanische Neurowissenschaftlerin Liz Romanski (cf. Romanski et al. 1999) zeigte, ist das bei Tieren nicht so schwierig. Injiziert man einen Stoff oder ein Virus in Hirngewebe, breitet sich dieser aus. Gekoppelt mit einem Farbstoff, kann man den Weg dieses *Tracers* anschliessend durch das Gehirn verfolgen.

Bei Menschen gestaltet sich dies schwieriger. Heutzutage ist man in der Lage, Trakte und Verbindungsbahnen im Gehirn darzustellen, indem man die Diffusionsrichtung von Molekülen und Protonen berechnet und visualisiert. Möchte man zusätzlich die Lokalisierung bestimmer kognitiver Funktionen in die Untersuchung einbringen, kann man zum Beispiel eine fMRT-Aktivierungsstudie machen, wie die deutsche Neurologin Dorothea Saur (cf. Saur et al. 2008) aus meiner Arbeitsgruppe.

Bei dieser Studie hatten Probanden im Scanner zu beurteilen, ob der Satz *Der Pilot fliegt das Flugzeug* oder *Der Pilot isst ein Flugzeug* korrekt ist. Um diese Aufgabe lösen zu können, müssen semantische Entscheidungen getroffen werden, was zu einer Aktivierung im Frontal- und Temporallappen führt. Indem man die Diffusion der Moleküle misst, kann untersucht werden, über welchen Weg diese verschiedenen Gebiete miteinander verbunden sind. In einem weiteren Schritt wird nach statistischen Zusammenhängen mit der Aktivität im Gehirn gesucht. Dazu wird untersucht, ob die Zeitverläufe der Aktivierungen in einem Verhältnis zueinander schwingen. Somit können aus der Menge der Verbindungen diejenigen herausgefiltert werden, die wirklich relevant für den interessierenden Sachverhalt sind.

Es konnte gezeigt werden, dass der ventrale Pfad (und nicht der dorsale) bei der fraglichen Verarbeitung die entscheidende Rolle spielt, so wie es in klassischen Lehrbüchern geschrieben steht. Allerdings ist das Netzwerk, das für umfangreiche Sprachverarbeitung notwendig ist, noch um einiges grösser als ursprünglich angenommen. Wenn man dann noch zusätzlich die Aktivierungsgipfel und Verbindungen einbringt, sieht man das gesamte Netzwerk, welches gebraucht wird, um den Satz *Der Pilot isst ein Flugzeug* zu verstehen oder ihn auf seine semantische Richtigkeit zu beurteilen.

Auf beiden Seiten des Gehirns, rechts wie links, ist ein temporo-frontales Netzwerk (also eine Interaktion zwischen dem Schläfenlappen und dem Stirnlappen) während der Bearbeitung der beschriebenen Aufgabe aktiv. Diese Verbindung läuft über ein kleines Gebiet namens Capsula Extrema. Dieser ventrale Pfad ergänzt den dorsalen Pfad, den wir aus dem Lehrbuch kennen. Wiederholt man allerdings Pseudowörter, also Wörter, die aus normalen Wörtern konstruiert sind, aber nicht im mentalen Wörterbuch existieren (z.B. *mumpfig, fölufel apoldig, treckonen*), wird der dorsale Verarbeitungsweg im Gehirn gebraucht. Die Idee, in Studien Pseudowörter zu benutzen, ist die, dass nur nachgesprochen werden muss, ohne das Sprachverständnisnetzwerk zu aktivieren.

Zusammenfassend habe ich bisher zwei verschiedene Verarbeitungspfade im Gehirn beschrieben: einmal den Faserstrang Fasciculus Arcuatus, der für das Nachsprechen benutzt wird, und zweitens den ventralen Pfad, der für das Sprachverständnis benutzt wird. Doch bedeutet das, dass Nachsprechen im oberen Pfad quasi stattfindet? Nein, dieser Trakt ist nicht der Trakt, der Nachsprechen *ausführt*, sondern das Gehirn *benutzt* dieses Gebiet lediglich, um nachzusprechen. Auch das Sprachverständnis ist nicht in der Capsula Extrema untergebracht, sondern nutzt sie nur. Um das Verständnis zu vertiefen, können wir Patientendaten untersuchen.

5 Tieferes Verständnis der Materie mittels Patientendaten

Man könnte zum Beispiel vorhersagen, dass eine Läsion, ein Infarkt oder ein Schlaganfall im Bereich des dorsalen Pfades das Nachsprechen stört. Ausserdem könnten wir vorhersagen, dass eine Läsion oder ein Infarkt im ventralen System das Sprachverständnis schädigt. Um dies zu überprüfen, benutzen wir den Aachener Aphasietest. Das ist ein Testverfahren, mit dem Sprachstörungen bei Patienten klassifiziert werden können. Er enthält mehrere Untertests, davon zum Beispiel solche, die etwas mit Nachsprechen oder Verständnis zu tun haben.

Nun können zum Beispiel 100 Patienten mit akuter Aphasie, die alle einen Infarkt erlitten haben, untersucht werden. Weiter wird analysiert, ob ein bestimmtes Gebiet durch einen Schlaganfall zerstört ist. Diese Daten können dann in eine binäre Funktion umgewandelt werden, die bestimmt, ob ein kleines Areal im Gehirn betroffen ist oder nicht. Zu diesem Zweck wird das digitale Volumen in Zehntausende kleiner Bildwürfel, sogenannte «Voxel», aufgeteilt. Zusätzlich werden Verhaltensdaten erhoben, welche das Ziel haben, für alle 100 Patienten darzustellen, inwieweit in einem Bereich von 0 bis 100 % der einzelne Patient eine Störung des Nachsprechens oder des Sprachverständnisses hat. Danach können die Korrelationen zwischen dem Infarkt und den Verhaltensdaten errechnet werden (siehe Abb 2).

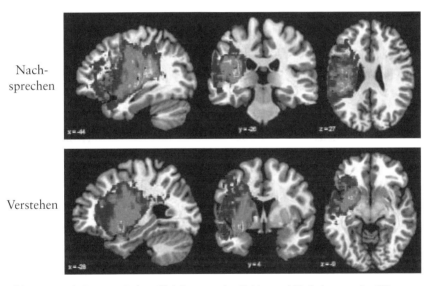

Abb. 2: Korrelationen zwischen Aktivierungen im Gehirn und Verhalten gemäss Kümmerer et al. (2013).

Herausgefunden wurde, dass der kritische Ort der Schädigung nicht in der Hirnrinde liegt, sondern viel tiefer, wo die Verbindungsbahnen verlaufen. Dies spricht dafür, dass kein Zentrum lädiert ist, sondern ein Trakt. Aphasiologen könnten daraus schliessen, dass die Produktionsstörung eher weiter *posterior* lokalisiert ist und die Verständnisstörung eher *anterior* im Gehirn, was der gängigen Meinung widerspricht. Man kann diese Befunde den Trakten zuordnen und zeigen, dass das Nachsprechen mehr vom dorsalen und das Verstehen mehr vom ventralen Pfad abhängt. Eine Schädigung des dorsalen Systems geht in der Tat häufiger mit einer Nachsprechstörung und Schädigungen des ventralen Systems eher mit einer Sprachverständnisstörung einher.

Nun wird niemand behaupten, dass das Sprachverständnis in der Capsula Extrema lokalisiert ist. Es ist auch nicht der alltägliche Fall, dass Patienten nur ein Symptom aufweisen. Welche Rolle spielt also die Capsula Extrema genau? Nun, die Capsula Extrema ist, einfach gesprochen, der «Flaschenhals». Sie ist der kleinste Punkt innerhalb dieses Netzwerks, welchen alle Informationen passieren müssen. Wenn man verschiedene Schlaganfälle und Infarkte, bei denen man einen gemeinsamen Ursprung vermutet, betrachtet, dann ist die Wahrscheinlichkeit sehr hoch, dass die Capsula Extrema lädiert ist. Mittels dieses Befunds lässt sich erklären, weshalb eine starke Verständnisstörung beim Patienten auftritt. Semantische und syntaktische Informationen sowie das episodische Gedächtnis müssen im Schläfen- und im Frontallappen integriert werden, damit man einen Satz verstehen kann. Um Informationen zu integrieren, braucht man die Verbindung zwischen den Gebieten.

Folglich ist es also keinesfalls so, dass die Sprache in der Capsula Extrema läge. Es ist nur eine strategisch wichtige Stelle, an der es sehr leicht ist, das Netzwerk zu unterbrechen. Deswegen ist es auch problematisch, wenn einzelne Symptome mit einzelnen Läsionen im Gehirn korreliert werden. Es gibt nämlich kaum Patienten, die sich nur mit einem Nachsprechproblem präsentieren oder exklusiv mit einem Sprachverständnisproblem. Patienten kommen in eine Praxis oder Klinik, weil sie ein sogenanntes Syndrom haben. Dieses Syndrom ist eine Mischung aus verschiedenen Symptomen. Das kommt daher, dass die Gefässe im Gehirn jeweils einen bestimmten Teil mit Sauerstoff und Nährstoffen versorgen. Bleibt der Embolus, das Blutgerinnsel, irgendwo stecken, kommt es zum Infarkt. Dies bedeutet, dass viele Patienten an Ausfällen all der Funktionen leiden, welche die von dem Infarkt betroffenen Regionen zuvor unterstützt haben. Da Hirnfunktionen im Gehirn räumlich sehr nahe beieinander, teilweise sogar überlappend, angeordnet sind, kommt es praktisch immer zu mehreren Symptomen (zum Beispiel zu Gefühlsstörungen und Lähmungen). Syndrome sind daher wegen ihrer Vergleichbarkeit wichtig.

Um ein genaues Bild eines Syndroms zu bekommen, kann man verschiedene Tests aus dem Aachener Aphasietest kombinieren, wie zum Beispiel Untertests zu Spontansprache, zum Nachsprechen, Benennen, Schreiben und zum Verständnis, so dass eine Gruppierung von bestimmten Patienten gemäss ihrer Symptome vorgenommen werden kann. Diese Patienten könnten in klassische Syndrome, wie zum Beispiel die globale Aphasie, die Wernicke-Aphasie, die Broca-Aphasie und die amnestische Aphasie, eingeteilt werden. In den vorangehenden Untersuchungen hat man für jeden der 100 Patienten einen Wert bestimmt, aufgrund dessen man Aussagen zur Performanz beim Nachsprechen machen konnte. Bei der aktuellen Vorgehensweise werden die Patienten systematisch nach Syndromen klassifiziert.

Der globalen Aphasie, die sich dadurch auszeichnet, dass der Patient so schwer betroffen ist, dass man nicht mit ihm kommunizieren kann, liegt kein wirklich systematisches Läsionsmuster zugrunde. Dasselbe gilt für die amnestische Aphasie, die sich durch eine leichte Sprachstörung auszeichnet, bei der die Patienten gut sprechen können, ihnen aber vermehrt die Wörter nicht einfallen. Bei der globalen Aphasie ist sehr viel Hirngewebe lädiert, während bei der amnestischen Aphasie vergleichsweise wenige Hirnregionen zerstört sind.

Bei den beiden klassischen Syndromen, der Broca- und der Wernicke-Aphasie, ist das Bild etwas anders. Bei der Broca-Aphasie liegt der Schwerpunkt der Läsionen im Fuss der dritten Frontalwindung, so wie Paul Broca es bereits vermutete. Die (nicht-flüssige) Broca-Aphasie zeichnet sich durch eine eingeschränkte Sprechweise im Telegrammstil mit einer reduzierten Grammatik aus. Gleichzeitig leiden die betroffenen Personen weniger stark an einer Einschränkung des Sprachverstehens. Die (flüssige) Wernicke-Aphasie wird auf eine Schädigung des Gehirns im hinteren Anteil der beiden oberen Windungen des Schläfenlappens zurückgeführt. Dabei handelt es sich um das Gebiet, in dessen Nähe man wahrscheinlich auch das Wernicke-Areal lokalisieren würde. Im Gegensatz zur Broca-Aphasie können Wernicke-Aphasiker in der Regel flüssig sprechen. Allerdings ist ihr Sprachverständnis auf der Ebene von Wörtern und Sätzen stark eingeschränkt. Zudem neigen sie zur Produktion von Wortneuschöpfungen, zu denen es im Lexikon ihrer Sprache keine Entsprechung gibt.

Es zeigt sich also ein ganz anderes Bild als bei der klassischen Analyse. Während man seinerzeit ein gestörtes Sprachverständnis mit einer Läsion in der Tiefe des Gehirns in Zusammenhang brachte, geht man heute davon aus, dass die Wernicke-Aphasie auf eine Schädigung im posterioren kortikalen Gebiet des Schläfenlappens zurückgeht. Natürlich ist die Wernicke-Aphasie im Wesentlichen durch ein Sprachverständnisproblem gekennzeichnet. Wenn ein Patient mit einem Sprachverständnisproblem auffällt, ist es wahrscheinlich, dass eine Wernicke-Aphasie vorliegt und eine Läsion weiter hinten im Gehirn vorhanden ist. Die meisten anatomisch geschulten Menschen würden sicherlich zustimmen, dass der Temporallappen irgendetwas mit semantischer Verarbeitung von Wörtern zu tun hat. Die Wernicke-Aphasie ist eine «flüssige» Aphasie, die betroffenen Patienten sprechen relativ viel und scheinbar flüssig. Das liegt an dem Umstand, dass der Frontallappen nicht geschädigt ist. Daraus entstehen sogenannte phonetische und semantische Paraphasien, also flüssige, aber sinnlose Wortketten oder Sätze.

Interpretieren könnte man diesen Befund wie folgt: Diese Läsion, die ungefähr im hinteren Anteil des Temporallappens der obersten Windung liegt, beeinflusst sowohl das dorsale als auch das ventrale System. Das könnte die Ursache für Paraphasien sein. Wichtig zu betonen ist, dass eine Wernicke-Aphasie nicht einfach den Ausfall des Sprachverständnisses bedeutet, sondern dass eine Veränderung des gesamten Systems entsteht, die dazu führt, dass der Betroffene einen ganz neuen Phänotyp aufweist.

6 Die Problematik der Leitungsaphasie und der Nachsprechstörung

Kommen wir nochmals kurz zurück zum Thema der Leitungsaphasie und des Nachsprechproblems. Die Leitungsaphasie ist heute durch eine Störung des Nachsprechens gekennzeichnet. Wernicke, aber auch gegenwärtige Wissenschaftler, definieren mindestens zwei Routen, die für das Nachsprechen gebraucht werden. Das heisst, eine Läsion des Fasciculus Arcuatus allein reicht nicht aus, um ein Nachsprechproblem zu generieren. Die Leitungsaphasie ist durch viele Symptome gekennzeichnet. Die verursachende Läsion liegt meist auch nicht dorsal beim Fasciculus Arcuatus, sondern direkt hinter dem Gyrus Temporalis Superior, wo man sensomotorische Integration verortet. Natürlich haben betroffene Patienten auch andere Probleme aufgrund der Beeinträchtigung des dorsalen

Systems, wie zum Beispiel Arbeitsgedächtnisstörungen. Die Betroffenen versuchen ein solches Defizit zu kompensieren, indem sie nach dem richtigen Wort suchen und den ventralen Pfad dazu einsetzen. Repetition kann also auch an anderen Stellen stattfinden, somit entsteht ebenfalls ein ganz neuer Phänotyp.

7 Ist das Zusammenwirken des dorsalen und des ventralen Systems spezifisch für menschliche Sprache?

Das oben beschriebene dorsale und ventrale System ist nun keineswegs auf Sprachproduktion und -verarbeitung beim Menschen begrenzt. Im visuell-räumlichen Verarbeitungssystem gibt es ebenfalls ein duales System. Wird ein visueller Stimulus verarbeitet, unterstützt der dorsale Pfad die Verarbeitung räumlicher Koordinaten des Stimulus, während der ventrale Pfad hilft, die Bedeutung des Stimulus zu erfassen. Wenn also zum Beispiel ein Tiger auf uns zuspringt, muss ersichtlich sein, ob es sich um einen Tiger oder eine kleine Katze handelt, und ausserdem muss man abschätzen können, wie gross die Entfernung zum Tier ist. Beide Stränge müssen also wiederum zusammen arbeiten. Dies zeigt auch das Beispiel des Memory-Spiels: Um im Spiel erfolgreich zu sein, muss man wissen, welche Karte (was) wo liegt (wo).

Auch bei Aufmerksamkeit gibt es ein dorsales und ventrales System. Ebenfalls in der Motorik: Eine einfache aktive oder passive Bewegung, welche man ohne weiteres Nachdenken ausführt, benötigt das dorsale System. Die Bewegungsvorstellung, der Abruf einer bestimmten Bewegung, bedarf zusätzlich des ventralen Systems. Für die reine Imitation einer Bewegung wird also der dorsale Weg benötigt. Wenn man hingegen nur so tun möchte, als ob man telefonieren würde, muss das interne Konzept der Motorik abgerufen werden. Hierbei ist es wichtig zu wissen, was ein Telefonhörer ist, wie schwer er ist und wie man eine Nummer wählt. Dazu wird der ventrale Verarbeitungsweg benötigt.

Dieses Zweischleifenmodell findet sich also in vielen Modalitäten und bei vielen Funktionen. Es ist demzufolge wahrscheinlich nicht spezifisch für Sprachproduktion und -verarbeitung, sondern diese nutzen eine Funktion, die das System bereitstellt. Um dieses System besser zu verstehen, können alle möglichen Funktionen aus den verschiedenen Domänen aufgelistet werden und dorsaler und ventraler Verarbeitung zugeordnet werden. Dies könnte dahingehend interpretiert werden, dass das dorsale System die zeitabhängige Analyse von sequenziell angereihten Segmenten vollzieht, wobei «zeitlich» sowohl im akustisch-zeitlichen als auch im räumlichen Sinne verstanden werden kann.

Der dorsale Pfad analysiert zum Beispiel die Reihenfolge der Töne, unabhängig davon, was sie bedeuten. Der ventrale Pfad ist notwendig, um die Bedeutung herauszufinden. Er stellt die Verbindung zum Weltwissen und zu Konzepten her und ist notwendig zur Reflexion. Um *superkalifragilistikexpialigetisch* nachzusprechen, muss man die einzelnen Phoneme hören, die aneinandergereiht sind. Gleiches gilt für den visuellen Raum, zum Beispiel, wenn man sich überlegt, wohin der Springer beim Schachspiel gesetzt werden kann.

Das dorsale System ist sequenz-, zeit- oder raumabhängig. Das ventrale System ist dagegen unabhängig vom zeitlichen Zusammenhang und ist in der Lage, auch zeitlich oder räumlich entfernte Informationen miteinander zu vergleichen und wahrscheinlich die strukturelle Relation der Elemente nach einer begrenzten Anzahl von Regeln zu erkennen.

Das dorsale System ist der sensomotorische Abgleich. Es funktioniert wie eine Schablone, die man anwendet. Für mich ist es deswegen schwierig, das Wort *Grüezi* zu sagen, im Gegensatz zu muttersprachlichen SprecherInnen des Schweizerdeutschen, weil bei mir kein Abgleich mit der Motorik stattfindet. Dieser Abgleich funktioniert wie eine Korrektur, die benutzt wird, um Falsches zu hören und zu korrigieren, also eine Art Selbstkontrolle. Der ventrale Pfad ist in der Lage, aus diesen verschiedenen Segmenten eine audiomotorische Repräsentation herzustellen. Ich würde behaupten – und das ist eine reine Behauptung –, dass er diese artikulatorische Repräsentation nach bestimmten Regeln zusammensetzt. Regeln, wie man sie zum Beispiel bei der Kombination sprachlicher Elemente (Syntax) findet und die in ihrer Anzahl wahrscheinlich begrenzt sind, damit das Gehirn effizient arbeiten kann.

Die Trennung, die wir zwischen den beiden Systemen, dem dorsalen und dem ventralen, machen, ist artifiziell. Für die meisten kognitiven Funktionen wird eine natürliche Integration von beiden gebraucht.

8 Musik und Sprache im menschlichen Gehirn

Die Neurologin Christina Musso (cf. Musso et al. 2009) von der Neurologischen Universitätsklinik in Freiburg hat eine Studie durchgeführt, bei der sie syntaktische Regelverletzungen bei Sprache und Musik verglichen hat (Musso et al. 2009). Sprache und Musik nutzen das gleiche basale System, das aus dem Frontallappen, der Insel, dem mittleren temporalen Gyrus und dem intraparietalen Sulcus besteht, also aus Gebieten im Gehirn, die über beide Verarbeitungsstränge miteinander verbunden sind. Die Syntax ist ein typisches Beispiel, bei dem beide, der ventrale und der dorsale Strang, interagieren.

Es ist sicher, dass andere kognitive Funktionen genauso auf dieser Anatomie aufsetzen wie die Sprache. Mittels Methoden vergleichender Neuroanatomie ist es möglich, zu unterscheiden, ob Gehirne von Tieren anders als Gehirne von Menschen aufgebaut sind. Auf den ersten Blick findet man beim Menschen ähnliche anatomische Gegebenheiten wie bei Primaten. Zu dieser Thematik finden wir hervorragende, bereits publizierte Studien, die nachweisen, dass sich von den Makaken über den Schimpansen bis zum Menschen der dorsale Weg immer stärker ausbildet. Man nimmt an, dass deswegen der dorsale Weg das Merkmal ist, welches uns von den Makaken unterscheidet.

Ebenfalls sollte erwähnt werden, dass aufgrund der Plastizität Übung grosse Effekte auf die Funktion und Struktur des Gehirns hat. Zum Beispiel wird der Kortex immer dicker, je mehr er benutzt wird. Taxifahrer zeigen so etwa im Vergleich zu Kontrollpersonen, die nicht über so ein gutes Ortsgedächtnis verfügen, einen grösseren rechtshemisphärischen Hippocampus. Der Hippocampus gilt als «Eingangstor» zum Langzeitgedächtnis und spielt daher auch für das Ortsgedächtnis eine grosse Rolle. Wenn man dagegen viel spricht, «wächst» der Fasciculus Arcuatus.

Dazu gibt es eine Studie der Direktorin des Leipziger Max-Planck-Institutes Angela Friederici und der Mailänder Neurologin Daniela Perani, welche Kinder im Babyalter und im Alter von sieben Jahren untersucht haben (Perani et al. 2011). Bei Neugeborenen fanden die Forscherinnen die anatomischen Substrate für einen ventralen und einen dorsalen Weg. Allerdings war der dorsale Pfad noch nicht vollständig ausgebildet. Im Gegensatz zum Gehirn erwachsener Personen ist der axonale Trakt, der den dorsalen Pfad darstellt, bei Kindern noch nicht endgültig myelinisiert. Er reift erst ab sieben Jahren heran. Das heisst also, dass der ventrale Weg, im

Gegensatz zum dorsalen Weg, bereits von Geburt an ausgereift ist. Die Autorinnen ziehen die Schlussfolgerung, dass uns der dorsale Weg ermöglicht, komplexe Sätze zu verstehen. Das macht uns als Menschen einzigartig.

Erhoben wurden diese Daten mit Magnetenzephalographie. Bei diesem Verfahren wird berechnet, mit welchen Gebieten die Aktivität korreliert. Bei Erwachsenen korrelieren das Wernicke-Areal und das Broca-Areal stark miteinander, was bei Neugeborenen noch nicht nachgewiesen werden konnte. Begründet wurde dies damit, dass der dorsale Weg noch nicht vorhanden sei, weswegen Neugeborene nicht sprechen könnten.

Die Gegenhypothese, von meinem Team und mir, besagt, dass es nicht der dorsale Weg ist, der dafür allein verantwortlich ist, sondern dass dieses vollständige Zweischleifensystem für komplexes Sprachverständnis und Sprachproduktion erforderlich ist. Erst wenn die anterioren und posterioren sprachrelevanten Gebiete im Gehirn über zwei Wege komplett miteinander verbunden sind, können sie richtig interagieren. Die *Möglichkeit,* beide Wege zu nutzen, ist das, was das menschliche Gehirn ausmacht. Keiner der beiden Pfade ist dem anderen in der Hierarchie überlegen.

Führt man alle traditionellen neurolinguistischen Modelle (s. Weiller et al. 2011) in einem Schema auf, kommt man zu einem Sprachbegriff, den der US-amerikanischen Linguist Jackendoff wie folgt definiert: «Sprache ist die Abbildung von Lauten auf das Denken» (Jackendoff 1997). Versuchen wir, dieses Konzept auf unsere Anatomie zu übertragen, so gehört ein Teil zum dorsalen System, und die Verbindung zum kognitiven System stellt das ventrale System dar. Die Tragödie war, dass Wernicke die beiden Systeme verwechselt hat.

Der russische Psychologe Lew Vygotsky sagte, dass es eine präintellektuelle Phase gibt, in der sich Denken und Sprechen unabhängig voneinander entwickeln. Ein Baby verfüge bereits über Konzepte, aber es könne diese nicht mit Sprachzeichen verbinden. Die beiden Domänen überlappen sich zu einem späteren Zeitpunkt in der Entwicklung, wobei die Verbindung zwischen Denken und Sprechen *das verbale Denken* und *die innere Sprache* sind.

Der Idee des Neurologen Michel Rijntjes (2012) zufolge kann man die Daten von Perani und Friederici (2011) wie folgt interpretieren: Man verfügt bei der Geburt bereits über ein existentes ventrales System, aber der dorsale Weg ist noch nicht richtig ausgebildet. Der zu diesem Zeitraum vorhandene Informationsabgleich erfolgt über das Gehör. Später erfolgt die Internalisierung. Sobald diese eintritt, ist man in der Lage, eine innere Sprache zu entwickeln.

Gemäss Vygotsky ermöglicht uns diese innere Sprache Reflexion und Abstraktion. Er behauptet weiter, dass vom dritten bis zum fünften Lebensjahr hin eine egozentrische Sprache benutzt wird. Kinder verfügen noch über kein Konzept zur inneren Sprache, sondern ihr Handeln wird von Sprache begleitet. Sie sind jedoch in der Lage, sich einfache Sachverhalte zu überlegen. Es scheint naheliegend, dass sie noch nicht über ein ausgeprägtes dorsales System verfügen, welches Verbindungen zum ventralen System besitzt. Zu einem späteren Zeitpunkt kommt es zur Verbindung dieser Systeme, und eine Internalisierung von Sprache wird möglich. Das Merkmal eines kompletten Dual-Loop-Systems, eines Zweischleifensystems mit einem dorsalen und ventralen Strang, ist vielleicht das Merkmal, welches spezifisch menschlich ist. Sprachproduktion und Sprachverarbeitung im Gehirn sind somit nicht einzigartig, denn auch andere Funktionen werden mit ähnlichen Vorgängen ausgeführt.

Tiere verfügen über grossartige Fähigkeiten und Talente, jedoch ist ihr Handeln in hohem Masse situationsgebunden. Im Gegensatz zu ihnen besitzen wir als Menschen die Möglichkeit zur Abstraktion und Internalisierung. Sehr wahrscheinlich ist, dass die Fähigkeit zur Internalisierung das Dual-Loop-System bedingt. Beispielsweise benutzen wir darstellende Bilder schon seit vielen Jahrtausenden, wie dies an Höhlenmalereien aus vorchristlicher Zeit illustriert werden kann. Ebenso können wir lineare Sequenzen mit hierarchisch komplexen Strukturen verbinden, so wie sich dies beim Schachspielen verdeutlichen lässt. Wir wissen, mit welcher Figur wir wohin ziehen müssen, um den König Schachmatt zu setzen.

9 Abschliessende Worte

Mein Team und ich sind davon überzeugt, dass dieses komplette geschlossene Zweischleifensystem, diese Analyse von Segmenten und Struktur, derjenige Aspekt ist, der uns in der Evolution einen entscheidenden Vorteil erbracht hat. Dieses System kann gleichermassen bei motorischen Aufgaben, bei Aufmerksamkeitssteuerung oder bei Sprachproduktion und -verarbeitung eingesetzt werden. Ob nur wir Menschen dieses System verwenden können oder nicht, können wir nicht beantworten.

Literatur

BENSON, D. FRANK; SHERAMATA, WILLIAM A.; BOUCHARD, REMI; SEGARRA, JOSEPH M.; PRICE, DONALD; GESCHWIND, NORMAN. 1973. *«Conduction Aphasia»*. Archives of Neurology 28, 339–46.

FREUD, SIGMUND. 1891. *Zur Auffassung der Aphasien. Eine kritische Studie.* 2. Ausg. Leipzig and Wien: Franz Deuticke.

GESCHWIND, NORMAN. 1965. *«Disconnexion syndromes in animals and man, I & II»*. Brain 88, 237–294, 585–644.

JACKENDOFF, RAY. 1997. *The Architecture of the Language Faculty.* Cambridge, Massachusetts: MIT Press.

KÜMMERER, DOROTHEE; HARTWIGSEN, GESA; KELLMEYER, PHILIPP; GLAUCHE, VOLKMAR; MADER, IRINA; KLÖPPEL, STEFAN; SUCHAN, JULIA; KARNATH, HANS-OTTO; WEILLER, CORNELIUS; SAUR, DOROTHEE. 2013. *«Damage to ventral and dorsal language pathways in acute aphasia»*. Brain 136, 619–629.

LICHTHEIM, LUDWIG. 1885. *«On aphasia»*. Brain 7, 433–484.

MONAKOW, CONSTANTIN VON. 1885. *«Neue experimentelle Beiträge zur Anatomie der Schleife: vorläufige Mitteilung»*. Neurologisches Centralblatt 12, 265–268.

MUSSO, MARIACHRISTINA; GLAUCHE, VOLKMAR; HORN, ANDREAS; WEILLER, CORNELIUS. 2009. *«The signature of the human architecture»*. NeuroImage 47 (suppl. 1), 118.

PERANI, DANIELA; SACCUMAN, MARIA C.; SCIFO, PAOLA; ANWANDER, ALFRED; SPADA, DANILO; BALDOLI, CRISTINA; POLONIATO, ANTONELLA; LOHMANN, GABRIELE; FRIEDERICI, ANGELA D. 2011. *«Neural language networks at birth»*. Proceedings of the National Academy of Sciences of the USA 108(38), 16056–61.

RIJNTJES, MICHEL; WEILLER, CORNELIUS; BORMANN, TOBIAS; MUSSO, MARIACHRISTINA. 2012. *«The dual loop model: its relation to language and other modalities.»* Frontiers in Evolutionary Neuroscience 4(9).

ROMANSKI, LIZABETH M.; TIAN, BIAO; FRITZ, JONATHAN B.; MISHKIN, MORTIMER; GOLDMAN-RAKIC, PATRICIA S.; RAUSCHECKER, JOSEF P. 1999. *«Dual streams of auditory afferents target multiple domains in the primate prefrontal cortex»*. Nature Neuroscience 2, 1131–1136.

SAUR, DOROTHEE; KREHER, BJÖRN W.; SCHNELL, SUSANNE; KÜMMERER, DOROTHEE; KELLMEYER, PHILIPP; VRY, MAGNUS-SEBASTIAN; UMAROVA, ROZA; MUSSO, MARIACHRISTINA; GLAUCHE, VOLKMAR; ABEL, STEFANIE; HUBER, WALTER; RIJNTJES, MICHEL; HENNIG, JÜRGEN; WEILLER, CORNELIUS. 2008. *«Ventral and dorsal pathways for language»*. Proceedings of the National Academy of Sciences of the USA 105, 18035-40.

VYGOTSKI, LEV. 1934. *Thought and Language.* Cambridge, Massachusetts: MIT Press.

WEILLER, CORNELIUS; BORMANN, TOBIAS; SAUR, DOROTHEE; MUSSO, MARIACHRISTINA; RIJNTJES, MICHEL. 2011. *«How the ventral pathway got lost – and what its recovery might mean»*. Brain and Language 118, 29–39.

WERNICKE, CARL. 1874. *Der aphasische Symptomenkomplex. Eine psychologische Studie auf Anatomischer Basis.* Breslau: Cohn und Weigert.

Abraham Bernstein

Mit Computern sprechen: Unterschiede und Gemeinsamkeiten zwischen menschlicher und maschineller Sprache*

Einleitung

Dieser Beitrag handelt von einem Thema, das mir besonders am Herzen liegt. Gegenstand der folgenden Ausführungen sind die Unterschiede und Gemeinsamkeiten zwischen menschlicher und maschineller Sprache. Dabei wird auch die Diskrepanz zwischen menschlicher und maschineller Kommunikation deutlich werden, die dem Menschen den Umgang mit dem Computer manchmal erschwert.

Computer sind in unserem heutigen Leben allgegenwärtig: Sie bevölkern unsere Büros, sie unterhalten uns, und wenn Sie sich frühmorgens in das Tram stellen, dann gibt es kaum jemanden, der seine Tageszeitung noch auf toten Bäumen liest. Die meisten von uns halten irgendwelche Geräte in der Hand. Wie präsent Computer auch im Alltag von Studierenden sind, zeigt sich schon durch die Tatsache, dass viele häufig nur mehr einen (oder mehrere) Computer bei sich haben. Es werden Laptops oder Tablets bedient, und grösstenteils steckt irgendwo in der Tasche noch ein Smartphone. In der Interaktion mit diesen Geräten wird der Benutzer ständig gezwungen, kommunikative Grenzen zu überwinden, denn oft erfüllt ein solches Gerät nicht genau den Auftrag, den sein Besitzer ihm gibt.

In diesem Vortrag versuche ich aufzuzeigen, welche Sprache diese Maschinen sprechen und weshalb und worin sich diese von der menschlichen Sprache unterscheidet. Dabei werde ich mich damit auseinandersetzen, ob

---

* Der Text dieses Beitrags beruht auf einer Transkription des mündlichen Vortrags.

die Diskrepanz zwischen dem Willen des Benutzers und den beschränkten Fähigkeiten des Computers überbrückt werden kann. Es soll verdeutlicht werden, weswegen das Ziel einer funktionierenden Kommunikation mit Computern einerseits so nah und andererseits doch so fern liegt.

In einem Werbespot für das iPhone 4s wirbt der Schauspieler Samuel L. Jackson für das Gerät, indem er zeigt, wie gut das Mobiltelefon die Aufträge erfüllt, die er ihm gibt. Beispielsweise gibt der Protagonist seinem iPhone den mündlichen Auftrag, Termine von seinem Kalender zu löschen oder zu erstellen. Ausserdem kann er es durch eine mündliche Aufforderung dazu bringen, eine Erinnerung einzustellen. Selbst konkrete Fragen, wie beispielsweise die Frage nach dem nächstliegenden Geschäft oder der Anzahl Unzen, die einer Tasse entsprechen, beantwortet das Gerät, indem es sowohl sprachlich kommuniziert als auch tabellarische Hinweise zur Verfügung stellt oder geografische Koordinaten auf einer digitalen Karte festlegt.

Diese Werbung verspricht dem potenziellen Käufer viel. Viele Fragen, die der Benutzer an das Gerät richtet, können allerdings nicht eindeutig beantwortet werden. Anstelle einer spezifischen Antwort liefert das Gerät dann verschiedene Lösungen, die es beispielsweise tabellarisch präsentiert. Die Aufgabe, aus diesen bereitgestellten Daten die gewünschte Antwort herauszufiltern, liegt beim Benutzer. Der Computer ist hier also nicht fähig, eine spezifische Frage eindeutig zu beantworten, sondern kann lediglich einen Kontext festlegen, der die Antwort enthalten könnte. Diese Form der Kommunikation zwischen Mensch und Computer ist heute möglich.

Vor ein paar Jahren wurde der zukünftige Stand der Technologie noch ganz anders dargestellt. In der TV-Serie «Star Trek» reisen die Protagonisten in einer fernen Zukunft durch das Universum. Es gibt eine Episode dieser Serie, in der die Weltraumreisenden auf der Erde der 1980er-Jahre landen und sich dort mit einem Mac auseinandersetzen müssen. Darin gibt es eine Szene, in der einer dieser Protagonisten die Computermaus als Mikrofon benutzt und etwas irritiert feststellt, dass diese Form der Kommunikation auf der Erde noch nicht funktioniert. Ein Erdbewohner muss ihn darauf hinweisen, die Tastatur zu benutzen, um mit dem Computer interagieren zu können. Das Beispiel zeigt auf, dass Maschinen ihre Benutzer oftmals nicht verstehen.

Doch wo genau liegt das Problem? Warum sind Computer in gewissen Situationen so begriffsstutzig? Menschen und Computer basieren auf äusserst unterschiedlichen Grundlagen. Ich werde im ersten und zweiten Drittel dieses Vortrages versuchen, auf die Bedingungen einzugehen, die eine Überbrückung dieser Differenzen ermöglichen.

1 Unterschiede zwischen Mensch und Computer

Zunächst sollen die Unterschiede zwischen Mensch und Computer verdeutlicht werden. Betrachten Sie hierzu das Foto in Abbildung 1.

Abb. 1: Bild aus der Fotoserie «The Intolerable Beauty - Portraits of American Mass Consumption» von Chris Jordan (http://www.chrisjordan.com/gallery/intolerable/, Zugriff am 22. August 2013).

Bei der Betrachtung dieses Bildes benötigt das Gehirn einige Minuten, um den dargestellten Gegenstand zu erkennen. Die Container am Rand des Bildes sind relativ gut erkennbar. Es sind darauf Sattelschlepperunterlagen abgebildet, auf welche die Container gestellt werden, um dann mit Lastwagen transportiert werden zu können. Beim Anblick dieses Fotos erkennen wir als Menschen jedoch zunächst lediglich ein Chaos und versuchen in einem zweiten Schritt, die ungeordnete Vielzahl an Informationen zu strukturieren. Eine Strukturierung dieser Elemente erfordert eine grosse Menge von Allgemeinwissen und Weltverständnis.

Zunächst einmal muss der Betrachter des Bildes erkennen, dass es sich bei den rechteckigen Gegenständen um Container handelt. Darüber hinaus muss er verstehen, dass diese Container transportiert werden, vielleicht hat er selbst schon so einen Lastwagen gesehen, der diese Container transportiert. Wenn diese Bedingungen erfüllt sind, dann kann die Bedeutung dieser Formen erschlossen werden. Bei der ersten oberflächlichen Betrachtung des Bildes fragt man sich aber, was darauf abgebildet ist, ob es sich um eine Baustelle mit einem Zug, um Kräne oder um etwas anderes handelt. Daraufhin stellt das Gehirn fest, dass diese Container etwas mit dem Gegenstand zu tun haben, der in der Mitte des Fotos abgebildet ist, und dass man die Container da hinauf stellen kann. Die Ausführungen zeigen, dass der Betrachter eine enorme Menge an Allgemeinwissen dazu verwendet, dieses Bild in Einzelteile zu zerlegen, diese Einzelteile wiederum zu verstehen und erneut zusammenzusetzen, um dann schliesslich die Bedeutung des Bildes erfassen zu können. Wir Menschen sind es gewohnt, ständig Informationen zu verwerten, die unvollständig sind. Die Einzelteile auf diesem Bild stellen ebenfalls unvollständige Informationen dar, denn es gibt keine Instanz, die diese Einzelteile definiert und erklärt. Ebensowenig erhält der Betrachter des Bildes eine Gesamtübersicht, sondern lediglich eine Teilansicht, die in ihrer Bedeutung unsicher ist.

Ein Grossteil der Information, mit der ein Mensch konfrontiert wird, ist also ungenau. Wenn beispielsweise jemand nach dem Tramfahrplan fragt und die Antwort erhält, dass das Tram in ein paar Minuten fährt, dann ist diese Information unvollständig. Dennoch kann der Betroffene daraus schliessen, dass er sich bald auf den Weg machen sollte und notfalls einige Minuten an der Tramstation warten muss. Viele Informationen, die Menschen untereinander austauschen, sind unsicher, unvollständig, ungenau und häufig auch widersprüchlich. Wir Menschen können jedoch mit dieser Art von Information umgehen.

Weshalb uns dies gelingt, ist wohl eine philosophische Frage. Es war in der Entwicklungsgeschichte des Menschen sicher hilfreich, mit dieser Art von «Chaos» bzw. Unvollständigkeit, die durch eigene Schlüsse angereichert wird, umgehen zu können, um überleben zu können. So ist es für den in der Wildnis lebenden Menschen wohl von essenzieller Bedeutung gewesen, ob er auch anhand weniger und unvollständiger Informationen ein Ding, das ihm begegnete, als Gefahr oder Nahrung schnell und treffend einschätzen konnte. Diese Fähigkeit scheint das Überleben der Spezies gesichert zu haben, und aus diesem Grund hat der Mensch sie entwickelt.

Neben der Frage des Informationsflusses gibt es einen weiteren gravierenden Unterschied zwischen Menschen und Computern. Weshalb tun wir Dinge? Wir tun Dinge aus interner Motivation. Irgendetwas motiviert den Menschen, in einer bestimmten Weise zu handeln. Der Computer hingegen verhält sich nicht so, da er nichts aus interner Motivation, sondern nur aufgrund eines externen Auftrags tut.

Ausserdem unterscheidet sich der Mensch von der Maschine im sogenannten gesunden Menschenverstand. Der Computer hat keine Form
von Verstand, die dem gesunden Menschenverstand entspricht, doch er
kann logisch schliessen, also aufgrund von explizit deklarierten Fakten
und Regeln gewisse Schlussfolgerungen ziehen. Wenn beispielsweise die
Regel festgelegt wird, dass bei einem gewissen Minimum von Geräuschen
das Licht im Raum ausgehen soll, kann der Computer diesen Auftrag
ausführen. Die Argumentation hingegen, dass niemand mehr im Raum
ist und es deswegen sinnvoll wäre, das Licht auszumachen, kann der
Computer nicht nachvollziehen, da diese Schlussfolgerung eine andere Art
von Verstand erfordert, einen Verstand, der auch Wertungen («sinnvoll»)
und Erfahrungswerte enthält, die eine ganze Kulturgemeinschaft gemacht
und weitergegeben hat.

Darüber hinaus verfügt der Mensch über ein gewisses Mass Allgemeinwissen, das er in der Schule oder im Alltag erwirbt. Der Computer
hingegen kann nur auf eine bestimmte, beschränkte Anzahl gesammelter
Fakten und Regeln zurückgreifen und versucht mittels dieser Daten, bestimmten Anweisungen Folge zu leisten.

Ferner verfügt der Mensch über eine ausserordentliche kognitive Diversität. Ich bin überzeugt, dass jeder Mensch über spezifische Fähigkeiten, Stärken und Schwächen verfügt, die ihn charakterisieren und von
anderen Menschen abgrenzen. Darin liegt nun eine Stärke der Menschheit, denn wir können gemeinsam Dinge vollbringen, die wir alleine
nicht tun könnten. Unsere kollektive Intelligenz ist also höher, weil wir
unterschiedliche Fähigkeiten besitzen. Computer hingegen weisen keine kognitive Diversität auf, sondern beinhalten eine unterschiedliche
Ausprägung derselben Fähigkeiten. Zwar unterscheiden sich Maschinen
beispielsweise in Leistungsfähigkeit, Grösse oder Ästhetik, doch letztlich
können alle nur dasselbe: klaren Anweisungen folgen.

Zudem lösen Menschen dieselbe Aufgabe unterschiedlich, während
Computer über denselben Weg stets dasselbe Resultat erhalten. Es ist
beispielsweise sehr wahrscheinlich, dass nicht alle Schüler einer Klasse
die Lösung einer Dreisatzaufgabe durch denselben Lösungsweg erhalten.
Die Aufgabe wird darüber hinaus nicht nur von unterschiedlichen Schü-
lern unterschiedlich gelöst, sondern möglicherweise auch von demselben
Schüler in unterschiedlicher Weise erledigt, wenn er dies mehrere Male tut.

In Bezug auf den Menschen verhält es sich häufig so, dass er die
Aufgabe bei einem ersten Versuch erfolgreich erledigt, bei einem zweiten

Versuch jedoch schon weniger gut meistert. Wenn er dieselbe Aufgabe schliesslich Tausende von Malen erledigen muss, ist er gelangweilt, was eine Verschlechterung der Qualität in der Ausführung zur Folge hat. Der Mensch wird mit der Zeit nachlässig, wenn er dieselbe Aufgabe diverse Male wiederholen muss. Der Computer ist jedoch ausserordentlich geduldig, man könnte ihn wohl als das geduldigste Ding bezeichnen, das existiert. Er besitzt grundlegend andere kognitive Fähigkeiten und geht dementsprechend anders vor. Deswegen muss der Benutzer die Anweisungen an den Computer anders formulieren, als er sie für einen Menschen formulieren würde.

Mensch	Computer
interne Motivation	externe Anweisungen
gesunder Menschenverstand	logisches Schliessen
Allgemeinwissen	gesammelte Fakten und Regeln
kognitive Diversität	keine zufällige Diversität
löst Aufgaben verschieden	immer gleicher Lösungsweg

Abb. 2: Übersicht über die wichtigsten Unterschiede zwischen Mensch und Computer

Die unterschiedliche Funktionsweise von Mensch und Computer lässt sich an einem einfachen Beispiel aufzeigen. Der Mensch kann die Anweisung *Kannst du mir bitte einen Espresso bringen?* verstehen und befolgen. Wenn diese Forderung an einen Computer gestellt wird, der nicht dafür programmiert ist und die entsprechenden Regeln zur Analyse und Umsetzung des Befehls nicht kennt, dann kann der Auftrag vom Computer nicht ausgeführt werden. Eine angemessene Anweisung an einen Computer lautet beispielsweise *Bitte hole eine Tasse aus dem Schrank, stell diese in die Kaffeemaschine, drück den Espressoknopf und bring die Tasse nachher zu mir*. Der Computer benötigt also eine genaue Serie von Anweisungen.

Vor ein paar Jahren hat Nicholas Negroponte, der Direktor des Media Lab, das immer wieder bahnbrechende Erfindungen vorstellt, am Massachusetts Institute of Technology über die Relevanz von Softwareagenten referiert. Softwareagenten sind Computerprogramme, die genaue Anweisungen des Benutzers befolgen. Am Ende des Vortrags wurde er gefragt, ob er eine Sekretärin habe, was er bejahte. Auf die Frage, warum er denn eine Sekretärin brauche, hat er geantwortet, dass er diese brauche, weil sie ihn stets verstehe. Er müsse nur einen Knopf auf seinem Telefon drücken und *Bitte Kaffee!* sagen, und kurz darauf komme der Kaffee in sein Büro. Er müsse dieser Sekretärin also nicht so genaue Anweisungen geben wie einem Computer.

2 Die Sprache von Computern

Im Folgenden soll anhand einer einfachen Computersprache, einer Abfragesprache, Schritt für Schritt dargelegt werden, wie Computer Anweisungen verarbeiten. Einleitend dazu müssen die zentralen Punkte der Syntax- und Semantiktheorie erläutert werden.

Eine Computersprache zeichnet sich durch eine formal eindeutige Syntax und Semantik aus. Die Syntax beschäftigt sich mit dem formalen Feld der Grammatik, insbesondere mit der Form valid oder invalid geformter Sätze. Bei der Semantik handelt es sich um den Teilbereich, der sich mit der Bedeutung dieser Sätze befasst.

Die Beispielfrage, anhand derer die Abfragesprache im Folgenden dargelegt wird, lautet: «Was sind die Hauptorte der Kantone, die an den Kanton Zürich grenzen?» Ein Mensch kann diese Frage vielleicht nicht korrekt beantworten, doch zumindest versteht er sie und kann vielleicht einige Kantone und Orte aufzählen. Ein Computer hingegen kann diese Frage in dieser Form nicht analysieren und beantworten. Die Frage muss ihm in Form einer speziellen Abfragesprache zugänglich gemacht werden.

Als Erstes muss der Maschine mitgeteilt werden, was der Benutzer wissen will. Dafür wird der Begriff «Hauptort» selektiert. Danach werden Bedingungen festgelegt, die für die Anfrage gelten. Zunächst gilt die Bedingung, dass der Term «Hauptort» mit dem Term «Kanton» zusammenhängt. Er steht mit diesem in einer Beziehung, die als «ist Hauptort von» definiert wird. Des Weiteren muss der «Kanton» in eine Beziehung mit «Zürich» gesetzt werden, die sich über die Phrase «ist Nachbar von» definiert. Es müssen also Beziehungen zwischen den Termen hergestellt und umschrieben werden. Dies ist nötig, da der Computer die Syntax der menschlichen Sprache nicht verstehen und aus ihr keine Beziehungen erschließen kann. Die natürliche Syntax muss in eine maschinelle Abfragesprache verändert werden, damit die Suchanfrage beantwortet werden kann.

Informatiker kennen Strukturen, um solche computerspezifischen Grammatiken zu beschreiben. Dies soll an diesem Beispiel aus der Abfragesprache SPARQL genauer erläutert werden. Eine SPARQL-Abfrage, die die genannte Frage wiedergibt, könnte so aussehen:

```
SelectQuery        := ‚SELECT‘ Var+ WhereClause
Var                := ‚?‘ VARNAME
WhereClause        := ‚WHERE {, (TriplesBlock)* ‚}‘
TriplesBlock       := Var|Term Var|Term Var|Term|Literal
```

```
SELECT ?hauptort
WHERE {
    ?hauptort istHauptortVon ?kanton
    ?kanton istNachbarVon „ZH“
}
```

Eine *SelectQuery* teilt sich in drei Teile auf: *Select*, *Var+* und *WhereClause*. Der Teil *Var+* enthält eine Anzahl von Variablen, wobei das Plus-Zeichen die Anzahl der Variablen markiert. In der dargelegten Anfrage handelt es sich bei dieser Variable um den Hauptort. Diese Variable besteht wiederum aus zwei Teilen, nämlich einem Fragezeichen und der Bezeichnung «Hauptort». Das Fragezeichen gilt als Platzhalter, der die Bedeutung des Wortes «Hauptort» vertritt.

Ein weiteres Element der *SelectQuery* bildet die *WhereClause*, die aus drei Teilen besteht: dem *Where*-Statement, einer geschweiften Klammer, welche diesen Teil abschliesst, und einem *TriplesBlock*, der sich dazwischen befindet. Dieser *TriplesBlock* wird durch ein Malzeichen designiert und kommt mehrere Male vor. In der Abfrage werden zwei *TriplesBlock*s definiert, die Beziehungen zwischen je zwei Elementen beschreiben. Die Variable «Hauptort» beispielsweise wird mit einer anderen Variable in Beziehung gesetzt, die dem Computer bekannt ist. Der *TriplesBlock* besteht also aus einer Variable, einer weiteren Variable und einer Beziehung zwischen denselben.

Variablen müssen in der Anfrage benannt werden (*VARNAME*). Es handelt sich dabei um Elemente, die der Computer kennt, so wie beispielsweise eine präzis definierte Beziehung. Im Gegensatz dazu ist ein Literal eine Zeichenabfolge, die etwas definiert. In unserem Beispiel ist die Zeichenfolge «ZH», die für den Kanton Zürich steht, ein Literal.

Die obigen Ausführungen bieten nur einen sehr knappen Überblick über das Themenfeld der Syntax. Doch vermitteln sie einen Eindruck, wie der Computer genaue Anweisungen in eine Struktur umsetzen kann.

Wenn die Umsetzung in eine Struktur erfolgt ist, kann der Computer diese interpretieren. Interpretieren bedeutet in diesem Fall, dass der Computer Regeln anwenden kann, um zu verstehen, was in der Anfrage gesucht wird. Auf dieser Stufe der Anfrage übernimmt die Semantik eine zentrale Rolle. Dies soll im Folgenden verdeutlicht werden.

Zunächst stellt sich die Frage, wie ein Mensch die Bedeutung eines solchen Satzes ergründen kann. Ludwig Wittgenstein hat die Bedeutung eines Wortes über seinen Gebrauch in der Sprache definiert. Diese Definition Wittgensteins bildet die Grundlage der folgenden Ausführungen zur Semantik. Sie impliziert, dass die menschliche Sprache über eine Bedeutung für Wörter wie *was*, *sind*, *Hauptorte*, *Kantone*, *Kanton* und *Zürich* verfügt. Menschen können durch diese Bedeutungen und das Wissen über ihre Kombinierbarkeit ergründen, dass die gewünschte Antwort auf die Frage in einer Auflistung der Hauptorte der Kantone, die an Zürich angrenzen, besteht. Aufgrund dieses Wissens kann eine Frage überhaupt erst beantwortet werden.

In vielen Sprachgemeinschaften wie z.B. in den USA werden Wörter in ein Wörterbuch aufgenommen, wenn eine bestimmte Anzahl an Menschen diese Wörter mit einer bestimmten Bedeutung verwendet. Ein Beispiel dazu liefert das Wort *yada yada*, das bereits Eingang in Merriam-Webster's Collegiate Dictionary, das Standardwörterbuch der USA, gefunden hat. In einer Comedy-Fernsehshow namens «Seinfeld» verwendete eine Figur dieses Wort immer wieder, um eine längere Aufzählung zu beenden und gleichzeitig anzudeuten, dass die Aufzählung noch weiter ginge, in ihrem konkreten Inhalt in der jeweiligen Gesprächssituation jedoch nicht wichtig war. Von dort ausgehend hat sich das neue Wort etabliert, und heute kann ein Sprecher beispielsweise Folgendes sagen: *Ich bin gestern ausgegangen, ins Kino, dann habe ich etwas gegessen, dann habe ich mich mit jemandem unterhalten, und yada yada.* Der Rezipient kann sich trotz der Neuheit des Wortes vorstellen, was der Sprecher damit ausdrücken möchte. Der Computer kann einen solchen Ausdruck hingegen nicht einfach interpretieren. Der Benutzer muss ihm erst mittels klar definierter Regeln erklären, wie dieser Ausdruck interpretiert werden muss.

Wie sieht dies nun in einer formalen Abfragesprache wie SPARQL aus? Eine *SelectQuery* besteht aus zwei Teilen: aus Variablen *W* und einem Muster *P*. Im Beispiel ist *W* die Menge der erfragten Kantonshauptorte. *W* ist eine Teilmenge aller Variablen *V*, die für die Abfrage benötigt werden. Im Beispiel sind dies der Kanton (*?kanton*) und der Hauptort (*?hauptort*).

Das Muster *P* ist im Beispiel durch zwei Beziehungen gegeben. Die erste Beziehung setzt die beiden Variablen Kanton und Hauptort zueinander in Beziehung. Die zweite Beziehung verbindet diese Variablen mit dem Kanton Zürich (*ZH*). Die Abfrage wird so ausgewertet und *W* kann extrahiert werden.

Diese Art der Kommunikation mit dem Computer ist sehr komplex. Ein schönes Beispiel hierfür findet sich in einer Szene des Films «Blade Runner». Der Protagonist, ein recherchierender Polizist, gibt seinem Computer klare Anweisungen, wie ein Foto analysiert werden soll. Er erteilt der Maschine entsprechende Befehle, Ausschnitte zu fokussieren und vergrössern, um einen allfälligen Hinweis zu finden. Diese konkreten Befehle und spezifischen Anweisungen entsprechen tatsächlich der Art und Weise, wie sich die Kommunikation zwischen Mensch und Computer abspielt. Die menschliche Sprache basiert auf völlig anderen Voraussetzungen als die Sprache, welche die Maschine verarbeiten kann. Daher könnte man diese Maschinen in gewisser Weise als dumm bezeichnen, da sie sehr detaillierte und klare Anweisungen benötigen, die der Mensch durch den gesunden Menschverstand und bestimmte pragmatische Schlussfolgerungen auch aus ungenauen Anweisungen ganz selbstverständlich rekonstruieren und verstehen kann. Erfolgen die Anweisungen an einen Computer unklar oder mehrdeutig, dann ist dieser nicht fähig, den Auftrag auszuführen. Wie ist es möglich, die völlig unterschiedlichen Funktionsweisen von menschlicher und maschineller Sprache zu überbrücken?

3 Annäherung an die menschliche Sprache

In unserem Fallbeispiel fragt der Mensch den Computer nach den Hauptorten der Kantone, die an den Kanton Zürich grenzen. Der Computer nimmt diese sprachliche Äusserung durch ein Mikrofon auf. Daraufhin wird diese menschliche Äusserung in eine Computersprache übersetzt. Diese Abfrage kann der Computer dann auswerten und Antworten liefern.

In unserem Beispiel nennt der Computer die Antwort auf die Frage nach den Kantonen, die an Zürich grenzen. Es sind: Schaffhausen, Thurgau, St. Gallen, Schwyz, Zug und Aarau. In der menschlichen Kommunikation kann diese knappe Antwort in eine ausformulierte satzförmige sprachliche Äusserung eingebettet sein. Hierin liegt ein weiterer Unterschied zwischen der maschinellen Sprache einerseits, die genaue Anweisungen benötigt und nicht-satzförmige Antworten gibt, und der menschlichen Sprache andererseits, die für eine vollständige Informationsübermittlung auf viel Allgemeinwissen zurückgreift.

Wie aber kann diese Kluft überbrückt werden? Zunächst muss die gesprochene Sprache in als Buchstaben kodierten, geschriebenen Text umgewandelt werden. In diesem Bereich wurde die Entwicklung der Computer in den letzten Jahren massiv vorangetrieben. Mittlerweile besteht bei der Umsetzung von gesprochener Sprache in Text eine Genauigkeitsquote von 95-98%. Das bedeutet, dass 95-98% der Wörter, die an den Computer gerichtet werden, erkannt und korrekt transkribiert werden. Diese Technik ist im Alltag bereits sehr verbreitet. Es gibt Autos, die gesprochene Sprachmitteilungen erkennen und beispielsweise den Wunsch, ein Telefonat mit der Handsprechanlage zu tätigen, entsprechend vorbereiten können, und bei einigen Handys kann man mittlerweile Sätze diktieren, die in geschriebenen Text umgesetzt werden.

Gesprochene Aufforderungen versteht der Computer allerdings nicht direkt. Was ihm mitgeteilt wird, kann er nur unter Einbezug statistischer Operatoren verarbeiten. Zunächst ermittelt der Computer aufgrund der Schallabfolgen, welche Phoneme den aufgezeichneten Lauten am wahrscheinlichsten entsprechen. Dann errechnet der Computer, welches die wahrscheinlichsten Silben sind, die aus den vorher ermittelten Phonemen bestehen. Schliesslich wird auf dieselbe Weise ein Wort ermittelt und umgewandelt. Wenn der Computer über genügend Daten verfügt, fällt diese statistische Ermittlung gut aus, weil er auf eine repräsentative Menge an Daten zurückgreifen kann. In der Bestimmung dieser Daten ist der Computer im Gegensatz zum Menschen selbst bei riesigen Datenmengen geduldig und fleissig und ermittelt so schliesslich gute Antworten. Dieses Vorgehen ist für den Computer einfach, da es sich dabei um Statistik handelt, die Zählen und Rechnen erfordert, was er sehr gut kann. Die Stärke des Computer liegt in seiner Fähigkeit, statistisch und probabilistisch raten zu können. Der heutige Stand der Technik ermöglicht eine sehr rasche Umwandlung von gesprochener Sprache in geschriebenen Text.

Der nächste Schritt ist komplexer, denn nun muss der Computer die Sprache interpretieren und in Worte umsetzen. 1975 hat Malhotra festgestellt, dass Menschen in der Kommunikation mit dem Computer keine vollständige natürliche Sprache verwenden, sondern nur einen vereinfachten Teil davon benutzen. Er ging von zwei Computerterminals aus: Vor das eine Terminal setzte er Probanden, das andere Terminal hingegen bediente er selbst. Er versicherte den Probanden, dass es sich bei dem von ihm bedienten Terminal um ein maschinelles Terminal handele, das jegliche Form natürlicher Sprache verstehe. Anschliessend bat Malhotra seine Probanden, diesem Terminal beliebige Fragen zu stellen, wobei er selbst via Textbotschaften antwortete. Die Probanden waren der Meinung, die Antwort stamme von der Maschine selbst. Das Ziel der Studie war, die Eigenschaften von Sprache erforschen zu können, die Menschen in der Kommunikation mit einem Computer verwenden. Dabei stellte Malhotra fest, dass die Menschen nicht die gesamte Fülle der natürlichen Sprache verwenden, sondern vereinfacht kommunizieren.

In den Jahren 2008-2010 beschäftigte sich eine Doktorandin, die ich betreut habe, mit der Frage, wie Menschen in der Kommunikation mit Maschinen ihre Sprache strukturieren (Kaufmann/Bernstein 2010). Insbesondere interessierte sie dabei der Einfluss von Google, wo stichwortartige Fragen an den Computer gerichtet werden. Ausgangspunkt der Betrachtung waren verschiedene Arten von Sprachformalitäten. Die Sprache der Stichworte, zum Beispiel, die bei der Benutzung von Google verwendet wird, ist eine bestimmte Art von Sprachformalität. Zwar kann in Google die Anfrage spezifiziert werden, indem ein Plus- oder Minuszeichen angehängt wird. Diese sind sogenannte logische Operatoren, die Stichworte miteinander verbinden. Obwohl diese Option zur Verfügung steht, wird sehr selten davon Gebrauch gemacht. Eine Studie der Suchanfragen der Suchmaschine Excite (Spink et al. 2001) zeigt, dass weniger als ein Prozent der Abfragen mithilfe solcher Operatoren erfolgt sind. In dieser Art der Abfrage wird also keine interne Struktur verwendet, da nur einzelne Stichwörter eingegeben werden.

Während die Verwendung von Stichwörtern strukturlos ist, weist die natürliche Sprache grammatische Strukturen zur Verknüpfung von einzelnen Elementen auf. Daneben gibt es die sogenannte kontrollierte Sprache, mit der sich das Forschungsfeld der Informatik beschäftigt. Kontrollierte Sprachen sind Ausschnitte natürlicher Sprachen wie Englisch oder Deutsch. Ihre zentrale Eigenschaft besteht darin, dass sie im

Gegensatz zur natürlichen Sprache keine Mehrdeutigkeiten enthalten und auf eindeutige Aussagen reduziert sind. Schliesslich ist die rein formale Sprache eine weitere Sprachart mit einer sehr formalisierten Struktur.

In einem User-Interface haben Benutzer nur die Möglichkeit, diejenigen Dinge einzufügen, die der Computer versteht. Die Auswahl an Eingabemöglichkeiten ist also beschränkt. So kontrolliert der Computer die Sprache, die ihm gegenüber verwendet wird und schränkt die Eingaben auf das ein, was er interpretieren kann. Wird auf diesem Interface die Frage *What are the capitals of the states that border Nevada?* eingetippt, erscheint ein Pop-up, das angibt, welche Wörter bei der Suchabfrage überhaupt zulässig sind. Dies ist ein Beispiel für die Verwendung von kontrollierter Sprache, da lediglich gewisse englische Wörter eingegeben werden können. Ist die Frage gestellt, kann man die Suchanfrage mit einem Klick auf den Go-Button starten. Dann erhält der Benutzer die Antwort: Salt Lake City, Phoenix, Sacramento, Boise und Salem. Menschen favorisieren jedoch insbesondere bei der Darstellung komplexerer Sachverhalte ausformulierte Äusserungen in natürlicher Sprache gegenüber einfachen Stichwörtern. Computern fällt es aber schwer, komplexe Zusammenhänge natürlichsprachlich zu beschreiben und zu interpretieren

Was geschieht aber genau, wenn so eine Abfrage gestartet wird? Von einem Benutzer wird eine klar vorstrukturierte Anfrage gestellt. Als Antwort erhält er daraufhin eine ebenso klar strukturierte Antwort. In diesem Prozess gibt es keine Uneindeutigkeiten, keine Missverständnisse, da eindeutige Beziehungen zwischen den ein- bzw. ausgegebenen Zeichen und ihren Bedeutungen hergestellt werden. Die eindeutig strukturierte Computer-Antwort entspricht aber nicht immer den natürlichen satzförmigen Äusserungen, die der Mensch bevorzugt. Als Antwort auf die Frage nach den Hauptorten der an Zürich angrenzenden Kantone listet der Computer einfach die Namen der gesuchten Städte auf. Mittels natürlicher Sprache würde die Frage jedoch ausführlicher in ganzen Sätzen beantwortet werden und eventuell auch Allgemeinwissen umfassen, das der Computer nicht zur Verfügung hat. Eine Antwort eines Menschen könnte beispielsweise Informationen zum Globus-Streit zwischen Zürich und St. Gallen oder gewisse Kantonsstereotypen enthalten.

Es gibt mittlerweile Systeme, die natürliche Sprache simulieren. Ein solches System nimmt eine Liste von Wörtern und bestimmt mittels Regeln, wie die einzelnen Wörter grammatisch ergänzt werden können. So entstehen Satzstrukturen, die dann zu Texten zusammengesetzt werden, die sich wie natürliche Sprache lesen lassen. Ein Beispiel eines so generierten Textes sieht folgendermassen aus:

> «This exhibit is a white *lekythos*. It was created during the classical period and it dates from circa 440 B. C. It is now exhibited in the National Archeaological Museum of Athens. Other exhibits created during the classical period: A *hydria* decorated with the red figure technique. A *rhyton* that originates from Attica.» (Androutsopoulos 2005)

Das System, das diesen Text generiert hat, bietet die Möglichkeit, den Grad des archäologischen Vorwissens anzugeben, damit individuell angepasste Antworten unterschiedlichen Komplexitätsgrades geliefert werden können. Das Beispiel zeigt, dass die heutige Technik es ermöglicht, Texte zu formulieren, die nicht computergeneriert wirken.

Einen weiteren Schritt zur natürlichsprachigen Kommunikation bildet die Umsetzung des generierten Textes in eine Audiodatei, was heute bereits gut möglich ist. In diesem Bereich hat die Forschung in den letzten vier Jahrzehnten grosse Fortschritte gemacht. 1961 wurde der Gesangspart des Lieds «Daisy, Daisy» mithilfe eines Computersystems (IBM 70-90) synthetisiert. Dies klang zwar noch sehr unschön, konnte jedoch mit dem Original in Verbindung gebracht werden.

Heute hören sich solche Computerstimmen sehr viel besser an. In der amerikanischen Spielshow «Jeopardy» trat ein Computer namens Watson, der von den IBM-Labs entwickelt wurde, gegen zwei menschliche Champions an. In dieser Spielshow werden Antworten genannt, zu denen die korrekte Frage erschlossen werden muss. Gewinner ist derjenige, der die gesuchte Frage zur gehörten Antwort zuerst formuliert. Die Maschine Watson gewann das Spiel haushoch, da sie die korrekte Frage oft am schnellsten fand und aussprach. Die Sprache, über die dieser Computer verfügte, wurde nicht synthetisiert, sondern basierte auf zuvor von menschlichen Sprechern aufgenommenen Wörtern. Watson nahm diese Wörter, wandelte sie um und generierte dann einen Output, der sich so anhörte, also ob ein Mensch sprechen würde.

Ein ähnlich funktionierendes Computersystem wird bereits in einem Film aus den 1960er-Jahren dargestellt. Im Film «2001. A Space Odyssee» wird ein Computer gezeigt, der perfektes Englisch spricht und sogar von den Lippen lesen kann. Dieser Computer führt eine Diskussion mit dem Protagonisten, einem Astronauten, der den Computer ausschalten möchte. Die Intelligenz der Maschine reicht so weit, dass sie das Komplott mithilfe von Lippenlesen schliesslich durchschauen kann und aktiv versucht, das Vorhaben der Menschen zu vereiteln, indem sie sich ihren Anweisungen widersetzt. Am Ende des Films gelingt es den Astronauten dennoch, den Computer auszuschalten. Während er ausgeschaltet wird, singt er das Lied «Daisy, Daisy», da der Drehbuchautor dieses Films von dem Versuch der IBM-Labs gewusst und das synthetisierte Lied gehört hatte. Von der in diesem Film dargestellten Art der Kommunikation ist der Stand der heutigen Technik allerdings weit entfernt. Dieser Computer hatte nämlich nicht nur ein Gespräch verstanden, sondern darüber hinaus viele implizite Schlüsse daraus gezogen.

Dies wirft die generelle Frage auf, ob die Kommunikation mit einem Computer noch besser funktionieren könnte, als dies beim heutigen Stand der Technik der Fall ist. Könnte ein Benutzer eine Maschine so bedienen, dass ihre Stärken optimal genutzt werden können, ihre Schwächen hingegen keine Konsequenzen haben? Könnte ein Computer so programmiert werden, dass er uns helfen kann, Dinge besser und effizienter zu tun?

Ein Blick auf die heutigen Informatiksysteme zeigt, dass das Ausmass der Kommunikationsmöglichkeiten zwischen Menschen in den letzten Jahren immens gewachsen ist. Es besteht nicht nur die Möglichkeit, mit den Menschen neben uns zu sprechen, sondern wir sind darüber hinaus fähig, mit den Menschen auf der ganzen Welt zu kommunizieren und so auch über grosse Distanzen zusammenzuarbeiten. Aus diesem Grund können Menschen mittlerweile nicht mehr nur aufgrund von Erfahrungen in ihrer nächsten Umgebung denken und mit anderen Leuten zusammenarbeiten, sondern quasi auf ein «globales Gehirn» zurückgreifen, das die Fähigkeiten von Mensch und Maschine kombiniert (Bernstein et al. 2012). Auf solche kombinierte Systeme bewegt sich die Menschheit zu, weswegen auch einige Forscher zu ergründen versuchen, worin die Intelligenz solcher Systeme besteht.

Eine grundlegende Frage in dieser Thematik besteht in der Ermittlung des Faktors, der Gruppen im Gegensatz zu einzelnen Individuen intelligent macht. Dabei handelt es sich um eine sehr spannende Forschungsfrage, an der sich Forscher aus verschiedenen Disziplinen beteiligen. Ein Faktor, der zur kollektiven Gruppenintelligenz beiträgt, ist der Einbezug von Frauen in die Gruppe. Das ist eine Erkenntnis, die aus der Beschäftigung mit diesem Thema erwachsen ist. Die Anzahl der Frauen in einer Gruppe korreliert mit einer wachsenden Gruppenintelligenz (Woolley et al. 2010). Begründen lässt sich dies durch die Beobachtung, dass Frauen im Erkennen des Emotionalzustandes anderer Gruppenmitglieder im Durchschnitt stärker sind als Männer. Frauen beurteilen den Gemütszustand besser als Männer. In dieser Fähigkeit liegt demnach ein Faktor, der die Erhöhung von Gruppenintelligenz verursacht.

Menschen können Dinge tun, welche Computer nicht tun können. Diese Diskrepanz zwischen Mensch und Maschine wurde den Menschen auch schon vor etwa 200 Jahren bewusst, als am österreichischen Königshof und später auch an anderen Orten ein sogenannter «mechanischer Türke» grosse Aufmerksamkeit erregte.

Dabei handelte es sich um einen Schachspielroboter, in dem ein kleinwüchsiger Mensch verborgen war, der die mechanische Spielfigur aus dem Innern der Apparatur lenkte.

Abb. 3: Mechanischer Türke (Kupferstich von Karl Gottlieb von Windisch, 1783).

Ein weiteres Beispiel, das die Diskrepanz der Fähigkeiten von Menschen und Computern verdeutlicht, besteht im Verstehen von statistischen Grafiken. Während Menschen auf solchen Grafiken in kürzester Zeit mit blossem Auge Muster und Trends erkennen können, erkennt ein Computer diese nicht mittels visueller Wahrnehmung, sondern er muss eine grosse Menge von Werten mit anderen Werten vergleichen und so auf ein sehr viel aufwendigeres Verfahren zurückgreifen.

Es gibt eine Plattform namens «Amazon Mechanical Turk» (https:// www.mturk.com/ mturk/welcome), die es den Nutzern ermöglicht, durch Beantwortung gewisser Fragen Geld zu verdienen. Dabei können Tätigkeiten an Menschen weitergegeben werden, die bestimmte Aufgaben mittels Beantwortung von Fragen gegen eine finanzielle Entlohnung erfüllen. Diese Plattform macht sich sowohl die spezifischen Fähigkeiten von Computern als auch von Menschen zunutze. «Galaxy Zoo» (http://www.galaxyzoo.org) ist ebenfalls so eine Plattform, welche von den jeweiligen spezifischen Fähigkeiten profitiert. Auf dieser Plattform kann der Benutzer der NASA helfen, Galaxien zu erkennen. Die Website enthält zahlreiche Fotos, die darauf warten, von Spezialisten analysiert zu werden. Zwar bietet diese Plattform keine finanzielle Entschädigung an, doch wird eine auf diesem Wege gefundene Galaxie nach der Person benannt, die sie entdeckt hat. Tatsächlich ist es vor einigen Jahren einer jungen Frau namens Hanny van Arkel gelungen, ein astronomisches Objekt zu finden, das nun als «Hanny's Voorwerp» bezeichnet wird.

Ein drittes Beispiel zur Kombination von menschlichen und computertechnischen Fähigkeiten liefern die zahlreichen Bilderkennungsaufgaben, auf die man im Internet stösst. Der Benutzer wird hierbei aufgefordert, einen schwer leserlichen Begriff abzutippen, um Zugriff zu einer Webseite zu erhalten. Hierbei kann festgestellt werden, ob es sich bei dem Benutzer um einen Menschen oder eine Maschine handelt, da Letztere die einzelnen grafisch unterschiedlich dargestellten Zeichen nicht identifizieren kann. Parallel dazu hilft der Benutzer als Nebeneffekt Google, Text zu erkennen, der nur als Bilddatei vorliegt.

Ein weiteres Beispiel besteht in den zahlreichen Online-Übersetzungstools. Wie geht ein Computer bei einer Übersetzung vor? Zunächst werden Texte in ihre Einzelteile zerlegt. Die so erhaltenen Paragrafen werden wiederum in kleinere Elemente zergliedert, um einzelne Sätze zu erhalten. Werden solche Sätze mittels «Google Translator» übersetzt, ist das Resultat der Übersetzung zwar in der Regel grammatisch fehlerhaft, doch kann die Bedeutung einzelner Wörter dazu beitragen, die Bedeutung des Textes zu erschliessen.

Es gibt jedoch auch die Möglichkeit, Menschen in diesen Prozess einzubeziehen. Die noch fehlerhaften Übersetzungen des Computers können Menschen zugänglich gemacht werden, die jeweils entscheiden, welche Übersetzungen korrekt sind. Diese sogenannte Kandidatenübersetzung erfordert, dass die menschlichen Übersetzer aus einer Vielzahl an Sätzen, die dasselbe bedeuten, die korrekte Version auswählen. So wird aus einer enormen Datenmenge für jeden Satz ein korrekter Kandidat ermittelt. Nachdem die auf diese Weise erhaltenen, korrekten Sätze wieder zusammengefügt werden, werden diese zusammengesetzten Paragrafen wiederum Menschen gegeben, die den Text in Bezug auf seinen internen Zusammenhang, seine Kohärenz, optimieren. An so einer Textübersetzung sind zahlreiche Menschen beteiligt. Das Resultat erweist sich oft als sehr gut, sodass ein zielsprachlicher Lektor den Gesamttext abschliessend nur noch durchlesen und geringfügig verbessern muss. Dieses Beispiel macht deutlich, dass Computer zwar nicht fähig sind, die menschliche Sprache in all ihren Details nachzuvollziehen und zu reproduzieren. Das ist aber auch nicht nötig, da Computer heute fähig sind, grosse Texte durch klare Anweisungen in kleine Elemente zu zerteilen und diese Teile Menschen zur Verfügung zu stellen, welche die Teiltexte gegen eine geringe Entlohnung übersetzen.

Es kann also festgehalten werden, dass der Mensch über Fähigkeiten verfügt, die dem Computer fehlen und vice versa. Es gibt Systeme, die sich genau diese Diskrepanz zunutze machen.

Diese Ausführungen haben deutlich gemacht, worin die Gemeinsamkeiten und Unterschiede menschlicher und maschineller Sprache und Kommunikation bestehen. Ausserdem wurde auf Möglichkeiten hingewiesen, wie Differenzen in den Fähigkeiten von Mensch und Computer überbrückt und sogar produktiv verwertet werden können.

Literatur

ANDROUTSOPOULOS, ION; KALLONIS, SPYROS; KARKALETSIS, VANGELOS. 2005. «*Exploiting OWL ontologies in the multilingual generation of object descriptions*». In 10th European Workshop on Natural Language Generation. Aberdeen.

BERNSTEIN, ABRAHAM; KLEIN, MARK; MALONE, THOMAS. 2012. «*Programming the global brain*». Communications of the ACM, 55(5), 41–43.

KAUFMANN, ESTHER; BERNSTEIN, ABRAHAM. 2010. «*Evaluating the usability of natural language query languages and interfaces to semantic web knowledge bases*». Journal of Web Semantics 8(4), 377–393.

MALHOTRA, ASHOK. 1975. «*Design Criteria for a Knowledge-based English Language System for Management: An Experimental Analysis*». PhD thesis, Sloan School of Management, Massachusetts Institute of Technology.

SPINK, AMANDA; WOLFRAM, DIETMAR; JANSEN, MAJOR B.J.; SARACEVIC, TEFKO. 2001. «*Searching the Web: the public and their queries*». Journal of the American Society for Information Science and Technology 52(3), 226–234.

WOOLLEY, ANITA WILLIAMS; CHABRIS, CHRISTOPHER F.; PENTLAND, ALEX; HASHMI, NADA; MALONE, THOMAS W. 2010. «*Evidence for a Collective Intelligence Factor in the Performance of Human Groups*». Science 330(6004), 686–688.

Konrad Ehlich

«Alles Englisch, oder was?» – Eine kleine Kosten- und Nutzenrechnung zur neuen wissenschaftlichen Einsprachigkeit

1 Englisch – in aller Munde

Folgt man einer immer landläufigeren Meinung in Bezug auf die gegenwärtige Sprachensituation in den Wissenschaften – wie in der Welt insgesamt –, so sind die Dinge eigentlich ganz einfach. Für die meisten Funktionsbereiche von Sprache jenseits der Kommunikation in der Familie und zwischen Freunden gibt es in der Welt *eine* Sprache, die für alle Kommunikationszwecke hinreichend ist, eine Sprache, die von ‚der Welt‘ gesprochen wird. Diese Sprache ist das Englische. Sowohl Sprachpolitiker wie Sprachsoziologen äussern sich in diesem Sinn – und nicht selten, um es mit einem deutschen Sprachherkunftshintergrund zu beschreiben, nach der Maxime «Everybody can English». Der aus Indien stammende US-amerikanische Linguist Braj Kachru hat für diese Sprachsituation ein Konzept von drei Kreisen entwickelt (Kachru 1992a und b, Artikel «World Englishes» auf en.wikipedia.org). Der innere Kreis umfasst diejenigen Länder bzw. Sprachgemeinschaften, in denen das Englische seit langer Zeit als Muttersprache praktiziert wird bzw. im Rahmen der britischen Kolonialexpansion als führende Sprache etabliert wurde, also das Vereinigte Königreich, die Vereinigten Staaten von Amerika, Australien, Neuseeland, grosse Teile Kanadas, Irland und einige Gegenden in der Karibik. Der zweite Kreis umfasst solche Länder, in denen – gleichfalls im Rahmen des britischen Kolonialismus – Englisch die einheimischen Sprachen in Bezug auf zentrale Teile des öffentlichen Sprachgebrauchs verdrängt hat

215

(wie in Indien, Bangladesch, Pakistan, Tansania, Kenia und anderen Kolonialbereichen in Afrika) oder wo das Englische in Konkurrenz mit der Sprache einer anderen Kolonialmacht diese weitgehend sprachlich verdrängt hat wie in Südafrika bzw. wo aufgrund des englischsprachigen Übergewichts die Sprache einer anderen Kolonialmacht regional unter eine faktische Suprematie des Englischen geriet (Französisch in Kanada). Schliesslich gibt es einen «expanding circle» – und dazu gehört eigentlich der Rest der Welt, China, Russland, Japan, Korea, Indonesien und – wie es in Wikipedia prägnant zusammenfassend formuliert wird – «most of Europe». Für dieses Sprach-Weltbild gibt es offenbar nur einige kleine Sprachinseln, in denen Englisch nicht die führende Sprache ist, z.B. die deutschsprachigen Länder Mitteleuropas, Frankreich, Italien, Spanien oder Portugal; und jeder, der die faktische Entwicklung gerade der letzten Jahre verfolgt, sieht, mit welcher Geschwindigkeit starke Kräfte in diesen Ländern daran arbeiten, dass sich diese Situation ändert und die randständigen Residuen einer Nicht-Englischsprachigkeit schnell beseitigt werden.

Wendet man sich von diesem Sprach-Weltbild zur Realität, so stellt sich die Situation allerdings wesentlich differenzierter dar. Von der indischen Bevölkerung etwa sprechen wahrscheinlich weniger als 10 Prozent tatsächlich Englisch, für China gar scheint die Subsumption unter den Kreis der Englisch sprechenden Bevölkerungen noch merkwürdiger.

Besonders für die *Wissenschaft* wird Englisch nach dieser Auffassung die Sprachenfrage endlich im Sinne einer einheitlichen Universalsprache einer Lösung zuführen: Chinesische und Schweizer Biologen, norwegische und chilenische Antarktisforscher, deutsche und japanische Philosophen verständigen sich – nach diesem Sprach-Weltbild problemlos – auf Englisch (vgl. Trabant 2013). Der schöne Traum einer wissenschaftlichen Einsprachigkeit scheint, wenn die Menschheit ansonsten auch unter dem babylonischen Fluch stehen mag, seiner Realisierung nahe. Dieses Bild, selbst wenn man die aus guten Gründen geschönten Kachruschen Kreise in ein realistischeres glottografisches Modell überführt, hat offensichtlich gerade in der Wissenschaft eine erstaunliche Attraktivität. Dies gilt vor allem für den naturwissenschaftlichen Bereich. Sprache erscheint hier gern als eine Ansammlung von Etiketten, die auf Dinge geklebt werden – unterschiedliche Etiketten je nach der Sprache, aus der die Forscherin oder der Forscher kommen, oder eben weltweit einheitliche, die das Englische liefert. Die Dinge, die Sachen, erscheinen als klar und die Etiketten als beliebig. Die *res extensae,* als die die Dinge in der Cartesischen Philosophie

216

bestimmt wurden, sind in sich sprachunabhängig, die Sätze sind genau dann wahr, wenn das, was sie aussagen, der Fall ist. Die «wissenschaftliche» Vorstellung von der Welt ist sprachunabhängig, und in welcher Sprache wir darüber reden, beliebig; eine einheitliche Sprache, in diesem Zusammenhang das Englische, wird dafür allemal hinreichend sein. Vor dem Wissen also erscheinen alle Sprachen vermeintlich als gleich, und wenn alle Sprachen gleich sind, dann ist es gleichgültig, welcher man sich bedient. Ist dem wirklich so?

2 Warum braucht Wissenschaft Sprache?

Blickt man auf die Zahl der Sprachen der Welt, so rechnet man mit einer Menge im mittleren vierstelligen Bereich, vielleicht 6000 bis 6500. Von diesen sind nur sehr wenige in der einen oder eben auch der anderen Weise in wissenschaftliche Zusammenhänge integriert worden – vielleicht 60; das wäre dann ein Prozent dieser Sprachen der Welt, das es mit Wissenschaft im engeren Sinn zu tun hat. Konzentriert man sich auf die Wissenschaftsentwicklung im modernen Sinn innerhalb der westlichen Kultursphäre, so reduziert sich diese Zahl noch einmal. Zugleich wird deutlich, dass etwa das Chinesische in einer ganz anderen Wissenstradition steht. Diese kommt nicht zuletzt von den Strukturen der eigenen Sprache her, nimmt sie auf und hält für ihre Verschriftlichung ein genuines, gleichfalls Spezifika der Sprachstruktur geschuldetes System vor.

Schon dieser relativierende Blick in die Sprachenrealität nötigt dazu, der Frage genauer nachzugehen, warum Wissenschaft eigentlich Sprache braucht. Die Antworten haben verschiedene Aspekte zu unterscheiden. Zunächst wird Sprache zum *Kommunizieren von Wissen* gebraucht, immer dann, wenn die alltägliche Praxis nicht in einem Verhältnis von Empraxie und Imitation die Weitergabe des Wissens gewährleistet. Sobald das Wissen komplexer wird, bedarf es also der – sprachlichen – Kommunikation. Ein Wissen, das nur *einem* eignet, ist relativ belanglos für alle anderen. Es ist ein Wissen, das mit ihm vergeht. Wissen will kommuniziert werden, und dafür bedarf es der Sprache; genauer: Es bedarf offensichtlich, wie die Geschichte zeigt, mehrerer Sprachen.

Ein zweiter Aspekt ist die Rolle von Sprache beim *Aneignen von Wissen*, also sozusagen der didaktische Aspekt. Das Wissen, das weitergegeben wird, wird in einer systematisierten Weise weitergegeben. Wissenschaftliches Wissen ist ein Wissen, das von Generation zu Generation in einer grossen Kontinuität weiterläuft. Auch die Brüche, die in diesen Prozessen auftreten, sind ihrerseits eingebunden in Kontinuität. Veränderungen, die sich in der Wissenschaft abzeichnen, sind nicht einfach losgelöst von allem, was zuvor war, sondern sind über das Medium der *Kritik* in die Wissenstradition eingebunden. Sie setzen dieses Wissen fort – und sei es auf dem Wege der *Negation*. Diese didaktische Komponente in der Vermittlung von Wissen ist ein für die Wissenschaft zentraler Bereich.

Auch für die *Erkenntnisgewinnung* selbst ist Sprache unabdingbar. Dies wird zum Teil in Frage gestellt, etwa von einer Wissenschaft, die zwischen ihrer Positionierung im geisteswissenschaftlichen und im naturwissenschaftlichen Bereich changiert, der Mathematik. Einerseits hat sie eine eigene Sprache entwickelt; andererseits greift sie sehr viel stärker auf Diagramme und andere Visualisierungen zurück und versucht, aus solchen Bildern heraus die Fortschreibung ihrer Erkenntnisgewinnung zu betreiben. Für alle anderen Wissenschaften aber ist die Gewinnung von neuer Erkenntnis ganz deutlich an sprachliche Strukturen gebunden. Insgesamt haben wir das Wissen, das wir haben, nur *als Sprache*. Das Wissen, das wissenschaftliches Wissen ist, steht mit Sprache in einer ganz engen kombinatorischen Relation und hat sich in der Entwicklung der Sprachen, die daran beteiligt waren, niedergeschlagen. So sind heutige Wissenschaft und heutige Sprache auf das Engste miteinander verzahnt.

3 Sprachliche Vielfalt in den Wissenschaften

3.1 Die Neuzeit, die Wissenschaft und die Sprachen – ein Irrweg?

Die heutige Wissenschaftssituation nun ist durch die Vielfalt der Sprachen in den Wissenschaften gekennzeichnet. Die Neuzeit, also die Zeit, die ca. 1200 in Oberitalien begann und sich dann sukzessiv und zum Teil erheblich zeitverzögert in anderen Bereichen Europas und über Europa hinaus weiterentwickelte, weist für die Wissenschaften sprachlich eine besondere Charakteristik auf. Die neuzeitliche Wissenschaft hat sich aus der Dominanz *einer* Sprache, nämlich der lateinischen (vgl. Müller 2003), herausentwickelt. Neuzeitliche Wissenschaft ist systematisch damit verbunden, dass *verschiedene* Sprachen zum Betreiben von Wissenschaft eingesetzt werden – zu ihrer Kommunikation, zum Aneignen von Wissen,

218

zum Gewinnen von neuem Wissen. Sprachen, die zuvor diskreditiert waren als Volkssprachen und die als nicht wissenschaftsfähig galten, eroberten sich das Terrain der Wissenschaft (vgl. z.B. zum Deutschen Klein 2011). Der «dialetto volgare» bzw. die «lingua volgare», eben die «Volks-Sprache», der seit Dante ein neuer Stellenwert zukam (s. bes. seine Abhandlung *De vulgari eloquentia*; Trabant 2003: Kap. 2 sowie Nachweise S. 338), durchbrach die Distinktion von Volk (*vulgus*) und seiner Sprache einerseits und den Eliten, insbesondere den Anteilseignern am religiösen Wissen, den Klerikern (die einen *kleros*, einen Anteil an den kirchlichen Wahrheiten hatten) andererseits. Es waren Teile der Wissenschaft, die sich auch sprachlich von der Suprematie anderer Teile des wissenschaftlichen Gesamtwissens emanzipierten. Das Englische, das etwa in der «Royal Society» zum zentralen Medium des Ausdrucks und der Gewinnung von neuem Wissen eingesetzt wurde, ist eine sprachliche Revolution gegenüber dem traditionellen Latein (vgl. Thielmann 2006; 2009). Zwar lief die wissenschaftliche Einheitssprache Latein noch lange neben dieser neuen Wissenschaftssprache und vergleichbaren in anderen Bereichen Europas her; aber sie verlor zunehmend an Bedeutung angesichts einer Vielfalt von unterschiedlich sich entwickelnden Wissenschaftssprachen. Diese Entwicklung lief wie eine Art Welle durch Europa. Das Deutsche entfaltete sich etwa zur Wissenschaftssprache im Ausgang des 17. Jahrhunderts – nachdem zuvor eine erste Phase der Bewegung zum Deutschen auch als Wissenschaftssprache hin in der komplexen Situation der Zeit der Reformation, also zu Beginn des 16. Jahrhunderts, bereits erfolgreich gewesen war. Insbesondere der Philosoph Leibniz, der in seinen Publikationen grösstenteils der damaligen Wissenschaftssprache Französisch ebenso wie dem Lateinischen verbunden war, brach mit seinen *Unvorgreiflichen Gedanken* (posthum 1717; 1983) eine Lanze für die Entwicklung des Deutschen zur Wissenschaftssprache und entwarf so faktisch ein Programm, das in der Hallenser Reformuniversität insbesondere durch Christian Wolff und Christian Thomasius ausgearbeitet wurde. Wolff verdankt das Deutsche einen grossen Teil seiner Wissenschaftssprache, insbesondere in Bezug auf die alltägliche Wissenschaftssprache. Andere Sprachkulturen haben das Programm der Entwicklung nationalsprachlicher Wissenschaftssprachen noch später realisiert – bis dahin, dass eine sogenannte «tote» Sprache, nämlich das Hebräische, im Prozess der Reaktualisierung im modernen «Ivrit» auch zu einer eigenen wissenschaftskommunikationsfähigen Varietät entfaltet wurde. Auch das

Kiswahili etwa zeigt Bemühungen, eine eigene akademische Terminologie zu entwickeln (vgl. für diese und für andere Beispiele Coulmas 1989). Die Bewegung hin zur Nutzung von Nationalsprachen als Wissenschaftssprachen ist also noch keineswegs abgeschlossen.

Ist diese Diversifizierung der Wissenschaftssprachen nun angesichts der neuen wissenschaftssprachlichen Monolingualität eigentlich einfach als ein Irrweg zu betrachten (Trabant 2005)? Mit der Macht des Faktischen scheint es zu einer Realisierung und Durchsetzung dieser Einschätzung zu kommen.

3.2 Wissenschaftssprachen: Leistungsprofile und Defizite

Erstaunlicherweise geschieht dieser Prozess – ausgerechnet im Bereich der Wissenschaft – ohne eine substanzielle Untersuchung der Leistungsprofile der einzelnen Wissenschaftssprachen für die kommunikativen Erfordernisse von Wissenschaft. Die Frage, ob vor dem Wissen alle Sprachen gleich sind, bedarf dringend der systematischen Bearbeitung. Gegenüber den ganz und gar unwissenschaftlichen Prozessen, den Drifts und geradezu unterirdischen Bewegungen hin auf die eine Wissenschaftssprache Englisch ist es erforderlich, ernsthaft zu fragen, was die einzelnen Wissenschaftssprachen tatsächlich leisten, die die neuzeitliche Wissenschaftsentwicklung getragen haben, also etwa die französische Wissenschaftssprache mit ihren spezifischen erkenntnisleitenden sprachlichen Maximen oder die spanische, die immerhin in den beiden amerikanischen Kontinenten intensiv genutzt wird, oder die russische oder eben auch die deutsche. Eine solche Analyse hat auch zur Aufgabe, die spezifische Leistungsfähigkeit des Englischen für die wissenschaftliche Kommunikation näher zu bestimmen und dessen Strukturmerkmale zu analysieren (vgl. Thielmann 2009). Leistungsprofile der einzelnen Sprachen zu erstellen bedeutet zugleich, ihre je spezifischen Defizite und Probleme zu identifizieren, die gerade im Licht des Vergleichs besonders gut bestimmt werden können. Solche Vergleiche haben eine ähnliche Relevanz für die aussereuropäischen grossen Wissenschaftskulturen, insbesondere die arabische, die chinesische, die japanische und die indische.

Die wissenschaftliche Erarbeitung der Leistungsprofile wie der Bestimmung der Defizite einzelner Wissenschaftssprachen erfordert eine Art vergleichender linguistischer Disziplin, eine *Wissenschaftssprachkomparatistik*. Erste Schritte in dieser Richtung sind unternommen worden;

jedoch wird meines Wissens bisher an keiner Universität eine solche Wissenschaftssprachkomparatistik konkret in den Wissenschaftsbetrieb eingeführt. Sie stellt also ein erhebliches Desiderat dar.

4 Eine Lingua franca für die Wissenschaft?

4.1 Lingua franca – populäre Irrtümer

Die Propagierung des Englischen als hauptsächlicher Sprache der Wissenschaft charakterisiert dieses Englisch gern als eine „Lingua franca", durch die die internationale Verständigung in Bezug auf die Wissenschaft einfach gemacht zu werden verspricht. Was ist eine «Lingua franca» (vgl. Ehlich 2012)? Der Ausdruck entstammt einer sehr spezifischen kommunikativen Konstellation. Das Wort *franca* bezeichnet 'die Franken' (und hat keineswegs die Assoziation wie in Englisch *franc* oder im Deutschen *frank und frei* zur Grundlage). Es sind die Franken, um deren Sprache es geht – und als solche wurden verallgemeinernd die westeuropäischen Kreuzfahrer im Mittelalter seit dem Ausgang des 11. Jahrhunderts bezeichnet. Es handelt sich bei der Lingua franca also durchaus um eine sehr *spezifische* Sprache, eine Varietät der romanisch sprechenden Welt des Mittelalters (s. Dakhlia 2008); *franca* hat etymologisch etwas mit der Bezeichnung *französisch* zu tun.

Das Konzept und Modell einer Lingua franca, auf die man heute gern als weltweite Einheitssprache zur Lösung kommunikativer globaler Probleme rekurriert, ist eine im Zusammenhang mit den Kreuzzügen und in ihrem Gefolge im Mittelmeerraum sich entwickelnde, besonders für das *Handelswesen* relevante sprachliche Varietät. Sie ist eine *rudimentäre*, eine sehr elementare Sprache, die für einige wenige eigenständige Kommunikationsbereiche ihre gute Berechtigung hat, eine Berechtigung, die sich gerade über charakteristische Merkmale dieser Lingua franca wahrnehmen lässt: Die Lingua franca ist eine Sprache, die durch die Reduktion ihrer Anwendungsmöglichkeiten ihre spezifische Charakteristik gewonnen hat. Eine solche, verschiedene Einzelsprachen übergreifende Sprache des wirtschaftlichen Verkehrs findet sich in der Geschichte der Sprachen durchaus in verschiedenen Bereichen und in verschiedenen Zeiten, zum Beispiel etwa im Südpazifik, wo verschiedene Inseln über eine solche Lingua franca miteinander verbunden waren.

4.2 Latein – eine Lingua franca?

Das Latein der mittelalterlichen Wissenschaft ist in diesem Sinn nun gerade keine Lingua franca (s. Müller 2003); es war vielmehr eine hoch entwickelte *Wissenschaftssprache.* Sie baute auf griechischen und lateinischen Grundlagen auf und entwickelte sich zu einer Spezialsprache für einen extrem kleinen Ausschnitt der Bevölkerung. Diese Spezialsprache konnte in der Tat grenzen-überschreitend gesprochen werden – in den kommunikativen Bereichen der Wissenschaft, Teilen der höheren Administration und vor allem in der römisch-katholischen Kirche. Doch ist selbst diese Charakterisierung nicht unproblematisch, denn wir denken bei Grenzen leicht im Sinn des Grenzkonzepts, das sich im Gefolge des Projekts Nation im 19. Jahrhundert herausgebildet hat.

Das Lateinische als (west-)europäische Wissenschaftssprache ist ausserdem eine Wissenschaftssprache, die niemand als Muttersprache hatte. Im Prozess der Aneignung des Wissens eignete man sich diese spezifische Sprache an. Der universitäre Prozess war zunächst ein Sprachvermittlungsprozess, der didaktisch etwa in den beiden «artes grammaticae» des Donatus sehr gut durchstrukturiert und vermittlungsmethodisch organisiert war.

Der Entwurf einer Abfolgebeziehung von Latein als vermeintlicher Lingua franca der Wissenschaft im Mittelalter über die «Zersplitterung» der wissenschaftlichen Prozesse und der Wissenschaftskommunikation in den verschiedenen Nationalsprachen und deren schliesslicher Überwindung hin zu einer neuen Lingua franca hält also einer genaueren Prüfung nicht stand.

4.3 Englisch als Lingua franca

Eine Lingua franca ist für die Zwecke der Kommunikation, deren Reichweite in Abschnitt 4.1 etwas näher bezeichnet wurde, ein geeignetes Mittel – und dies gilt auch für das Englische. Für darüber hinausgehende kommunikative Zwecke wird sie problematisch.

Es gilt also genau hinzusehen. In der Tat hat das weltweit heute genutzte Englische in vielen Zusammenhängen den Charakter einer Lingua franca, nämlich als rudimentäres Verständigungsmittel; und diese Verständigungserfordernisse finden sich durchaus auch im breiten Bereich des wissenschaftlichen Kontaktes. Der internationale Wissenschaftler-austausch etwa bedient sich einer solchen Lingua franca (vgl. Knapp/Meierkord 2002). Dafür ist sie nützlich. Problematisch hingegen wird der Lingua-franca-Charakter des Englischen, je mehr und je intensiver die Wissenschaft selbst sprachlich kommuniziert wird (vgl. Knapp 2012).

Englisch als Lingua franca steht in einem substanziellen Widerspruch zu den Erfordernissen vieler wissenschaftlicher Disziplinen und ihrer kommunikativen Belange. Die konkreten Untersuchungen zu Englisch als Lingua franca in der Wissenschaft sind also zwar wissenschafts- wie kommunikationssoziologisch interessant. Sie berühren aber zentrale Fragen der Sprachlichkeit von Wissenschaft selbst allenfalls am Rande; genauer: In dem Umfang, in dem Wissenschaftskommunikation zu einer Lingua-franca-Kommunikation wird, steht sie in der beständigen Gefahr, dass sie ihren wissenschaftlichen Charakter verliert.

4.4 Englisch und «World Englishes»

Eine besondere Facette der Problematik der weltweiten Nutzung von Englisch als hauptsächlicher Wissenschaftssprache ergibt sich zudem aus der sprachsoziologischen Stellung des Englischen insgesamt innerhalb der Weltkommunikationssituation. Durch den aussergewöhnlichen Erfolg des britischen Kolonialimperialismus hat die englische Sprache ihre welt-umspannende Verbreitung erfahren. Diese sprachliche Erfolgsgeschichte erlebt freilich zugleich einen inneren Bruch, und zwar gerade als Folge, ja als Ergebnis des Verbreitungserfolgs. Englisch hat sich insbesondere in Teilen der Kolonien in eine Reihe von unterschiedlichen Varietäten aufge-spalten, die keineswegs einfach durch den Bezug auf ein normsetzendes Englisch im Mutterland dieser Sprache eine vereinheitlichende Grundlage haben. Man spricht hier von den «World Englishes». Im Konzept des Englischen als einer «plurizentrischen Sprache» wird dieser Entwicklung linguistisch Rechnung getragen.

Das wachsende Selbstbewusstsein der Nutzer des Englischen jenseits Englands – oder auch der USA – in Bezug auf die eigene Varietät führt zu einer *Diversifizierung*, die durch die Einbeziehung des Lingua-franca-Englisch eine besondere Zuspitzung erfahren kann und erfährt. Dies kann bis dahin gehen, dass zwar Lingua-franca-Sprecher unterschiedlichster sprachlicher Provenienz sich durch die Nutzung dieser Varietät irgendwie verständigen können, dass aber die *native speakers* des Englischen davon sich aufgrund ihrer Beherrschung der Sprache jenseits ihrer Lingua-franca-Qualität geradezu ausgeschlossen vorkommen können. Es zeigt sich also ein hochgradig komplexes Gewebe, in dem Sprachqualität und Mitgliedschaftsausweis, in dem sprachsoziologische Faktoren, Dominanz und Geschichtsprozesse ein nur schwer durchdringliches Strukturbild ergeben.

4.5 Pidgin, Kreol und die Wissenschaft

Die Lingua-franca-Realisierung des Englischen als einer internationalen Verkehrssprache in der Wissenschaft weist häufig Kennzeichen auf, die in anderen Sprachentwicklungszusammenhängen ähnlich zu beobachten sind: Dieses Englisch ist in Wahrheit häufig ein spezifischer Fall eines *Pidgin*. Der Ausdruck Pidgin kann geradezu als linguistischer Oberbegriff für das gesehen werden, was unter Bezug auf eine andere Epoche und auf andere sprachliche Aktanten Lingua franca genannt wurde. Auch Pidgins können sich zu umfassenderen, zu für mehr kommunikative Zwecke geeigneten Sprachen entwickeln. Man nennt diese dann Kreolsprachen (Bollée 1977).

Sprachen bewegen sich. Es ist durchaus vorstellbar, dass die Lingua franca Englisch sich ihrerseits von einem Pidgin zu einer eigenständigen Kreolsprache der Wissenschaft entwickelt. Dies aber würde bedeuten, dass eine neue Sprache entstünde, die sich Kommunikationsbereiche wie eben solche der Wissenschaft erst wieder erobern würde – und das wäre dann nicht mehr das Englische, das im Vereinigten Königreich oder den USA, das in Kachrus innerem Kreis als Wissenschaftssprache verwendet wird.

5 Wissenschaftliche Objekte, wissenschaftliche Disziplinen

Ganz offensichtlich sind die Wissenschaften, die die heutigen Wissenschaftslandschaften ausmachen, in unterschiedlicher Weise sprachabhängig. Diejenigen Wissenschaften, die in der einen oder anderen Weise mit «Dingen» oder «Sachverhalten» zu tun haben, gehen traditionell davon aus, dass sie ihre Objekte «haben», also etwa die Astronomie oder die Chemie (vgl. oben Abschn. 1). Von diesen Objekten bzw. Sachverhalten bestimmen sie einzelne Aspekte zum Gegenstand ihrer wissenschaftlichen Forschung.

Andere Wissenschaften – wie z.B. die Geschichtswissenschaft, die Rechtswissenschaft, die Literatur- oder die Sprachwissenschaft und eine grössere Reihe weiterer Wissenschaften – haben Objekte, die ihrerseits *sprachlicher Natur* sind. Die Differenz zwischen den beiden Gruppen von Wissenschaft schlägt sich im englischen Sprachraum so nieder, dass lediglich die Wissenschaften des ersten Bereichs als «sciences», also als Wissenschaften, bezeichnet werden. Demgegenüber werden die Wissenschaften der zweiten Gruppe als «arts» verstanden, indem das Konzept der «septem artes liberales» des mittelalterlichen Wissenschaftsbetriebs hierfür angewendet wird. (Dies geschieht freilich unter Ausblendung grösserer Teile des Quadriviums.) Die Differenzierung, die in den Nominalzusammensetzungen wie *Naturwissenschaften* einerseits, *Geisteswissenschaften* oder *Gesellschaftswissenschaften* oder *Kulturwissenschaften* andererseits im Deutschen auf die Unterschiede hinweist, belässt hingegen allen Wissenschaften ihren Charakter als Wissenschaft. Zum Teil – wie im Fall der Literaturwissenschaft – ist im Englischen nicht einmal die Charakterisierung als eine der «arts» anwendbar; die Literaturwissenschaft wird vielmehr als «literary criticism» gesehen, sodass das, was dort betrieben wird, gänzlich aus dem eigentlich wissenschaftlichen Geschäft herausfällt. Die Bezeichnung wirft so ein ganz besonderes Licht auf die Tätigkeiten derjenigen, die hier tätig sind, und dies hat, denke ich, Konsequenzen bis hin etwa zu den sprachlichen Anforderungen an die schriftlichen Produkte, in denen diese Tätigkeiten resultieren.

Im Reden von den «zwei Kulturen» (Snow 1959/1967; s. Kreuzer 1987) hat die Unterscheidung in ihrer Grundsätzlichkeit Konsequenzen gezeitigt. Allerdings zeigt die Weiterentwicklung gerade in den Naturwissenschaften, dass die Trennung, die lange als geradezu selbstverständlich galt und in der Differenzierung der «res extensa» und «res cogitans» ihre philosophische Grundlegung hatte, ihrerseits zunehmend kritisch gesehen wird, und zwar durchaus von Seiten der Naturwissenschaft selbst. Das, was in den Naturwissenschaften geschieht, wird, um es wittgensteinisch auszudrücken, als «ein Sprachspiel besonderer Art» erkannt.

Die Zusammenhänge, um die es hier gnoseologisch wie ontologisch geht, verlangen genauere Analyse. Wenn Sprache auch in den Natur-

225

wissenschaften von einer fundamentalen Bedeutung ist, so gilt auch für sie, was für die Wissenschaften, deren Objekte selbst sprachlicher Natur sind, der Fall ist, dass nämlich Sprache jeweils nur in der Form einzelner, konkreter Sprachen gedacht werden kann. Das Erfordernis, das Verhältnis von Sprache und Wissenschaft und die Möglichkeiten, die die verschiedenen Sprachen in dieses Verhältnis einbringen, näher zu analysieren, erweist sich also nicht zuletzt gnoseologisch als ein erhebliches Desideratum, das *sciences* und *arts* in einer spezifischen Weise zusammenführt.

6 Wissenschaft, Wissenschaftsbetrieb und Wissenschaftskommunikation

6.1 Wissenschaft als diskursive und textuelle Veranstaltung

Wissenschaft ist nun nicht einfach eine abstrakte Welt für sich. Wissenschaft vollzieht sich vielmehr als eine diskursive und textuelle Veranstaltung: diskursiv, indem Wissenschaftler und Wissenschaftlerinnen miteinander sprechen; textuell, indem das wissenschaftliche Wissen in Texten unterschiedlicher Art umgesetzt und zirkulierbar gemacht wird. Diese Texte können gedruckt sein, sie können in der einen oder anderen Weise im Netz oder in Zukunft in der «cloud» präsent sein: Immer ist gerade die textuelle Darstellung von Wissenschaft eines ihrer wesentlichen Charakteristika.

Als diskursive und textuelle Veranstaltung aber ist Wissenschaft darauf angewiesen, dass die daran beteiligten Menschen sich einer gemeinsamen Sprache bedienen. Dieses Angewiesensein verlangt, dass die Wissenschaftlerinnen und Wissenschaftler die dabei genutzten Sprachen souverän beherrschen. Diese *Sprachsouveränität* ist Teil, Ausdruck und zu allererst Realisierung wissenschaftlicher Freiheit. Diejenigen, die über solche Sprachsouveränität verfügen, haben die Chance, ihre Erkenntnisse, ihre Fragen, ihre Methoden ins nationale und internationale Geschäft einzubringen.

Dort aber, wo eine vermeintliche Lingua franca in diesen diskursiven und textuellen Zusammenhängen eine grosse Zahl von nicht-nativen Sprechern mit einer Gruppe von *native speakers* zusammenführt, ergibt sich im Wissenschaftsbetrieb für die Wissenschaftskommunikation ein nicht unerhebliches *Ungleichgewicht* hinsichtlich dieser sprachlichen Souveränität.

6.2 Wissenschaft als Markt

Die verschiedenen Grade, in denen sich die sprachliche Souveränität realisiert, haben unmittelbare Auswirkungen auf das Marktgeschehen, als das sich Wissenschaft heute, und dies zunehmend, *auch* darstellt (vgl. Goethe-Institut u.a. 2013: Abschnitt 6). Dieser Aspekt der Thematik erreicht inzwischen z.T. eine geradezu dramatische Qualität. Neuzeitliche Wissenschaft als eine Wissenschaft, die sich für die Vertextung des wissenschaftlichen Wissens des Druckwesens bedienen konnte, hat sich nicht zuletzt immer schon auch über den Markt, konkret über das Verlagswesen und den Buchhandel, konkretisiert. Die dafür entwickelten Strukturen geraten nun zunehmend stärker in den Sog des sprachlichen Wissenschaftsgeschehens selbst hinein. Wissenschaftliche Zeitschriften, die auf Französisch oder auf Deutsch erschienen, die in diesen Sprachen entwickelt wurden, werden ins Englische transferiert, um nicht zu sagen: geradezu verpflanzt. Wissenschaftliche Mehrsprachigkeit verflüchtigt sich in diesem Prozess. Tendenzen zur Oligopolisierung, ja zur Monopolisierung, sind Folge wie Motor der Entwicklung.

Das quasi präbabylonische Bild von der Herstellung bzw. Wiedergewinnung einer einheitlichen Wissenschaftssprache ist weithin eine harmonisierende Täuschung. Die Welt, die durch und über den Markt in Bezug auf die Wissenschaft geschaffen wird, ist eine Welt mit ungleichen Partnern. Es bildet sich eine eigene sprachlich fundierte und durch vielfältige Begleitphänomene gestützte *Hegemonialität* heraus. Diejenigen Sprecherinnen und Sprecher, die *native speakers* sind und über den vollen Reichtum ihrer Sprache verfügen können, befinden sich in einer anderen Ausgangsposition als diejenigen, die sich die einheitliche «Weltwissenschaftssprache» Englisch in der einen oder anderen Weise als Zweitsprache oder als Fremdsprache aneignen müssen.

6.3 Hegemonialität und Zensur

Die über den Markt bestimmte Hegemonialität kann z.T. sogar in eine neue Art von Zensur umschlagen. Wissenschaft, die von Offenheit lebt, wird wissenschaftssprachlich gleichsam «gereinigt» von dem, was sich nicht der neuen universalen Wissenschaftssprache Englisch bedient. Verweise auf Literatur, die nicht auf Englisch verfasst ist, werden von

Redaktionen «internationaler», in Wahrheit also englischsprachiger Zeit-schriften getilgt. Begründet wird dies mit dem ebenso selbstgewissen wie dreisten Argument, eine Literatur, die ja ohnehin «niemand» lesen könne, brauche man nicht weiter zu beachten. Diese hochinteressante Bewegung, deren empirische Beschreibung systematisch erforscht werden sollte, tendiert letztendlich dazu, grosse Teile der wissenschaftlichen Arbeit al-ler derjenigen Kulturen, die nicht in der Hegemonialsprache geschehen, praktisch einfach «durch Verfahren» zu eliminieren.

Dass dies wiederum massiv Konsequenzen für den Markt der Wis-senschaftspublikationen hat, ist ebenso offensichtlich wie wissenschafts-ökonomisch relevant. Die Verdrängungsprozesse auf dem Markt, Teil der Kartellbildungen bzw. Zusammenschlüsse in einer immer kleiner werdenden Gruppe von Verlagen (letztes Beispiel die Mammutverbindung von Random House und Penguin), setzen eine Gruppe von Evaluatoren faktisch in eine die Wissensgewinnung selbst steuernde Position. Dass mit den Zitatenindices, einem der wichtigsten Mittel dabei, das Stichwort des «Index» wieder aufgerufen wird, das mit der antiwissenschaftlichen Zensur der vergangenen Jahrhunderte direkt in Verbindung steht, stört dabei offensichtlich nicht.

7 Transparenz und Zugänglichkeit von Wissenschaft

Die Wissenschaften, mit denen wir es heute zu tun haben, sind *öffentliche* Wissenschaften. Dass Wissenschaft öffentlich ist, ist keineswegs selbst-verständlich. Komplexere Formen des Wissens waren für Jahrhunderte, wenn nicht für Jahrtausende, *arkan*. Sie bildeten ein Geheimnis, an dem nur wenige teilhatten; diese wiederum bestimmten ihre ausgezeichnete soziale Stellung in der Gesellschaft genau über solche Teilhabe. Noch im mittelalterlichen westeuropäischen Wissenschaftssystem, das sich des Lateinischen als Wissenschaftssprache bediente, ist mit der Trennung von Klerikern gegenüber den Laien eine solche spezifische Teilhaberschaft gesellschaftlich realisiert, indem, wie oben (Abschn. 3.1) gesagt, sich bis in den Namen des Klerikers hinein die besondere Stellung zum Ausdruck bringt. Entsprechend ist der sprachliche Übergang in die *Laiensprache*, die *Volkssprache*, auch in der Wissenschaft ähnlich indikatorisch für die Ablösung von den Arkan-Disziplinen hin zu einer Wissenschaft, die sich als *öffentliche Wissenschaft* versteht, und zu einer *wissenschaftlichen*

Öffentlichkeit, die ihr Wissen in öffentlicher Kommunikation zirkuliert. Die Sprachenfrage ist also keineswegs ein belangloser Aspekt der Soziologie des Wissens und der Wissenschaft. Im Übergang hin zur öffentlichen Wissenschaft beginnt die Herausbildung dessen, was wir gegenwärtig als moderne *Wissensgesellschaften* sehen, Gesellschaften, deren Grundlegung zu wesentlichen Teilen über derartige öffentliche Wissenschaft geleistet wird. Dadurch ändert sich der Stellenwert des wissenschaftlichen Wissens. Es ist ein Wissen, das seine unmittelbare Bindung an Praxis aufgelöst hat, um diese Praxis in einer besseren Weise zu realisieren. Für die Gesamtgesellschaft hat das wissenschaftliche Wissen, das im Prinzip *transparent* ist, einen neuen Stellenwert.

Aufgrund seiner Differenziertheit unterliegt es aber auch neuen Gefahren. Forschung, die innerhalb von unmittelbaren Verwertungszusammenhängen geschieht, tendiert erneut zu einer Arkanität, zur Absonderung des so gewonnenen Wissens von den für öffentliche Wissenschaft charakteristischen Transparenzerfordernissen.

Öffentliche und transparente Wissenschaft bedeutet eine grundsätzlich *freie Zugänglichkeit* dieses Wissens. Damit diese sich verwirklichen kann, ist das Verhältnis von Wissenschaft, *Bildung* und Mündigkeit in einer spezifischen Weise zu regeln. Insbesondere die Bildungsaufgaben setzen sich um als Aufgaben zur Befähigung möglichst grosser Teile der jeweiligen jungen Generation innerhalb der Gesellschaft für die Gewinnung des Zugangs zum wissenschaftlichen Wissen. Die Loslösung dieses Wissens von den jeweiligen sprachlichen Grundvoraussetzungen bedeutet, dass eine solche Art der Durchlässigkeit des Zugangs zum Wissen durch eine neue Art von Elitarismus in Frage gestellt, wenn nicht gar beseitigt wird. Wissenschaft in der demokratischen Gesellschaft ist aufgrund ihres öffentlichen Charakters und in dessen Ausübung grundlegend daran gebunden, dass die Beziehung zu den tatsächlich in den Gesellschaften gesprochenen Sprachen realisiert wird. Diese Bedeutung der Kommunikation und insbesondere der Sprachlichkeit kann durchaus in einen Widerspruch zu dem Verlangen nach Geschwindigkeit wissenschaftlichen Kommunizierens und dessen Erfordernissen treten.

Soll Wissenschaft nicht erneut zu einem Arkanum werden, so ist sie in den demokratischen Prozess einzubinden. Die grossen wissenschaftlichen Fragen, die, sei es in der Physik, sei es in den Lebenswissenschaften, in den letzten drei oder vier Dekaden diskutiert werden, sind Fragen, die die demokratische Öffentlichkeit unmittelbar betreffen. Sie bedürfen der öffentlichen Diskussion, von der pränatalen Medizin über die Frage der Atomkraft bis hin zu den Genmodifikationen der Molekularbiologie. All diese Fragen können in einer demokratischen Gesellschaft nicht geheimen Wissenschaftsgruppen überantwortet werden, sondern bedürfen der Klärung im öffentlichen Diskurs (Meyer 2012).

8 Kosten und Nutzen von Einsprachigkeit und Mehrsprachigkeit in Wissensgesellschaften

Die Sprachenfrage in den Wissenschaften erlaubt, so dürfte deutlich geworden sein, keine eindeutigen und keine einfachen Antworten (vgl. Trabant 2013). Was manche an Vereinfachung und Beschleunigung wissenschaftlicher Kommunikation durch eine einheitliche Verkehrssprache als positiven Nutzen sehen, bedeutet zugleich erhebliche, möglicherweise substanzielle Verluste und Verarmungen in Bezug auf die gnoseologischen Ressourcen (vgl. Oesterreicher 2012), und es bedeutet Gefahren in Bezug auf die Transparenz und Vermittelbarkeit der Wissenschaft innerhalb der sie tragenden Gesellschaften. Was als biografisches Hindernis in Bezug auf die schnelle wissenschaftliche Karriere für die einzelnen Wissenschaftler und Wissenschaftlerinnen erscheinen mag, kann sich – für sie wie für die Wissenschaft und das gesellschaftliche Wissen insgesamt – als eine Differenzierung und Bereicherung in Bezug auf die Gegenstände von Wissenschaft und in Bezug auf grundlegende kognitive Voraussetzungen erweisen, die aus der Sprachbindung wissenschaftlicher Erkenntnis erwachsen. Die Entwicklung einer systematisch geförderten individuellen wissenschaftlichen Mehrsprachigkeit und die Förderung von Wissenschaft in unterschiedlichen Sprachen als Weiterentwicklung der in den neuzeitlichen Wissenschaftsprozessen herausgebildeten Möglichkeiten kann sich als eine Ressourcenbildung erweisen, die für die Gewinnung neuen Wissens wie für die Überwindung ethnozentrischer Verkürzungen in hohem Masse fruchtbar ist. Die Kosten-Nutzen-Rechnung ist kein simples arithmetisches Spiel.

Genauere Kenntnisse und differenzierte Erkenntnisse in Bezug auf die Sprachlichkeit von Wissenschaft und Wissen und systematische Vergleiche der Leistungsfähigkeiten und Grenzen einzelner Wissenschaftssprachen können die zum Teil recht emotional geführte Diskussion auf ein wissenschaftlich solides Fundament stellen. Die Entwicklung einer

Wissenschaftssprachkomparatistik (vgl. oben Abschn. 3.2) wäre eine wissenschaftliche Antwort auf die Herausforderungen, die die gegenwärtigen Prozesse im Feld der sprachlichen Verfasstheit von Wissenschaft stellen. Die Abschätzung der Vor- und Nachteile von Einsprachigkeit wie von Mehrsprachigkeit in der Wissenschaft sollte ihrerseits auf der Grundlage entwickelter wissenschaftlicher Kenntnisse erfolgen, zu deren Erarbeitung die linguistischen, die wissens- und wissenschaftssoziologischen wie die bildungsökonomischen Voraussetzungen durchaus gegeben sind.

Literatur

Bollée Annegret. 1977. *«Pidgins und kreolische Sprachen.»* Studium Linguistik 3, 48–76.

Coulmas, Florian (Hrsg.). 1989. *Language Adaptation*. Cambridge: Cambridge University Press.

Dakhlia, Jocelyne. 2008. Lingua franca. Arles: Actes Sud.

Ehlich, Konrad (Hrsg.). 2003. *Mehrsprachige Wissenschaft – europäische Perspektiven. Eine Konferenz zum Europäischen Jahr der Sprachen 2001.* München, Institut für Deutsch als Fremdsprache / Transnationale Germanistik: www.euro-sprachenjahr.de; Druckausgabe 2014, Heidelberg: Synchron.

Ehlich, Konrad und Dorothee Heller (Hrsg.). 2006. *Die Wissenschaft und ihre Sprachen.* Bern u.a.: Lang (Linguistic Insights, 52).

Ehlich, Konrad. 2006. *«Mehrsprachigkeit in der Wissenschaftskommunikation – Illusion oder Notwendigkeit?»* In Ehlich, Konrad und Dorothee Heller (Hrsg.), 2006, 17–37.

Ehlich, Konrad. 2012. *«Eine Lingua franca für die Wissenschaft?»* In Oberreuter, Heinrich u.a. (Hrsg.), 81–100.

Eins, Wieland, Helmut Glück und Sabine Pretscher (Hrsg.). 2011. *Wissen schaffen – Wissen kommunizieren. Wissenschaftssprachen in Geschichte und Gegenwart.* Wiesbaden: Harrassowitz.

Goethe-Institut; Deutscher Akademischer Austauschdienst; Institut für Deutsche Sprache (Hrsg.). 2013. *Deutsch in den Wissenschaften. Beiträge zu Status und Perspektiven der Wissenschaftssprache Deutsch.* München: Klett-Langenscheidt.

Kachru, Braj (ed.). 1992a. *The Other Tongue: English across Cultures.* Urbana: University of Illinois Press.

Kachru, Braj. 1992b. *«World Englishes: approaches, issues and resources.»* Language Teaching 25 (1), 1–14.

Klein, Wolf Peter. 2011. *«Deutsch statt Latein! Zur Entwicklung der Wissenschaftssprachen in der frühen Neuzeit.»* In Eins, Wieland u.a. (Hrsg.), 35–47.

Knapp, Karlfried. 2012. *«Chancen und Grenzen einer Lingua franca für die Wissenschaften: Statement zur Podiumsdiskussion».* In Oberreuter, Heinrich u.a. (Hrsg.), 108–113.

Knapp, Karlfried und Christiane Meierkord (Hrsg.). 2002. Lingua Franca Communication. Frankfurt a.M.: Lang.

Kreuzer, Helmut (Hrsg.). 1987. *Die zwei Kulturen.* München: dtv.

Leibniz, Gottfried Wilhelm. 1983. *Unvorgreifliche Gedanken betreffend die Ausübung und Verbesserung der deutschen Sprache.* Stuttgart: Reclam.

MEYER, HANS JOACHIM. 2012. «*Trägt die deutsche Politik eine Verantwortung für die deutsche Sprache?*» In Oberreuter, Heinrich u.a. (Hrsg.), 37–48.

MÜLLER, JAN DIRK. 2003. «*Latein als lingua franca in Mittelalter und früher Neuzeit?*» In Ehlich, Konrad (Hrsg.) 2003.

OBERREUTER, HEINRICH, WILHELM KRULL, HANS JOACHIM MEYER, UND KONRAD EHLICH (HRSG.). 2012. *Deutsch in der Wissenschaft. Ein politischer und wissenschaftlicher Diskurs.* München: Olzog.

OESTERREICHER, WULF. 2012. «*Warum Wissenschaft mehrsprachig sein muss*». In Oberreuter, Heinrich u.a. (Hrsg.), 114–139.

SNOW, CHARLES PERCEY. 1959/1967. *The two Cultures and the Scientific Revolution.* Cambridge: Cambridge University Press. Deutsch (1967): Die zwei Kulturen. Literarische und naturwissenschaftliche Intelligenz. Stuttgart: Klett.

THIELMANN, WINFRIED. 2006. «*'…it seems that light is propagated in time …' – zur Befreiung des wissenschaftlichen Erkenntnisprozesses durch die Vernakulärsprache Englisch.*» In Ehlich, Konrad und Dorothee Heller (Hrsg.), 297–320.

THIELMANN, WINFRIED. 2009. *Deutsche und englische Wissenschaftssprache im Vergleich: Hinführen – verknüpfen – benennen.* Heidelberg: Synchron (Wissenschaftskommunikation 3).

TRABANT, JÜRGEN. 2003. *Mithridates im Paradies. Kleine Geschichte des Sprachdenkens.* München: Beck.

TRABANT, JÜRGEN. 2005. «*Mehrsprachigkeit in den Wissenschaften. Ein Irrweg?*» In Neuland, Eva, Konrad Ehlich und Werner Roggausch (Hrsg.). Perspektiven der Germanistik in Europa. München: iudicium, 203–222.

TRABANT, JÜRGEN. 2013. «*Warum sollen die Wissenschaften mehrsprachig sein?*» In Goethe-Institut u.a. (Hrsg.), 158–167; 171f.

World Englishes. Art. in en.wikipedia org. http://en.wikipedia.org/wiki/World_Englishes#cite_note-8 (15.07.2013).

Autorinnen und Autoren

Prof. Dr. Abraham Bernstein
Institut für Informatik
Binzmühlestrasse 14
CH-8050 Zürich

Abraham Bernstein, heute Ordentlicher Professor am Institut für Informatik an der Universität Zürich, studierte von 1988 bis 1994 an der ETH Zürich Informatik. Anschliessend an sein Studium arbeitete er zunächst in der Wirtschaft. Nach einer längeren Forschungstätigkeit promovierte er im Jahre 2000 am MIT, Boston, USA. Von 2000 bis 2002 war er als Assistenzprofessor an der Stern School of Business der New York University tätig. Abraham Bernsteins Forschungsinteressen beinhalten das Semantische Web, Data-Mining und das Wechselspiel zwischen sozialen und technischen Elementen der Informatik.

Prof. Dr. Balthasar Bickel
Universität Zürich
Institut für Vergleichende
Sprachwissenschaft
Plattenstrasse 54
CH-8032 Zürich

Nach einem Doktorat am Max-Planck-Institut für Psycholinguistik in Nijmegen, Niederlande, Postdoc-Stationen in Zürich, Mainz und Berkeley (1997–2001) und einer SNF-Förderungsprofessur in Zürich übernahm Balthasar

233

Bickel 2002 eine Professur für Allgemeine Sprachwissenschaft in Leipzig. 2011 folgte er einem Ruf an die UZH. Bickels Hauptinteresse gilt den Faktoren und Bedingungen, die die Verteilung von Sprachstrukturen über Raum und Zeit steuern. Seit über 20 Jahren beschäftigt er sich überdies mit den Besonderheiten von Sprachen im Himalaja, wo er sich in der Feldforschung und Korpusentwicklung engagiert.

Dr. Penny Boyes Braem
Forschungszentrum für
Gebärdensprache
Lerchenstrasse 56
CH-4059 Basel

Penny Boyes Braem ist Psycholinguistin im Spezialgebiet der Gebärdensprache Gehörloser. Sie schloss ihre Studien in den USA ab (MA Harvard, PhD Universität von Kalifornien in Berkeley). Seit 1974 lebt sie in der Schweiz, wo sie 1982 das Forschungszentrum für Gebärdensprache (FZG, www.fzgresearch. org) in Basel gründete, in welchem sie seitdem Studien über verschiedene Aspekte der Deutschschweizer Gebärdensprache sowie Gestik von hörenden Personen, oft in Zusammenarbeit mit Kollegen und Institutionen aus der Schweiz und Europa, durchführt.

Prof. David Crystal
Akaroa
Gors Avenue
Holyhead LL65 1PB, UK

David Crystal is honorary Professor of Linguistics at the University of Bangor, UK. He studied English at University College London, and spent a year doing research at the Survey of English Usage under Randolph Quirk before taking up an academic career, first at Bangor and then at Reading, where he became

Professor of Linguistic Science. He now continues his work from his home in Holyhead, North Wales, as a writer, lecturer and broadcaster on language and linguistics.

Prof. Dr. Konrad Ehlich
Hellebergeplatz 2
D-14089 Berlin

Konrad Ehlich ist derzeit Honorarprofessor am Institut für Deutsche und Niederländische Philologie der FU Berlin und Prof. em. der LMU München. Seine Hauptarbeitsgebiete umfassen die linguistische Pragmatik, Diskurs- und Textlinguistik, Deutsch als Fremd-/Zweitsprache, Wissenschaftskommunikation, Sprachsoziologie, Hebraistik und Sprachpolitik. Zu dieser Thematik erschien zuletzt der zusammen mit Heinrich Oberreuter, Wilhelm Krull und Hans Joachim Meyer herausgegebene Band (2012): *Deutsch in der Wissenschaft*, bei Olzog, München.

Prof. Dr. Hans-Johann Glock
Lehrstuhl für Theoretische
Philosophie
Philosophisches Seminar
Universität Zürich
Zürichbergstrasse 43
CH-8044 Zürich

Hans-Johann Glock ist Ordentlicher Professor am Philosophischen Seminar der Universität Zürich und Visiting Professor an der University of Reading (GB), wo er viele Jahre tätig war. Seine Spezialgebiete, in denen er mehrere SNF-Projekte leitet, sind die Philosophie des Geistes, die Sprachphilosophie und die Geschichte der Analytischen Philosophie. Er beendet gerade ein Buch zum Geist der Tiere und eine zweibändige Anthologie zur Philosophie Wittgensteins.

Prof. Dr. Walter Haas
Stalden 12
CH-1700 Freiburg/Fribourg

Walter Haas studierte, nach einer Tätigkeit als Primarlehrer, Germanistik, Linguistik und Volkskunde in Zürich, Fribourg und Princeton, USA. 1971 erfolgte die Promotion, 1978 die Habilitation. Er war Mitarbeiter am Sprachdienst der Bundeskanzlei und am Sprachatlas der deutschen Schweiz. 1983 wurde er Ordentlicher Professor für Germanische Philologie an der Universität Marburg und Direktor des Deutschen Sprachatlasses I. Von 1986 bis zu seiner Emeritierung 2009 war er Ordentlicher Professor für Germanistische Linguistik an der Universität Fribourg sowie Präsident der Leitungsgruppe des Nationalen Forschungsprogramms 56 über die Sprachen in der Schweiz.

Prof. Dr. Jonathan Harrington
Institut für Phonetik und
Sprachverarbeitung
Ludwig-Maximilians-
Universität München
Schellingstr. 3
D-80799 München

Jonathan Harrington is Professor of Phonetics and Speech Processing at IPS, University of Munich. He was awarded his PhD at the Dept. of Linguistics, University of Cambridge, in 1986, and was a lecturer and research fellow at Edinburgh University until 1989. From 1990–2002, he held various appointments at Sydney's Macquarie University. Between 2002–2006, he was Professor of Phonetics at the Institute of Phonetics and digital Speech Processing, University of Kiel. He was Associate Editor of the *Journal of Phonetics* from 2001–2007 and is a member of its Editorial Board until today. His principal research interests lie in the relationship between speech production, speech perception, and historical sound change as well as in developing tools for analysing large speech corpora.

Prof. Dr. Christoph Uehlinger
Religionswissenschaftliches
Seminar der
Universität Zürich
Kantonsschulstrasse 1
CH-8001 Zürich

Christoph Uehlinger studierte in Fribourg und Jerusalem Theologie, ausserdem (informell) Ägyptologie, vorderasiatische Archäologie und Altorientalistik in Bern und London. 1989 erfolgte die Promotion, 1991 die Habilitation an der Universität Fribourg, es erschienen des Weiteren verschiedene Publikationen zur Hebräischen Bibel sowie zur Ikonographie, Kultur- und Religionsgeschichte Palästina/Israels. Seit 2003 ist Uehlinger Ordentlicher Professor für Allgemeine Religionsgeschichte und Religionswissenschaft an der Universität Zürich. Seitdem erweiterten sich seine Forschungsinteressen auf Material/Visual Religion, Asien und Europa u.a.

Prof. Dr. med. Cornelius
Weiller
Klinik für Neurologie und
Neurophysiologie
Dep. of Neurology and
Neuroscience
Neurozentrum
Breisacherstr. 64
D-79106 Freiburg i.Br.

Cornelius Weiller ist Professor für Neurologie und Klinikdirektor am Universitätsklinikum Freiburg. Nach Studium der Medizin in Gent, Erlangen und Aachen, Promotion dort 1987 und Facharztweiterbildung in Erlangen, Bonn und Aachen, einem Feodor-Lynen-Stipendium in London, der Anstellung als Oberarzt und seiner Habilitation in Essen war Prof. Weiller Ordinarius für Neurologie in Jena, dann in Hamburg, bevor er 2005 nach Freiburg wechselte. Er erforscht die Funktionsweise des menschlichen Gehirns, insbesondere bei Krankheiten, und wie die Restitutionsfähigkeit des Gehirns unterstützt werden kann.

Reihe Zürcher Hochschulforum – weitere Bände

Nina Jakoby, Brigitte Liebig, Martina Peitz, Tina Schmid, Isabelle Zinn (Hrsg.)
Männer und Männlichkeiten
Disziplinäre Perspektiven
Zürcher Hochschulforum Band 53
2014, 224 Seiten, zahlreiche Abbildungen
Format 17 x 24 cm, broschiert
ISBN 978-3-7281-3540-7
auch als eBook erhältlich

Der Mann bzw. «das Männliche» wurde im wissenschaftlichen Diskurs lange Zeit mit dem «Allgemein-Menschlichen» gleichgesetzt. Dies verhinderte in vielen Disziplinen eine explizite Auseinandersetzung mit der Bedeutung von Geschlecht sowie mit unhinterfragten Annahmen über das «spezifisch Männliche» an sich.

Anknüpfend an die aktuelle Männerforschung stellt dieses Buch Männerbilder und Männlichkeitskonstruktionen in sozial-, geistes-, technik- und naturwissenschaftlichen Disziplinen ins Zentrum. Am Beispiel von Fächern wie der Biologie, der Pädagogik, der Jurisprudenz, der Informatik und vielen anderen wird normativen Vorstellungen von Männlichkeit in ihrer Bedeutung für wissenschaftliche Fragestellungen, für die Theoriebildung und empirische Forschung nachgegangen. Kritisch reflektiert werden überdies die Konsequenzen hegemonialer Männlichkeitskonstruktionen für Wissensentwicklungen in den Disziplinen sowie für gesellschaftliche Transformationen. Die Beiträge eröffnen dabei nicht nur einen Blick auf die Vielfalt und die Grenzen von Männlichkeitsentwürfen, sondern auch auf potenziell innovative Konzeptionen des Mannes in der Wissenschaft.

Mit Beiträgen von: Richard Collier, Silvia Schroer, Jürg C. Streuli, Sandra Günter, Andreas Hadjar, Susanne Ihsen, Lutz Jäncke, Michael Kimmel, Elisabeth Klaus, Margit Osterloh, Heidi Schelhowe

vdf Hochschulverlag AG an der ETH Zürich, VOB D, Voltastrasse 24, CH-8092 Zürich
Tel. +41 (0)44 632 42 42, Fax +41 (0)44 632 12 32, verlag@vdf.ethz.ch, www.vdf.ethz.ch

Reihe Zürcher Hochschulforum

Die Publikationen der Reihe «Zürcher Hochschulforum» entstehen auf Grundlage der interdisziplinären Veranstaltungsreihen von Universität und ETH Zürich.

Band 51	Hans-Ulrich Rüegger, Evelyn Dueck, Sarah Tietz (Hrsg.) **«Abschied vom Seelischen?** Erkundungen zum menschlichen Selbstverständnis 2013, 304 Seiten, ISBN 978-3-7281-3424-0, auch als eBook erhältlich Von der Antike bis in die Neuzeit stehen Vorstellungen von der Seele im Zentrum der Selbstbesinnung des Menschen. Umso faszinierender ist zu beobachten, wie kontrovers sich unterschiedliche Auffassungen präsentieren.
Band 50	Thomas Forrer, Angelika Linke (Hrsg.) **Wo ist Kultur?** Perspektiven der Kulturanalyse 2014, 216 Seiten, ISBN 978-3-7281-3348-9, auch als eBook erhältlich Wo ist Kultur? Was meinen wir, wenn wir «Kultur» sagen? Im 19. Jahrhundert hatte «Kultur» ihren Hort in Europa, ihre Heimat war das antike Griechenland und die sie tragende Schicht das Bürgertum. Die Umbrüche des 20. Jahrhunderts lassen keine feste Verortung mehr zu.
Band 49	Andreas Kilcher, Matthias Mahlmann, Daniel Müller-Nielaba (Hrsg.) **«Fechtschulen und phantastische Gärten»: Recht und Literatur** 2013, 232 Seiten, ISBN 978-3-7281-3352-6, auch als eBook erhältlich Recht und Literatur sind auf komplexe Weise aufeinander bezogen und können sich wechselseitig wesentlich erhellen. Dieser Band thematisiert diese Wechselwirkungen unter interdisziplinären, interkulturellen und internationalen Blickwinkeln.
Band 48	Gisela Hürlimann, Jakob Tanner (Hrsg.) **Steuern und umverteilen** Effizienz versus Gerechtigkeit? 2012, 256 Seiten, ISBN 978-3-7281-3312-0, auch als eBook erhältlich Die Schweiz ist in mancher Hinsicht ein Paradies – im internationalen Vergleich auch punkto Steuern. Doch wer profitiert davon? Welche Art der Besteuerung ist gerecht?